特 殊 教 育 专 业 应 用 型 系 列 教 材

# 不同类别特殊儿童教育指导

邓　猛／丛书主编

邓　猛／主编　　郭志云／副主编

*Butong Leibie Teshu*

*Ertong Jiaoyu Zhidao*

北京师范大学出版集团
BEIJING NORMAL UNIVERSITY PUBLISHING GROUP
北京师范大学出版社

**图书在版编目(CIP)数据**

不同类别特殊儿童教育指导/邓猛主编 . —北京：北京师范大学出版社，2024.8

ISBN 978-7-303-29747-4

Ⅰ . ①不… Ⅱ . ①邓… Ⅲ . ①儿童教育—特殊教育—高等职业教育—教材 Ⅳ . ①G76

中国国家版本馆 CIP 数据核字(2024)第 022273 号

**图书意见反馈** gaozhifk@bnupg.com 010-58805079
营 销 中 心 电 话 010-58802755 58800035
编 辑 部 电 话 010-58809014

出版发行：北京师范大学出版社 www.bnupg.com
　　　　　北京市西城区新街口外大街 12－3 号
　　　　　邮政编码：100088
印　　刷：三河市兴达印务有限公司
经　　销：全国新华书店
开　　本：787 mm×1092 mm 1/16
印　　张：15.75
字　　数：300 千字
版　　次：2024 年 8 月第 1 版
印　　次：2024 年 8 月第 1 次印刷
定　　价：49.00 元

策划编辑：林　子　余娟平　　责任编辑：葛子森　乔　会
美术编辑：焦　丽　李向昕　　装帧设计：焦　丽　李向昕
责任校对：陈　荟　　　　　　责任印制：马　洁

# ▶ 总　序

　　改革开放以来，党和政府十分关心和支持特殊教育的发展，特殊教育迎来了加速发展的春天。尤其是新时代以来，一系列重要的特殊教育政策纷纷出台，明确了特殊教育发展的战略目标和任务。党的十八大报告明确提出要支持特殊教育；党的十九大报告提出要办好特殊教育，"努力让每个孩子都能享有公平而有质量的教育"；党的二十大报告进一步提出了强化特殊教育普惠发展的目标，阐明了特殊教育的基本公共服务性质，强调特殊教育是教育现代化的重要内容。从"支持""办好"到"强化"，体现了党和政府保障特殊儿童平等受教育权利的重大措施，强化对特殊教育的支持，努力使特殊教育发展惠及每一个特殊儿童，促进他们健康成长。

　　特殊教育要发展，师资须先行。新中国成立70多年以来，我国特殊教育师资培养经历了从无到有、从幼稚到成熟的漫长发展历程。特殊教育师资培养逐步从解放初期的"师傅带徒弟"和"短期培训班"的形式，发展到完整的职前职后相互衔接、互为补充的特殊教育教师培养体系。到目前为止，全国已经有多所高等院校分别开办了专科层次、本科层次、研究生层次的特殊教育专业。我国已经初步构建起了从专科到研究生层次的完整的特殊教育人才培养体系，基本形成了以本科层次为主，以专科层次为补充，研究生层次逐步扩大的人才培养格局。

　　专业人才的培养是个复杂的、系统的工程，教材的建设是其中关键的一环。从整体发展的角度看，特殊教育教材建设基础薄弱，发展较慢。改革开放以后主要以不同版本的特殊教育概论或者导论性质的单本教材出版，后来逐渐有特殊教育相关的系列教材出版。例如，北京大学出版社、北京师范大学出版社、南京师范大学出版社分别出版了针对特殊教育本科生培养的系列教材。这些教材多以理论知识为主、实践技术为辅，比较适合本科生毕业后的继续深造以及就业后的可持续性专业发展，对于特殊教育第一线急需的应用型人才的培养则稍有不足。

　　在我国教育领域，本专科层次的高等职业院校扮演着重要的角色，它们为国家基础教育培养应用型人才。高等职业教育以适应社会需要为目标，以培养技术应用能力为主线来设计学生的知识、能力、素质结构和培养方案；强调理论教学和实践训练并重，培养学生直接上岗工作的能力。特殊教育的人才培养由20世纪90年代的中等师范教育发展而来，教师教育特色鲜明。中等师范教育的全科培养、特长培育的教学观、贯穿全程的实践观等传统一脉相承，为我国的教育发展做出了重要贡献。在特殊教育尚处在初步发展，规模还不够大、质量还不够高的现在，高等职业院校的特殊教育专业建设尤为重要。特殊教育的人才培养以职业岗位需要为依据，着眼于第一线的特殊教育需求，着重培养高素质技术技能人才，为我国不断加速发展的特殊教育学校贡献新生力量。

目前，国内针对本专科层次的高等职业院校特殊教育专业师范生的教材体系建设相对滞后，还没有一套完整的适合高等职业院校特殊教育专业师范生培养的教材；而针对师范大学特殊教育专业本科生的教材体系无法满足其专注实践、面向应用的价值趋向。2020 年以来，在襄阳职业技术学院的具体协助下，应北京师范大学出版社的邀请，我们成立了高等职业院校特殊教育专业师范生教材丛书编写委员会。该委员会汇集了全国特殊教育学术界及部分基层的代表 50 余人，共编写出版 40 多本教材，为高等职业院校特殊教育专业及相关专业的本专科生提供一套理论与实操相结合的教学用书。本套丛书的整体设计特点有如下几个方面。

第一，面向日益增加的残障类型对特殊教育范围进行扩展。例如，随着一系列与现代文明相关的残疾与适应性障碍不断增加，以精神残疾、孤独症、注意力缺陷及多动症、学习障碍、情绪与行为困扰等为特征的残障类型不断出现，特殊教育范围不断扩展，从关注感官障碍，到关注各种发展性障碍，进而扩展到关注更为广泛的特殊教育需要的范畴。

第二，着眼于国际融合教育发展的趋势及国内随班就读的实际，以"拿来主义"的方式审视国外特殊教育的各种理论与操作技术，深耕国内特殊教育研究与实践，构建从特殊教育到融合教育演进的专业知识体系。本套丛书涵盖当代特殊教育的基本理念与知识体系，又对融合教育理论与实践进行全面的介绍与探讨；旨在为培养特殊教育专业化程度较高的实践性创新人才服务，使他们毕业后能够在特殊教育学校(机构)从事特殊教育专业实践，并能够在普通教育环境中实施融合教育教学。

第三，从多学科交叉融合的角度出发，培养特殊教育综合型人才。本套丛书综合运用教育学、心理学、医学、康复学、社会学、管理学等多个学科的知识，融会贯通为教育和康复两个领域。从教育的角度出发，包括特殊教育基本原理、融合教育理论与实践、残障儿童心理及行为特点、特殊教育课程及教学实践等内容。从康复训练的角度出发，包括针对各类儿童的康复知识和技能、训练干预技术、支持辅助策略等内容。

第四，基于项目式学习的思路，着重专业应用与实践技术的培养。本套丛书立足建构主义教学观，从实际问题或者案例出发，彰显以学生为中心的设计理念；以活动为基础促进学生主动参与，以情景设计促进师生平等互动；在设计上体现融合教育倡导的通用学习设计理念，以数字技术为基础，通过线上线下混合的方式开展教学活动设计，通过资源优化与扩展带动学生自我学习与成长。

概而言之，本套丛书试图跳出特殊教育学科的理论话语体系，从实践者的视角来构建特殊教育知识与技能，为高等职业院校本专科师范生提供一套操作性强、覆盖面广的基础教材。鉴于该项任务并无前人经验可借鉴，又因为编者水平有限，不足之处难以避免，敬请各位同行批评指正。

2022 年 12 月 12 日于华东师范大学田家炳大楼 711 室

# ▶ 前　言

新时代以来，国家对特殊教育事业重视程度不断提高，特殊教育发展不断提速，特殊教育普及水平、保障条件和教育质量得到显著提升。从党的十八大提出"支持特殊教育"到十九大要求"办好特殊教育"，再到二十大"强化特殊教育普惠发展"的重要论述，指明了中国特殊教育现代化的发展方向，推动我国特殊教育高质量发展。习近平总书记在中共中央政治局第五次集体学习中指出，建设教育强国，基点在基础教育。要推进学前教育普及普惠安全优质发展，推动义务教育优质均衡发展和城乡一体化；要把促进教育公平融入深化教育领域综合改革的各方面各环节，缩小教育的城乡、区域、校际、群体差距，努力让每个孩子都能享有公平而有质量的教育。

特殊教育是一个实践性很强的专业。与普通教育相比，特殊教育在理论发展和学科建构方面相对滞后，但在教学手段、辅助技术、康复方法、干预方式等实践方面并不逊色，甚至在某种意义上更为精细和先进。自20世纪20年代发展成为一个特定的职业以来，特殊教育在百年演变的过程中，其专业性也随着心理学、医学等技术手段的不断进步而持续提升。尤其是近些年，认知系统、辅助沟通系统（AAC）、虚拟现实技术、增强现实技术等一系列的专业性技术手段不断涌现。

专业化是职业发展的高级阶段，也是行业走向规范化的必由之路，强调和发展专业性是提升某一职业或行业社会地位的重要途径。但是专业性本身也是一把"双刃剑"，它在为某一职业设置一定的门槛和标准，提升从业人员整体水平的同时，也可能会为某一职业蒙上一层"神秘面纱"，进而"劝退"一批心向往之的学员。过度强调专业性甚至可能会人为构建专业壁垒，滋生专业霸权，进而与广大一线工作者和特殊儿童家长的实际需求背道而驰，也有悖近年来国家大力倡导的"强化特殊教育普惠发展"的要求和宗旨。另外，我国幅员辽阔，区域差异很大，不少地区特殊教育的发展已经趋于成熟，但仍有一些农村地区、民族地区的特殊教育软硬件配置还很有限。这些地区真正需要的是实用、适用的方法，而非高端、神秘的技术。这就是本人近年不断倡导打破特殊教育的"神秘主义"，主张特殊教育教学干预等方法应简单、通用、易用的原因之一。

2009年，国务院办公厅转发教育部等八部门《关于进一步加快特殊教育事业发展的意见》中指出"鼓励和支持各级师范院校与综合性院校举办特殊教育专业……"此后，连续实施的三期"特殊教育(发展)提升(行动)计划"延续了这一主张，培养特殊教育师资的高等院校也逐年增多。从我国高校特殊教育专业发展的实际情况来看，截至2023年，开设特殊教育专业的各类高等院校已经突破了100所，其中近四成是专科层次的师范类职业院校。在剩下的本科层次的院校当中，除了少量综合性、研究型的大学之外，占据主体的是职业性、应用型的院校。对于职业院校和应用型本科院校的特殊教育专业师范生而言，相较于思辨性、理论性的知识和主张，以及高大上、前沿性的设备和技术，接地气、可操作性的专业技能和方法更符合要求。

因此，在整套教材的体系当中，本教材定位于实践性和基础性，尤其注重教材内容的应用性和通识性，致力于为读者提供一本尽可能简明易懂的特殊教育入门和操作指南。在内容编排方面，本教材选取视力残疾、听力残疾、孤独症、注意缺陷与多动障碍等十类常见特殊儿童，设立十个模块，每个模块之下均设置三个教学任务。在尊重模块本身差异和编者个人意愿的基础上，不同模块之下具体任务的侧重点略有不同，但大多数任务从类型概述、教育教学、支持服务三个层面进行编排和介绍。每个模块都坚持任务驱动、问题导向的编写原则，在呈现具体内容的同时，辅之以问题情境、术语阐释、拓展延伸、巩固与思考等板块，力求增加教材的互动性和趣味性。

在编者团队方面，除本人外，还有多位来自国内高等院校特殊教育专业、特殊教育学校、特殊教育相关机构的青年教师或研究生(员)，他们是：纪晔(北京市海淀区特殊教育研究与指导中心教师，模块一)、陈慧星(广州市启聪学校教师，模块二)、谢正立(香港理工大学博士后，模块三)、赵泓(西北师范大学教师，模块四)、赵勇帅(浙江师范大学讲师，模块五)、郭志云(郑州师范学院讲师，模块六)、张瑶(华东师范大学博士研究生，模块七)、杜林(西南大学讲师，模块八)、班婧(珠海市特殊教育学校教师，模块九)、张玲(广西师范大学副教授，模块十)。全书由主编与副主编完成统稿工作。受限于作者的学科背景和专业水平，书中难免存在一些疏漏之处，敬请同行多多批评指正！

2024 年 7 月 23 日于华东师范大学丽娃河畔

# 模块一　视力残疾儿童教育指导

## 模块导入

如果用一个词来形容盲人，你最先想到的是什么呢？

"看不见""一片漆黑"等，这些词反映出盲人群体在我们心中的形象，都是我们对视力残疾人的刻板印象。希望读者通过本模块的系统学习，能够更全面深入地认识视力残疾人。作为未来的特殊教育教师，学习本模块可以更好地为视力残疾儿童提供科学且有针对性的教育。

## 学习目标

1. 明晰视力残疾的基本概念。
2. 知道视力残疾的成因。
3. 能说出视力残疾儿童的特征。
4. 掌握视力残疾儿童的教学策略。
5. 了解视力残疾儿童所需的各方支持。

**案例故事**

随读生写字教育（节选）

北京市巩华中心小学　杨光今

　　洋洋，男，小学二年级学生，智力发展正常，有轻微视力问题。每当洋洋遇到困难时，伙伴的帮助总能使他融进班集体。随着年龄的增长、年级的升高，学生之间慢慢滋生了一种不良风气：课堂上一个同学回答错了问题，会被其他同学嘲笑。在一次作业展示中，由于视力不佳，洋洋把一个左右结构的字写得分了家。相对于以前，他的书写已经有了很大进步，但相对于其他同学来说就有些差距了。还没等我点评，同学们就"炸开了锅"，给洋洋的心理带来了极大的压力。身体有缺陷的学生自尊心很强，自我保护意识也很强，所以当时洋洋的情绪马上低落下来。针对这种情况，我突然想起了"历奇"活动中的一个小游戏——一个人在另一个人的牵引下"蒙眼走路"，于是我马上组织同学们做了这个游戏。经过了台阶、上坡等多种障碍，同学们充分地感受到了没有光明给自己带来的不便。通过讨论，同学们理解了如果人与人之间多一分理解，多一分关爱，多一分帮助，不但会给受帮助的人带来快乐，自己也会感到很快乐。这次活动后，帮助洋洋的同学逐渐多了起来，我也从洋洋的脸上看到了越来越多的笑容。看到这些，我真心为他高兴，为班集体的不断成熟、每个人的不断成长而欣慰。

**模块思维导图**

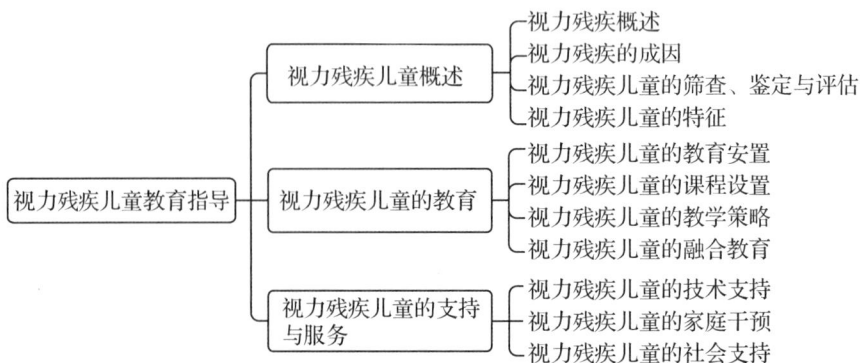

视力残疾儿童教育指导
- 视力残疾儿童概述
  - 视力残疾概述
  - 视力残疾的成因
  - 视力残疾儿童的筛查、鉴定与评估
  - 视力残疾儿童的特征
- 视力残疾儿童的教育
  - 视力残疾儿童的教育安置
  - 视力残疾儿童的课程设置
  - 视力残疾儿童的教学策略
  - 视力残疾儿童的融合教育
- 视力残疾儿童的支持与服务
  - 视力残疾儿童的技术支持
  - 视力残疾儿童的家庭干预
  - 视力残疾儿童的社会支持

# ▶任务一
## 视力残疾儿童概述

**问题情境⋯⋯▶**

视力残疾儿童的世界是怎样的？

学生1：视力残疾儿童的世界是灰暗的。

学生2：视力残疾儿童的世界是孤独的。

学生3：视力残疾儿童的世界是充满挑战的。

学生4：视力残疾儿童的世界是励志的。

学生5：视力残疾儿童的世界是丰富多彩的。

视觉是人们认识世界的重要通道，失去光明会对视力残疾儿童带来怎样的影响呢？任务一对视力残疾的定义、分类、成因，以及视力残疾儿童的特征等方面做了相关论述。对于特殊教育教师而言，认识视力残疾及视力残疾儿童的身心特征是开展教育教学工作的出发点和立足点。

## 一、视力残疾概述

### （一）视力残疾的定义

视力残疾(visual handicapped)又称"视觉障碍""视觉缺陷"，是指由于各种原因导致的双眼视力受损或视野缩小，使个体难以胜任普通的工作、学习或其他活动。视力残疾包括盲和低视力两类四级。[①]

视力又称视敏度或视觉敏锐度，指分辨物体形状和位置的能力，包括中心视力和周边视力。视野又称周边视力，即个体保持平直方向且静止不动时所能察觉到的空间范围。

**📖 | 术语阐释 |**

### 视力和视觉

视力作为一个生理指标，仅指视力测验所得的结果。

视觉包括视感觉和视知觉，是一个综合性指标，涉及以下三个方面：第一，视

---

① 朴永馨.特殊教育辞典[M].3版.北京：华夏出版社，2014：155.

力、视野、色觉；第二，个人的认识能力和身心发展状况；第三，环境因素。三个方面互相影响，不能仅仅依靠其中一个维度来判定视觉水平。因此，影响视觉的关键因素有以下几个方面：成像位置、照明、色彩及色彩搭配、反差、眼的适应状态和其他因素(饮食、吸烟、噪声等)。

视觉的形成需要屈光系统(角膜、虹膜、晶状体、玻璃体)，感光系统(视杆细胞和视锥细胞)和视觉的神经传导系统(视神经、视交叉、视束、视放射等)。

视觉原则有：就近原则(彼此接近的元素被认为是相关的元素)、完整性原则(不同元素凑到一起可以形成一个熟悉的图形)、同域原则、共同命运原则等。

视觉技能有：固定注视、视觉追踪、视觉跟踪、视觉辨认、视觉搜寻和视觉记忆。

### 拓展延伸

美国 1975 年颁布的《全体残障儿童教育法案》中对视力残疾的定义是以一个人如何体验和学习社会为核心的，认为视力残疾是一种视觉上的损伤，即使经过矫正，这种损伤对儿童的教育活动仍有不利的影响。这个定义的关键是儿童有某些妨碍他们学习的视觉系统的障碍。

### （二）视力残疾的出现率

特殊儿童出现率是指在统计的当时，某地区各类特殊儿童总数或某一类特殊儿童总数与该地区儿童总数之比。假如某地区儿童总数为 1 000 人，各类特殊儿童总数为 95 人，则该地区特殊儿童出现率为 9.5％。[1]

视力残疾出现率是指在某一特定时间内人口中视力残疾者所占的比例，通常用实际的视力残疾人数与同年龄段总人数之比来表示。[2] 视力残疾出现率能够在一定程度上反映一个国家的经济发展状况、人民生活水平，以及文化和卫生发展状况。一般来说，经济发达、医疗卫生水平高的国家和地区，视力残疾出现率相对较低，反之则较高。

2020 年我国第七次全国人口普查公报显示全国总人口数为 1 443 497 378 人，根据总人口数，以及第二次全国残疾人抽样调查中我国残疾人占全国总人口的比例和各类

---

① 朴永馨. 特殊教育辞典[M].3 版. 北京：华夏出版社，2014：2.
② 朴永馨. 特殊教育辞典[M].3 版. 北京：华夏出版社，2014：155.

残疾人占残疾人总数的比例，推算 2020 年年末我国残疾人总人数为 9 152 万人，其中视力残疾者为 1 360 万人。由此推算出，视力残疾的出现率为 0.94%。

📖 | 拓展延伸|

随着"视觉 2020 运动"的推广和实施，我国积极响应并开展行动。目前，我国白内障手术已经非常成熟，覆盖面有效扩大。此外，北京同仁医院防盲办公室组织流动车下乡活动，为乡镇患有白内障的患者服务，由白内障导致的视力残疾的出现率大大下降。

### （三）视力残疾的分类

视力残疾分级是根据视力损伤程度和视野大小对视力残疾划分的等级，一般分为盲和低视力两类。常见的损伤类型有视力下降、视野缩小、视觉对比敏感度减弱、眼球运动出现问题、图像处理困难、视觉障碍和眩光等。

我国在参照国际标准的基础上，结合全国残疾人抽样调查工作制定了分级标准：①1987 年视力残疾分类分级标准；②2006 年视力残疾分类分级标准(见表 1-1)。

表 1-1　第二次全国残疾人抽样调查——视力残疾标准[1]

| 类别 | 级别 | 最佳矫正视力 |
|------|------|------|
| 盲 | 一级 | 无光感～<0.02，或视野半径<5 度 |
| | 二级 | 0.02～<0.05，或视野半径<10 度 |
| 低视力 | 三级 | 0.05～<0.1 |
| | 四级 | 0.1～<0.3 |

盲是视力残疾中程度较重的一类，狭义指视力丧失到全无光感；广义指双眼失去辨别周围环境的能力。我国把双眼中优眼的最佳矫正视力小于 0.05 或视野半径小于 10 度者列为盲，并分为一级盲和二级盲。[2] 低视力是视力残疾中级别较轻的一类。我国以优眼最佳矫正视力等于或大于 0.05，小于 0.3 为标准，并分成三级低视力和四级低视力。[3]

关于视力残疾分类标准需要注意以下几点。第一，表中的盲或低视力均指双眼，如果双眼视力不同，以优眼为准。第二，如果一只眼属于盲或低视力，另一只眼的视力等于或大于 0.3，不属视力残疾范围。第三，以注视点为中心，视野半径小于 10 度

---

① 朴永馨. 特殊教育辞典[M]. 3 版. 北京：华夏出版社，2014：157.
② 朴永馨. 特殊教育辞典[M]. 3 版. 北京：华夏出版社，2014：155.
③ 朴永馨. 特殊教育辞典[M]. 3 版. 北京：华夏出版社，2014：156.

者，不论其视力如何均属于盲。①

## 二、视力残疾的成因

视力残疾的成因大致可以归纳为两类：一是先天原因，二是后天原因。在我国，先天性视力残疾占视力残疾比例的绝大多数，先天原因也已成为青少年视力残疾的主要原因。

### （一）先天原因

先天性视力残疾主要表现为：无眼球、小眼球、角膜混浊、虹膜缺损、视神经缺损、青光眼、家族性视神经萎缩、视网膜色素变性等。视力残疾的先天原因主要包括家族遗传、近亲结婚、孕期因素，以及其他不明原因。

#### 1. 家族遗传

家族遗传是指父系或母系家族中有一方或双方存在显性或隐性的致盲基因，并遗传给后代。父母一方患有先天性眼部疾病，如青光眼、虹膜缺损等，则有可能会遗传给子女。

#### 2. 近亲结婚

近亲结婚是指直系血亲或三代以内旁系血亲结婚。遗传学研究表明，近亲结婚容易造成隐性遗传的病变，近亲结婚所生子女患遗传病的概率比非近亲结婚所生子女高150倍，近亲结婚所生子女患视力残疾的概率远远高出非近亲结婚所生子女患病概率。

#### 3. 孕期因素

孕期因素是指母亲在妊娠期间药物中毒、营养不良或患其他疾病，以及临产时难产而使胎儿缺氧等因素，致使胎儿视神经中枢、眼球发育不良或眼结构缺损。母亲甲状腺机能低可能导致胎儿患小眼球、眼球震颤等疾病；母亲怀孕早期受风疹感染可能使胎儿患先天性白内障、小眼球等疾病。

#### 4. 其他不明原因

除以上原因外，还有许多先天视力残疾是由其他因素造成的，但其成因目前尚不明确，且在先天致盲的情形中占有很大比例②。

### （二）后天原因

后天原因包括各种出生后受到的伤害或环境影响。偶然事故、中毒、脑肿瘤和其他全身性疾病都可能造成视力残疾。除此之外，情绪困扰、强烈的精神刺激、精神发育迟缓等，也均可导致暂时或永久性的视力残疾。③

---

① 刘全礼．特殊教育导论［M］．北京：教育科学出版社，2003：136.
② 沈家英，陈云英，彭霞光，等．视力障碍儿童的心理与教育［M］．北京：华夏出版社，1993：38.
③ 雷江华．学前特殊儿童教育［M］．武汉：华中师范大学出版社，2008：71.

### 1. 视觉器官病变

视觉器官包括眼球(眼球壁和眼内容物)和眼的辅助装置(眼睑、结膜、泪器、眼外肌和眼眶)。视力残疾多是由视觉器官本身的器质性病变造成的。我国目前致盲的主要眼疾包括屈光不正、白内障、青光眼、角膜病、沙眼、视神经萎缩、视网膜色素变性、弱视、眼球震颤、斜视等。

### 2. 心因性疾病

心因性视力残疾是指因情绪及心理问题而导致的视觉功能异常或失明，患者大多曾遭受重大精神打击。心因性视力残疾临床表现为视力突然减退，严重的患者仅有光感或完全失明，少数人先表现出视物模糊，眼前呈灰暗色或有云雾感，之后视力骤减，甚至伴有头晕或头疼等症状[①]。

### 3. 眼外伤

眼外伤的分类主要包括机械性外伤和非机械性外伤两大类，具体包括爆炸物致伤、机械外伤、化学药物致伤、各种离子辐射致伤、微波眼外伤及职业中毒等。眼外伤会导致视功能产生不可逆的损坏，即使得到及时治疗有时也难以恢复到原有的视觉功能水平。

### 4. 全身性疾病

眼是人体的一部分，很多全身性疾病都可能在眼部表现出或多或少的症状。这些全身性疾病主要包括某些传染性疾病和一般性疾病两类。传染性疾病包括风疹、麻疹、伤寒、脑炎、结核病、猩红热等；一般性疾病包括高血压、糖尿病、肾炎、贫血等。以上这些疾病均有可能造成不同程度的视力缺陷。除此之外，颅脑外伤、震荡造成的器质性病变、脑肿瘤等也可导致视力缺陷。尽管由以上这些疾病造成视力缺陷的比例不高，但是我们仍不能忽视，要最大限度地避免此类原因导致的视力残疾的发生。

> **|拓展延伸|**
>
> **国际防盲组织**
> 世界卫生组织(WHO)的防盲组织
> 国际防盲组织(IAPB)
> 国际眼科学会(ICO)
> 世界盲人福利协会(WAAB)
> 世界盲人联盟(WBU)

## 三、视力残疾儿童的筛查、鉴定与评估

### (一)视力残疾儿童的筛查

筛查是为视力残疾儿童提供特殊教育需要的前提，筛查可以明确显示视力残疾儿童的类型、程度、发展情况等。一般来说，早期发现主要通过观察儿童的视觉行为和眼睛的症状来进行。[②] 筛查内容见表1-2。

---

① 朴永馨. 特殊教育辞典[M]. 3版. 北京：华夏出版社，2014：157.

② 雷江华. 学前特殊儿童教育[M]. 武汉：华中师范大学出版社，2008：73.

表 1-2　视力残疾儿童的筛查内容[①]

| | 具体说明 |
|---|---|
| 视觉行为 | 过分揉眼睛；怕光；当阅读或需要近距离工作时，常眯眼、眨眼、皱眉头等，或显现出怪异的表情；常斜眼阅读或注视物体；在书写时对空间的掌握不良且书写整齐存在困难 |
| 眼睛症状 | 眼睑下垂，眼睑通红，眼部有许多分泌物，瞳孔大小不一，眼球的活动过多 |

此外，还可以进行遮盖测试，观察儿童的光觉反应、注视反射、眨眼反射和追随运动，初步了解儿童的视觉情况。观察不能作为视力诊断的唯一依据，还需要专业的鉴定与评估。

**（二）视力残疾儿童的鉴定**

视力残疾儿童的鉴定需要由具备资质的专业人员进行，如眼科医学人员。鉴定过程中常会用到各种辅助工具，如视力检查表。具体鉴定维度和内容见表 1-3。

表 1-3　视力残疾儿童的鉴定维度和内容

| | 具体说明 |
|---|---|
| 眼部检查 | 眼附属器官检查(眼睑、泪器、结膜、眼外肌、眼眶)；眼球检查(巩膜、角膜、前房、虹膜、瞳孔、晶状体) |
| 视力检查<br>(中心视力检查) | 包括远视力检查和近视力检查，主要通过视力表检查，常用的视力表有国际标准视力表、对数视力表和儿童视力表等 |
| 视野检查<br>(周边视力检查) | 包括周边视野(指整个视野范围)和中心视野(指以黄斑为中心的 30 度以内的视野范围)，具体检查方法有面对面法、平面视野检查法、静态视野检查法等 |

**（三）视力残疾儿童的评估**

视力残疾儿童的评估主要为视功能评估，又称功能性视力评估。学者张千惠将视功能评估划分为 15 个方面，分别是：寻找光源，注视，视觉敏锐度(分为近、中、远距离)，视野，扫描能力，追迹能力，搜寻能力，眼肌平衡，远近调试力，注视力转移，色觉，复杂背景辨识力，手眼协调，反光敏感度和脚眼协调。

功能性视力
评估的实施

## 四、视力残疾儿童的特征

**（一）认知发展特征**

**1. 感知觉**

人接收到的信息中大约有 90％是通过视觉通道传输的。视力残疾儿童的视觉感知

---

① 何华国. 特殊儿童心理与教育[M]. 台北：五南图书出版股份有限公司，1987：133.

通道关闭或受到严重阻拦，他们大多依靠听觉、触觉、味觉、嗅觉等感觉功能，无法对事物形成完整而清晰的概念。根据缺陷补偿原则，这种情况造成了视力残疾儿童听觉和触觉灵敏，但在形状知觉、空间知觉、知觉与动作的统合方面，尤其对距离的准确知觉和深度知觉方面比较弱的感知特点。[①]

听觉是视力残疾儿童尤其是全盲儿童唯一的远距离知觉，通过长期地训练和频繁地使用，视力残疾儿童能区分许多不同的声响，听觉更为敏感，因此他们更为依赖听觉。视力残疾儿童通过触摸物体了解其形状、轻重、软硬、粗细、温度等特征，获得事物的触觉表象，再结合听觉表象和其他表象，在大脑中形成感知图像，经过思维的加工形成对事物完整的认知。在学习过程中，视力残疾儿童通过触摸盲文来学习知识。在日常生活中，视力残疾儿童通过手或脚的触摸协助行走。

视力残疾儿童虽然能依靠听觉和触觉感知事物的一些特征，但是也只能得到一些不具体、不完整的信息，缺乏对事物本质属性的认识。此外，有一些事物是无法通过听或触摸感知的。比如，普通学校教师在讲授古诗《咏鹅》时较为简单，而盲校教师在备课时对"鹅""曲""浮""清"等抽象词汇绞尽脑汁。

### 2. 注意与记忆

视力残疾儿童具有较高的有意注意的能力。视力残疾者对声音刺激的反应会增强，并且长时间内不消退。[②] 人们常说"盲人的耳朵特别灵"，就是因为视力残疾者更加注意听觉信息，形成了较高的听觉注意力，对声音信息的分析也更为细致，拥有较高的听觉选择能力。由于缺乏视觉系统无意注意的干扰，视力残疾儿童会相对较为专心，注意的稳定性相对较高。例如，教师的穿着打扮或行为神态发生变化时，普通儿童很容易受到干扰，而视力残疾儿童更容易做到"洗耳恭听"。

视力残疾儿童的记忆一般以听觉记忆和触觉记忆为主。例如，对好友的再认，普通儿童凭借的是视觉线索，如对方的容貌、身材和行为习惯等，而视力残疾儿童主要根据听觉记忆，如对方的语音、语调甚至是脚步声。因此，有了视力残疾者"听音如闻面"的说法。视力残疾儿童的触觉非常敏感。有研究者通过测验发现：视力残疾儿童对熟悉的事物，如盲文笔、苹果、鸭梨等，几乎一接触到就能正确地说出名称，速度几乎等于用眼睛看到物体说出名称的速度；而对于日常生活中不常见或很少用到的物体，视力残疾儿童也能依靠触觉正确地再认。[③]

### 3. 语言和思维

视力残疾儿童获取语言的方法与普通儿童基本相同，但常出现词与视觉形象脱节

① 贺荟中，方俊明. 视障儿童的认知特点与教育对策[J]. 中国特殊教育，2003(2)：41-44.
② 方俊明. 特殊教育学[M]. 北京：人民教育出版社，2005：131.
③ 教育部师范教育司. 盲童心理学[M]. 北京：人民教育出版社，2000：42.

的现象，不能准确地把握一些视觉性词汇的意义。听觉通道可有效帮助视力残疾儿童习得语言。

**📎 |案例|**

下面是一个先天视力残疾儿童在学习中遇到"云"时与老师的对话。

师："云是什么？"

生："云是有腿有脚的东西。"

师："你怎么知道云有腿有脚？"

生："我听人说云会在天上走。我们走动用腿和脚，云在天上走不也用腿和脚吗？"

结合案例，想一想视力残疾儿童为什么会认为云也有腿和脚？

视力残疾儿童由于缺乏感性的形象而容易形成不正确的概念。尤其是在空间、距离及视觉形象方面的概念习得上有较大困难。例如，在没有学习之前，视力残疾儿童听到汽车发出"嘀嘀"的声音时，可能会认为汽车有嘴。视力残疾儿童认为会飞的都是鸟类，包括飞机、蜜蜂等。有些视力残疾儿童认为只要有轮子的就是汽车，所以将火车、电车都认为是汽车。因为他们只抓住了其中的一个特征——车轮，而忽略了形状、大小和功能等其他差异。有学者认为视力残疾儿童虽然失去了视觉，但仍然可以借助第二信号系统获取信息，常常陷入沉思默想，思维也变得比较敏捷。[①]

**（二）情绪与意志特征**

视力残疾儿童生活在以普通人为主流的社会里，势必会出现特殊需要得不到很好满足的情形。当需要得不到满足时，人们可能会表现出消极的情绪，普通人之间的沟通不仅借助语言，而且借助许多非语言信息，普通儿童可以通过观察他人的面部表情、潜意识动作判断自己的行为是否得当，而视力残疾儿童无法感知非语言信息，他们在与普通人交往中，常常感到疑惑重重和孤独无助。长此以往，视力残疾儿童容易产生焦虑、自卑、多疑等负面情绪。有关研究表明，视力残疾儿童的情绪多偏向于消极，即缺乏积极、热情、振奋和乐观的情绪，倾向于消沉、颓废、松懈、灰心和焦虑等消极情绪状态。[②]

大众对视力残疾儿童的不当态度也导致他们难以适应社会活动。很多普通人不知该如何与视力残疾儿童交往，或表现出对视力残疾儿童的过度保护，这些都是不恰当的做法。我们应以"平常心"来对待视力残疾儿童。除此之外，成人对视力残疾儿童的

---

① 朴永馨.特殊教育学[M].福州：福建教育出版社，1995：179.

② 方俊明.特殊教育学[M].北京：人民教育出版社，2005：134.

教养态度，也会影响视力残疾儿童的自我观念与社会互动能力的发展。

视力残疾儿童的意志特征主要表现为依赖性、不果断和不够坚忍。有调查发现：视力残疾儿童中有独立意向的仅有 17％。[1] 但并不是所有的视力残疾儿童都有个性和社会性问题。

**视力残疾儿童的作品**

### （三）行为发展特征

视力残疾儿童的身体动作的发展与普通儿童保持一致的规律：从头到脑、从躯干到四肢、从粗大到精细，但视力残疾儿童整体发展存在延迟。由于存在视力残疾，他们无法看到自身的体态，会出现东倒西歪的状态，头部肌肉的发展会受到影响。缺乏视觉的模仿，视力残疾儿童对坐、立、行技能的习得会比较晚，错误的姿势还会影响视力残疾儿童骨骼的发展。与粗大动作相比，视力残疾儿童的精细动作发展较好，但手的运动发展迟缓。视力残疾儿童的身体稳定性较差、平衡能力差，容易形成怪动作。视力残疾儿童对定向行走的学习应在其平衡能力发展到一定程度后再进行。此外，视力残疾儿童的感觉统合也可能会出现问题。

视力残疾儿童会表现出刻板和重复性行为，包括挤眼、晃头、摆动身体、绕圈旋转、注视光源、玩弄手指等，这些行为表现被称为盲态。盲态出现的原因可能是视力残疾儿童在缺乏视觉刺激的情况下，寻求自我刺激。正常情况下，盲态会随着年龄的增长而减少。[2]

动作发展会影响视力残疾儿童的智力发展、社会性发展及社会性依恋，因此，应该努力创建适合视力残疾儿童发展的环境。虽然视力残疾儿童个体间差异较大，但我们仍不能以偏概全，认为视力残疾儿童都会存在发展缓慢的问题。视力残疾儿童也会出现正常或超前发展的情况。每个人都具有发展的可能性，视力残疾儿童也不例外，但他们可能不会像普通儿童一样自然而然地成长，需要社会、家庭和学校为其提供全方位的支持。

---

📖 **| 拓展延伸|**

Aipoly vision 是一个智能识别仪，能让手机同时识别多种物体，实时帮助视力残疾者获取周边信息，还可以帮助普通人体验视力残疾者的世界。

**资源推荐**

电影：《听见天堂》《推拿》。

---

① 布文锋. 论盲生社会交往障碍及其解决对策[J]. 中国特殊教育，2001(1)：44-47，57.
② 刘新学. 特殊儿童发展与学习[M]. 2版. 南京：南京大学出版社，2019：111.

**巩固与思考** ······▶

1. 简述视力残疾儿童的定义和分类。

2. 视力残疾的先天性因素有哪些?

3. 视力残疾儿童感知觉是如何发展的?

4. 分析视力残疾儿童的情绪特点,谈谈如何引导视力残疾儿童的积极情绪。

5. 请运用视力残疾儿童的发展特点解释"盲人摸象"的现象。

# ▶任务二
# 视力残疾儿童的教育

**问题情境** ······▶

　　盲校语文课堂中视力残疾儿童正在学习汉语拼音:ɑ、o、e。为此,语文教师结合视力残疾儿童的听觉经验为他们创编了拼音儿歌:张大嘴巴ɑ、ɑ、ɑ,公鸡打鸣o、o、o,大鹅大鹅e、e、e。

　　接受教育是儿童的基本权利。针对视力残疾儿童的教育有哪些不同呢?任务二围绕视力残疾儿童的教育,将重点介绍视力残疾儿童的教育安置形式、视力残疾儿童的课程设置、视力残疾儿童的教学策略,以及视力残疾儿童的融合教育。

## 一、视力残疾儿童的教育安置

### (一)特殊教育学校和特殊班为骨干

　　目前我国视力残疾儿童的特殊教育学校主要包括盲童学校、盲聋哑学校和低视力学校。教育部2007年印发的《盲校义务教育课程设置实验方案》规定:盲校学制为九年一贯制。入学年龄与当地普通小学一致,特殊情况下可适当放宽。盲校每班班额以8~12人较为合适,如有视力障碍兼多重障碍的学生,班级人数可以适当下调。盲校对盲生和低视力学生应当实行分类教学。为低视力学生独立设班,人数不足以编班的低视力学生,可以与盲生混合编班,但应积极创造条件同班分类教学。

　　特殊教育学校有其优势:学校为视力残疾儿童专门设立,配备的教育设施、教学辅助器具和教育康复设备等较为专业且齐全,如光学助视器、起点盲文学习机、视力残疾儿童专用的电脑等。特殊教育学校的教师大多具备丰富的教学经验,能够为视力残疾儿童提供较高水平的教学。特殊教育学校拥有完备的无障碍设施和完善的辅助标识,视力残疾儿童能够在这里畅通无阻地交往。

　　特殊教育学校也存在局限:视力残疾儿童在特殊教育学校,缺乏与外界社会的交流，接收到的信息闭塞且容易形成小团体，不利于视力残疾儿童拓宽思维，以及融入社会。视力残疾儿童很容易被贴上"思维固着"等标签，不利于融合思想的传播。

特殊班是指在普通学校中专门为视力残疾儿童开设的特殊班级。[1] 特殊班的设立，可以弥补特殊教育学校的一部分局限，视力残疾儿童虽仍处于隔离状态，但大大降低了儿童的隔离程度，是融合教育发展的产物。

### （二）普通学校随班就读为主体

改革开放后，受到西方回归主流思想的影响，人们开始以全新的理念指导特殊儿童的工作，尽最大可能让特殊儿童与普通儿童一起学习。1994 年 7 月颁布的《关于开展残疾儿童少年随班就读工作的试行办法》规定：盲和低视力的残疾儿童是随班就读的对象之一。以北京市为例，北京市教委颁布的《北京市各类残疾类别随班就读具体标准》针对各类残疾类别儿童随班就读给出了具体标准，文件中明确指出：优眼的最佳矫正视力、视野范围在 0.1 至小于 0.3 的视力残疾儿童可以随班就读。截止到 2019 年年末，我国在校残障儿童总数为 79.46 万人，其中近 40 万残障儿童就读于普通学校，并且随班就读的残障儿童人数还在逐年上升。

为提高随班就读的质量，特殊教育资源中心、资源教室和巡回指导教师越来越受到关注。资源中心是以地级市为单位设立的对随班就读进行支持、指导的部门，并对随班就读工作进行评估。[2] 除了政府部门可以承担资源中心的任务外，特殊教育学校或特殊班也可以作为资源中心。资源教室是设在随班就读教学点并专门为特殊儿童和教师提供技术、资料、设备支持等物质资源的地方。[3] 巡回指导教师在随班就读工作中扮演着重要角色。这些教师为普通学校的教师及人员提供特殊教育相关资料、咨询及培训，从而弥补普通教师在视力残疾儿童的特殊教育需要方面的不足。

### （三）家庭及康复机构为补充

教育部公布的统计数据显示，截至 2019 年年底，全国共有送教上门学生 17 万人，占特殊教育在教生 21.5%，该数据表明有数十万中重度适龄残疾儿童没有接受应有的义务教育，因此在家、社区及康复机构接受教育成为该类儿童参与教育的主要途径。对此，我们既要努力提高家庭教育、社区教育及康复机构的教育水平，也要不断推行融合教育，提高社会包容度，帮助此类残疾儿童到学校接受教育。

## 二、视力残疾儿童的课程设置

我国大多数视力残疾儿童在盲校学习，因此对视力残疾儿童的课程设置的研究即对盲校的课程设置的研究。2007 年，《盲校义务教育课程设置实验方案》中的课程设置

---

① 方俊明. 特殊教育学［M］. 北京：人民教育出版社，2005：137.
② 钟经华. 视力残疾儿童的心理与教育［M］. 天津：天津教育出版社，2007：81.
③ 钟经华. 视力残疾儿童的心理与教育［M］. 天津：天津教育出版社，2007：81.

原则包括以下四个方面。

### (一)普遍性与特殊性相结合

贯彻国家基础教育课程改革精神，坚持视力残疾儿童教育与普通儿童教育共性的同时，从视力残疾儿童身心发展的特点出发，注重视力残疾儿童的潜能开发和缺陷补偿，调整教育内容、课时数，以达到与普通学校相应的目标，促进视力残疾儿童全面发展。

### (二)继承、借鉴与发展相结合

结合国情、总结并继承我国各地视力残疾儿童教育的成功经验，立足全面发展，注重潜能开发和补偿缺陷，加强劳动教育，强调适应社会；借鉴与吸收国外视力残疾儿童教育的有益经验，力求教育与医疗、教育与康复、教育与训练、教育与心理辅导等相结合，让视力残疾儿童学会学习、学会做事、学会共处、学会做人。

### (三)面向全体与照顾差异相结合

从多数视力残疾儿童的教育需要出发，合理均衡地设置课程，同时针对视力残疾儿童个体间差异，根据地方和学校的实际，以及视力残疾儿童的特殊需要，进行适度调整，力求面向全体、因材施教。

### (四)综合课程与分科课程相结合

依据视力残疾儿童身心发展的特点和学科知识的内在逻辑，整体设置义务教育阶段课程；重视学科知识、社会生活和儿童经验的整合；课程门类由低年级到高年级逐渐增加，低年级以综合课程为主，高年级以分科课程为主，同时做好各年级课程之间的衔接与过渡。

盲校课程整体设置九年一贯的视力残疾儿童义务教育课程，包括国家安排课程和地方与学校安排课程两部分，以国家安排课程为主，地方与学校安排课程为辅；既开设普通学校的一般性课程，也设置必要的特殊性课程。课程内容涉及人文与社会、语言与文学、体育与健康、数学、科学、艺术、技术、康复、综合实践活动九个学习领域。

与普通学校一致，低、中年级阶段以综合课程为主，高年级阶段设置分科与综合相结合的课程，开设思想品德(低年级开设品德与生活，中年级开设品德与社会、高年级开设思想品德)、语文、数学、外语(三年级开始)、体育与健康、艺术(或分科选择音乐、美工)、科学(高年级或分科选择生物、物理、化学)、历史与社会(或分科选择历史、地理)、康复(低年级开设综合康复，低、中年级开设定向行走，中、高年级开设社会适应)、信息技术应用、综合实践活动等课程(见表1-4)。

表 1-4 盲校义务教育课程设置表

| 课程 | | | 年级 | | | | | | | | | 课程占比(%) |
|---|---|---|---|---|---|---|---|---|---|---|---|---|
| | | | 一 | 二 | 三 | 四 | 五 | 六 | 七 | 八 | 九 | |
| 课程门类 | 品德与生活 | | 2 | 2 | | | | | | | | 6.3 |
| | 品德与社会 | | | | 2 | 2 | 2 | 2 | | | | |
| | 思想品德 | | | | | | | | 2 | 2 | 2 | |
| | 历史与社会* | 历史 | | | | | | | 2 | 2 | 2 | 3.5 |
| | | 地理 | | | | | | | 2 | 2 | | |
| | 科学* | 科学 | | | 2 | 2 | 2 | 2 | | | | 7.8 |
| | | 生物 | | | | | | | 2 | 2 | | |
| | | 物理 | | | | | | | | 3 | 3 | |
| | | 化学 | | | | | | | | | 4 | |
| | 语文 | | 7 | 7 | 6 | 6 | 6 | 5 | 5 | 5 | 5 | 18.3 |
| | 数学 | | 5 | 5 | 5 | 5 | 5 | 5 | 6 | 6 | 6 | 16.9 |
| | 外语 | | | | 2 | 2 | 2 | 4 | 4 | 4 | 4 | 7.8 |
| | 体育与健康 | | 2 | 2 | 2 | 2 | 2 | 2 | 2 | 2 | 2 | 6.3 |
| | 艺术* | 美工 | 2 | 2 | 2 | 2 | 2 | 2 | 1 | 1 | 1 | 10.6 |
| | | 音乐 | 2 | 2 | 2 | 2 | 2 | 2 | 1 | 1 | 1 | |
| | 康复 | 综合康复 | 3 | 2 | 1 | | | | | | | 7.4 |
| | | 定向行走 | 1 | 1 | 1 | 2 | 2 | 2 | | | | |
| | | 社会适应 | | | | 1 | 1 | 1 | 1 | 1 | 1 | |
| | 信息技术应用 | | 1 | 1 | 1 | 1 | 1 | 1 | 1 | 1 | 1 | 15.1 |
| | 综合实践活动 | | 1 | 2 | 2 | 3 | 3 | 3 | 2 | 1 | 1 | |
| | 学校课程 | | 2 | 2 | 2 | 2 | 2 | 2 | 2 | 1 | 1 | |
| 周总课数(节) | | | 28 | 28 | 30 | 32 | 32 | 33 | 33 | 34 | 34 | |
| 学年总时(节) | | | 980 | 980 | 1 050 | 1 120 | 1 120 | 1 155 | 1 155 | 1 190 | 1 122 | |

说明:带＊的课程为积极倡导选择的综合课程,条件不足的也可选择分科课程。国家将通过制定各科目课程标准来规定各科目课程的具体内容和要求。

### 三、视力残疾儿童的教学策略

视力残疾儿童的教学策略与普通教育相比，具有一致性与特殊性。与普通教育一样，盲校常用的教学策略也包括讲授法、直观教学法和练习法。

讲授法是指教师通过语言系统向视力障碍儿童传授知识的方法，是讲述法、讲解法、讲读法和讲演法的总称，是盲校课堂教学中最常用、最基本的教学方法。通过讲授，教师可以在较短时间内系统地向学生传递知识，提高教学有效性。教师在讲授时，应将视力残疾儿童的特点、身心发展水平、教学目标，以及接受知识的限度四者进行有机结合，教授过程中，逻辑要清晰，语言要简练准确、突出重点，最大限度减少无关因素的干扰。

直观教学法充分利用视力残疾儿童的听觉、触觉、嗅觉、味觉等感觉器官，在教师的指导下，通过直观感知，补偿视力残疾儿童因视觉缺陷引起的不足，从而达到教学目标。常用的直观教学法包括教具直观(教的直观和学的直观)、言语直观(教师的言语应该明确、精准)和动作直观。直观教学不仅可以帮助视力残疾儿童更好地理解教师讲授的内容，而且可以训练和发展视力残疾儿童多种感官的功能，提高视力残疾儿童观察的能力，拓宽认知与思维。[①]

练习法是各科教学中通用的方式。通过练习，视力残疾儿童能够重温旧知、巩固新知，将知识转化为技能，提高生活适应能力。运用练习法时，应明确练习的目的，减少机械地、盲目地练习。练习过程中教师应注意纠正视力残疾儿童错误的练习方法，给予指导。练习结束后，及时总结与分析，查漏补缺。

视力残疾儿童的教学策略也有其特性，首先体现在教材的呈现方式上。盲童的教材大多以盲文呈现，低视力儿童的教材采用印刷体或盲文呈现。视力残疾儿童大多用印刷体和盲文交流。教师需要根据视力残疾儿童的残疾程度和学习形态决定采用何种方式。

听读法和摸读法也是盲校常用的教学方法。听读法采用音频的形式，将各类教材及读物制成有声教材，代替传统的盲文课本和大字课本。有声教材既适合低视力儿童，也适用于盲童，有效解决了盲文书籍和大体书籍缺乏的难题。[②] 摸读法是指教师有计划地指导视力残疾儿童摸读课文、作业、书籍等资料获得知识的方法，该方法可以发展视力残疾儿童的触觉。

类比推理法是运用视力残疾儿童熟悉的或能够用其他感官感受的类似事物，进行比较推理，帮助其认识事物的方法。[③]

---

① 钱志亮．视力残疾儿童心理与教育[M]．大连：辽宁师范大学出版社，2002：231-232.
② 刘春玲，江琴娣．特殊教育概论[M]．2版．上海：华东师范大学出版社，2015：137.
③ 刘春玲，江琴娣．特殊教育概论[M]．2版．上海：华东师范大学出版社，2015：138.

面对视力残疾儿童，我们应该认识到视力残疾儿童首先是儿童，其次才是特殊儿童。视力残疾儿童的教学方法也会与普通儿童有一致的策略，只是某些教学方法用得较多，某些教学方法不太常用。任何一种教学方法都不是万能的，在对视力残疾儿童的教学中可以采用一种方法为主、多种方法并用的方式。此外，教学方法的选择受到以下四个方面的影响：第一，教学目的和任务；第二，教学内容的特点；第三，儿童身心特点；第四，学校的环境和设备条件。总体来说，视力残疾儿童的教学原则应保持：依靠视觉残疾儿童通过听觉和触觉产生的具体经验，结合视觉经验与具体知识，创设不同的环境，在做中学，自主探究，产生良性互动。

✎ |想一想|

**如何帮助视力残疾儿童认识鹌鹑蛋？**

帮助视力残疾儿童认识鹌鹑蛋，教师可以指导视力残疾儿童先感知熟悉的鸡蛋，对两者的大小、形状、颜色等方面进行对比，从而帮助视力残疾儿童对鹌鹑蛋形成较为形象、具体的认知。

## 四、视力残疾儿童的融合教育

"融合"的理念发端于20世纪50年代美国的民权运动，而其根源则在欧洲，以西方文艺复兴时期以来的追求平等与自由的价值观念为基础，带有浓厚的美式理想主义印记[1]。

融合教育认为"人人享有平等受教育的权利"，教育应该主动满足"所有人的学习需求"，主张将特殊儿童安置在普通受教育环境中，旨在强调特殊儿童能够在普通环境中真正地"参与"所有的教育活动，并能够在参与活动的过程中获得"进步"。[2]

### （一）视力残疾儿童融合教育的利与弊

视力残疾儿童在普通班级中随班就读有其独特的优势。首先，实施随班就读符合社会融合的大趋势，是中国特殊教育普及与发展的必然要求。其次，视力残疾儿童与普通儿童在同一环境中学习，实现了物理空间维度的融合，有利于视力残疾儿童与普通儿童的双向互动。在互动中有利于视力残疾儿童身心发展，在合作学习中有利于提高视力残疾儿童的学业成绩，在交往中有利于改善普通儿童对视力残疾儿童的包容度和接纳感。最后，随班就读工作的开展有利于提高视力残疾儿童义务教育的入学率，普及义务教育。实施随班就读工作，少不了学校、政府、社会等各方的支持，各方要凝聚一心，实现力量团结交融。

---

① 邓猛，肖非. 全纳教育的哲学基础：批判与反思[J]. 教育研究预实验，2008(5)：18-22.

② Hitchcock，C.，Meyer，A.，Rose，D.，et al. Providing new access to the general curriculum Universal design for learning[J]. *Teaching Exceptional Children*，2002，35(2)：8-17.

随班就读的劣势也不容忽视。由于普通学校及教师缺乏特殊教育方面的知识与经验，不仅难以为视力残疾儿童提供专业化且具有针对性的教育与服务，而且增加了普通学校及教师的压力。视力残疾儿童被安置在普通学校仅仅实现了物理空间的融合，可能导致视力残疾儿童被"边缘化"。缺乏融合教育的理念，家长、教师和普通儿童对视力残疾儿童的接纳程度不一，家长不希望自己的孩子与视力残疾儿童交往；视力残疾儿童被安排在班级中最后一排；视力残疾儿童受到普通儿童的排挤等均不利于视力残疾儿童心理健康成长。随班就读工作是持续且艰难的，可能出现培训的随班就读教师缺乏实践性知识等情况，因此随班就读工作可能会导致一定人力和财力的浪费。

### （二）视力残疾儿童融合教育的实施

#### 1. 视力残疾儿童融合教育课程

融合意味着实现所有儿童的适应性发展，因此融合教育课程首先应是包含所有儿童在内的"共同课程"，又可称为一般发展性课程或功能性课程。共同课程面向所有儿童，根据儿童的身心发展规律制定课程的目标与内容，既注重儿童的学业发展，又为儿童未来的生活做准备。此外，融合教育课程是具有弹性的，弹性调整以满足所有儿童的需求。例如，视力残疾儿童在社会交往、情绪情感等方面或多或少存在不足或缺陷，因此视觉残疾儿童的融合教育课程应既注重儿童的学业发展，又包含对儿童的情绪情感、行为、社会交往等方面的培养，同时加入同伴交往知识、情绪行为管理知识等。融合教育课程的主要内容结构如图 1-1 所示。

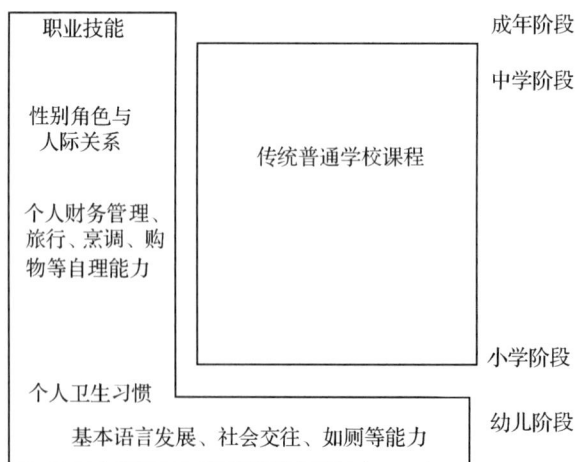

**图 1-1　融合教育课程的主要内容结构**[①]

融合分为物理空间融合、社会融合和课程融合三个层次，其中课程融合是最高层次的融合。为保障视力残疾儿童实现课程的融合，普通学校及教师需进行课程的调整，

---

①　邓猛．关于全纳学校课程调整的思考[J]．中国特殊教育，2004(3)：3-8.

为视力残疾儿童提供盲文材料、助视设备、音频资料相关资源等。融合教育中常用的课程分层主要有四种模式，见表1-5。

表 1-5　融合教育常用的课程分层模式[①]

| 同样的课程 | 所有学生学习同样的课程，不需要对课程内容做出任何调整，教学目标、要求也相同 |
|---|---|
| 多重课程 | 所有学生学习的课程内容相同，但要求掌握的水平不同 |
| 交叉课程 | 所有学生参加同样的教学活动，但所学习的课程内容和要求掌握的概念不同 |
| 替代性课程 | 由于普通学校传统课程不能满足某些学生需要，教师小组需要重新为他们设计单独的课程内容与教学活动，这些课程可以根据需要在普通教室、学校或社区内进行，并吸纳有兴趣的普通学生一起进行 |

### 2. 视力残疾儿童融合教育

为促进融合教育的实施、提高教学有效性，教师可以采用个别化教学、合作学习等策略进行教学。

个别化教学是指在教学过程中教师根据儿童的能力、兴趣、需要和身体状况等设计不同的教学计划和方案，使用不同的教学资源、不同的教学方法和不同的评价方法进行教学工作，从而尽可能地让班级中每位儿童都得到恰当的教育。[②] 视力残疾儿童在学习能力、新知接受程度等方面与普通儿童相比存在较大差距，他们往往难以适应与普通儿童一样的学习内容与学习进度，因此需要个别化教学。个别化教学主要采用"个别辅导"和"集体教学中的个别化教学"两种形式来实现。为保证教学的效率，教师在普通班级的课堂中难以为每位儿童进行指导，而视力残疾儿童由于缺乏视觉这一重要信息通道，在理解力、注意力等方面都存在困难，在普通班级中也处于弱势地位，需要教师个别辅导。集体教学中的个别化教学主要体现在：教学目标的个别化、教学内容的个别化、教学方法的个别化，以及教学评价的个别化。

> 🔗 | 案例 |
>
> 　　在学习认识分数时，视力残疾儿童可能难以从视觉角度感知"平均分"的概念，教师便可以针对视力残疾儿童的感官特点，采用能够给予直观感受的教具——小棒，指导视力残疾儿童亲自试一试将一堆小棒平均分为几等份，感知"平均分"的含义。将小棒平均分为三份，拿出其中的两份，可以用分数 $\frac{2}{3}$ 表示。

———————————

① 邓猛. 融合教育实践指南[M]. 北京：北京大学出版社，2016：108.

② 肖非，王雁. 智力落后教育通论[M]. 北京：华夏出版社，2000：190.

合作学习指儿童在异质小组中互相帮助，共同完成学习任务，并以小组总体表现为奖励依据的教学理论和策略体系。[①] 同伴互助不仅可以使视力残疾儿童与普通儿童加深了解，营造融洽的班级氛围，还可以减轻教师的工作压力。课堂活动中的合作学习分为同伴指导、小组合作、教学活动过程中全员性的合作学习三种类型。[②] 同伴指导是指在教师监督指导下，能力较强的儿童担任小老师，采用一对一的教学方式，为能力较差的儿童提供帮助，协助教师教学。许多视力残疾儿童无法独立适应普通学校的生活，需要依赖教师和同学们的协助。同伴指导可以协助特殊儿童表现出更多的生活自理能力或独立完成某项工作，该模式适用于教导儿童适应环境、自我照顾、社会参与等部分。[③] 目前，小组合作是我国教师使用较为广泛的合作学习方式。应注意在开展合作学习时，避免或减少出现"标签效应"，避免只看到视力残疾儿童的缺陷与不足，忽视视力残疾儿童的优势与潜能。

**✈ |想一想|**

如何引导普通儿童帮助视力残疾儿童将注意力转移到课堂中？（如帮助视力残疾儿童准备好教材和学具；当视力残疾儿童出现不恰当行为时，及时给予引导与反馈等。）

除此之外，结构化教学、合作教学等方式也受到越来越多的教师的喜爱。

### （三）视力残疾儿童融合教育面临的挑战

迄今为止，融合教育在我国已经有了长足的发展，但融合教育的发展仍面临着严峻挑战。

首先，融合教育理念有待推广，对随班就读工作的重视有待加强。我们倡导教育机会均等，视力残疾儿童也有与普通儿童一起受教育的权利。但随班就读不是随坐就读，不应仅仅是物理空间方面的融合，而应该向更高层次的融合发展，从重形式向重质量转变。普通学校是融合教育的主战场，但普通学校现在的发展状况难以起到带动和推广融合教育的作用，实施融合教育的普通学校引起的辐射作用小。其次，教师作为融合教育的主要实施者，师资质量也是制约融合教育发展的重要维度。普通学校的教师具备较丰富的教学经验，但缺乏特殊教育专业知识。普通教师不仅要面对大班额带来的压力，还要处理视力残疾儿童的特殊教育需要问题。我国缺乏特殊教育教师资

---

① 陈云英，华国栋．合作学习与随班就读教学改革[J]．特殊儿童与师资研究，1995(1)：7-11.

② 王鉴．合作学习的形式、实质与问题反思——关于合作学习的课堂志研究[J]．课程·教材·教法，2004(8)：30-36.

③ 邓猛．融合教育实践指南[M]．北京：北京大学出版社，2016：108.

格认证制度，缺乏规范化和专业指导。最后，开展融合教育不仅仅是学校的工作，更是全社会共同努力的方向，这个支持系统应该包括家庭的教育和帮助、学校的教育训练、社区提供的设施和条件、医务工作者的支持和配合、国家财政与政策的倾斜等全方位的统筹，从而实现融合教育更好更快发展。[1]

**巩固与思考** ······▶

1. 我国盲校新课程设置实验方案中课程设置有哪些原则？
2. 我国盲校一般开设哪些课程？
3. 简要论述视力残疾儿童的教学策略。
4. 视力残疾儿童的融合教育需要哪些方面的辅助？

# ▶任务三
# 视力残疾儿童的支持与服务

**问题情境** ······▶

每周三下午，红星社区都会组织社区活动，辰辰（视力残疾儿童）一家总会如约而至。在新年的第一次社区活动中，辰辰向大家介绍了自己和家人，积极地参与新年分享会，社区活动结束后，辰辰还获得了新年大礼包。

人是社会性的，视力残疾儿童在社会生活中需要哪些支持呢？任务三围绕视力残疾儿童可能接受的相关服务，将重点介绍视力残疾儿童的技术支持、视力残疾儿童的家庭干预，以及视力残疾儿童的社会支持。

## 一、视力残疾儿童的技术支持

### （一）定向与行走

定向与行走是盲人独立行走中两个相互依赖且缺一不可的能力。定向是指盲人运用多种感官，确定自己在一定环境中与环境及其他物体之间的相互位置关系的过程。行走是指从一个位置移动至另一个位置的两脚交替动作。[2] 二者相辅相成、联系紧密。通过定向行走训练，视力残疾儿童可以学会应用各种线索（声音、气味、标志等）来帮助自己定向，并采用辅助工具学会独立行走。在定向行走过程中，视力残疾儿童应学会自我保护、运用听觉信息定位物体、应对突发的意外事故等。[3]

---

① 华国栋. 残疾儿童随班就读现状及发展趋势[J]. 教育研究，2003，24(2)：65-69.
② 朴永馨. 特殊教育辞典[M]. 3 版. 北京：华夏出版社，2014：236.
③ 邓猛. 视觉障碍儿童的发展与教育[M]. 北京：北京大学出版社，2011：199.

辅助视力残疾儿童定向行走的方法通常有：杖导法、人导法、犬导法和电子辅助器法。

杖导法，即视力残疾儿童利用盲杖(见图 1-2)帮助行走的方法，是视力残疾儿童常用的、方便的、经济的方法。通过盲杖，视力残疾儿童可以探测自己周围的环境，以便及时做出反应。

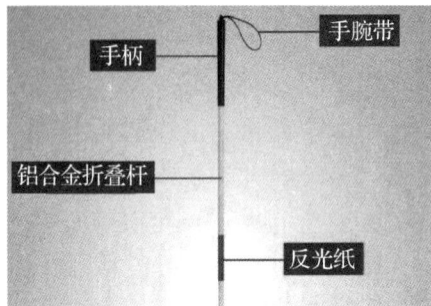

图 1-2　盲杖

人导法，即普通人带领、帮助视力残疾儿童行走的方法，此方法可以和其他辅助行走的方法共同使用，多用于早期失明的视力残疾儿童和在特殊的、陌生的环境中行走的视力残疾儿童。

犬导法，即利用受过专业训练的导盲犬帮助视力残疾儿童进行定向行走的方法。

电子辅助器法，即使用电子辅助器定向发射某种形式的能量波帮助视力残疾儿童行走，常用的能量波有超声、激光、红外线和微波等。

**（二）辅助技术**

在当今信息技术时代，人们的生活变得丰富多彩，科技同样也为视力残疾儿童带来了便利。

读屏软件可以放大屏幕上的信息，或者使用合成的发声器。当使用者移动光标或从键盘上输入信息时，读屏软件就能读出在计算机终端上显示的文字。

布莱尔盲文凸字打印机(见图 1-3)与电脑相连，并使用布莱尔盲文翻译软件，在布莱尔盲文凸字印刷机"印刷"出布莱尔盲文阅读作品。

图 1-3　凸字打印机

助视器是能够改善低视力人士视觉能力的设备，通过放大，帮助低视力人士看清楚本来看不到或看不清的文字或物体。

盲文显示器又称点字显示器。使用者可以通过盲文键盘接收信息，然后将信息转入一台更大的显示器，使用盲文显示器检查所输入的信息，或者打印成盲文或文字。

起点盲文学习机(见图1-4)，可以显示盲文字型，由发音系统发出同一文字的读音，使学习者将听觉转换为触觉，并通过反复练习帮助学习者快速高效地学习盲文。

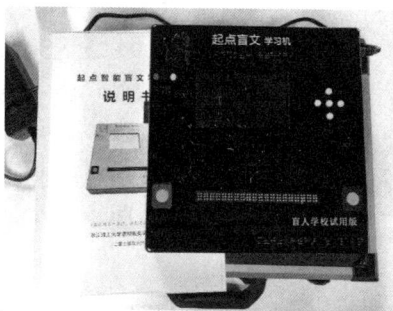

图1-4　起点盲文学习机

## 二、视力残疾儿童的家庭干预

家庭能够满足人们多方面的需要，是影响个体的重要因素，是儿童自然、安全的生活环境，也是对视力残疾儿童进行训练与指导的理想场所。

### （一）转变家长的观念

幼儿期和儿童期是视力残疾儿童快速发育的关键期，在这一期间，视力残疾儿童主要生活在家庭环境中。部分视力残疾儿童的家长对家庭教育的重视程度不够，没能及时发现儿童存在的缺陷，忽视了早期干预。因此，应引导家庭照料者转变固有观念，认识到家庭教育的重要性。家长及时有效地干预、训练和教育，既能促进视力残疾儿童各项机能的发展，又能有效防止视力残疾儿童第二缺陷的发生。[①] 此外，家长往往会忽略视力残疾儿童的心理健康教育。例如，家长不愿意让视力残疾儿童接触外界生活，更加限制了视力残疾儿童的眼界，导致视力残疾儿童失去了享受美好社会生活的权利，心理更加闭塞。有些家长在视力残疾儿童做错事时极力为其开脱，想缓解视力残疾儿童的心理压力，但也助长了视力残疾儿童不负责任、任性的不良品质，因此家长要引导视力残疾儿童学会正确归因，形成自我效能感。更重要的是，家长之间、家校之间、家长与教师之间应加强交流与合作，形成教育合力，为视力残疾儿童提供一个和谐、美好的生态环境。

### （二）提高家长的教育康复技能

大部分家长缺乏关于视力残疾教育与康复方面，以及家庭教育与干预方面的知识，

---

① 吕晓英. 家庭教育对特殊儿童心理健康的影响[J]. 中国残疾人，2010(5)：59.

并且对家长在视力残疾儿童教育中的地位认识出现偏差，认为学校教育可以满足儿童所有的发展需要，家长仅仅起到协助教育的作用。针对这种现象，学校及医疗康复单位可以组织并开展家长培训活动，努力提高家长的教育康复技能。

目前，家长参与已经成为 21 世纪特殊教育发展的重要趋势[①]，如英、美等国家早已通过立法保障特殊儿童家长的权利，家长拥有参与制订、实施和评估特殊儿童个别化教育计划的权利。由于自身素养的不足和专业知识的缺乏，再加上视力残疾儿童的不配合，视力残疾儿童的家长会感到身心疲惫。因此，掌握一些基本的教育康复技能，如定向行走训练，不仅可以减轻家长的压力，提高其自我效能感，而且有利于视力残疾儿童身心的健康发展。

> **📖 | 拓展延伸|**
>
> 　　家庭教育服务包括家庭访谈、家长咨询、家长培训、家庭辅导等方面的内容，结合线上与线下，通过面对面交谈、语音通话、视频沟通等方式进行，培训可以包括个人卫生、饮食与营养、视力残疾儿童心理健康与教育、行为矫正等内容。

### （三）实施个别化家庭服务计划

个别化教育计划是根据每个特殊儿童身心特征和实际需要制定的教育实施方案。[②]个别化家庭服务计划，旨在为 0～3 岁符合条件的婴幼儿提供早期干预服务。根据美国《障碍者教育法案》(IDEA)，视力残疾儿童的个别化家庭服务计划中应该包含以下内容（见图 1-5）。

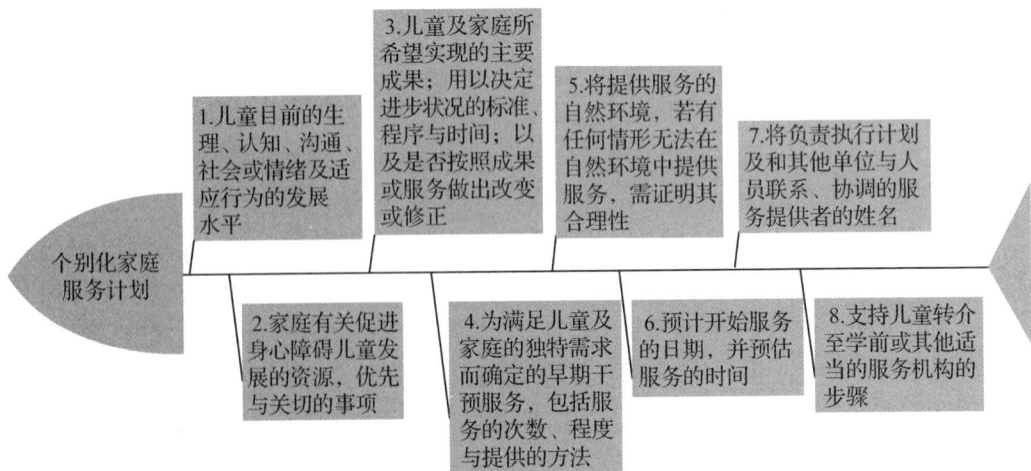

个别化家庭服务计划

1. 儿童目前的生理、认知、沟通、社会或情绪及适应行为的发展水平

2. 家庭有关促进身心障碍儿童发展的资源、优先与关切的事项

3. 儿童及家庭所希望实现的主要成果；用以决定进步状况的标准、程序与时间；以及是否按照成果或服务做出改变或修正

4. 为满足儿童及家庭的独特需求而确定的早期干预服务，包括服务的次数、程度与提供的方法

5. 将提供服务的自然环境，若有任何情形无法在自然环境中提供服务，需证明其合理性

6. 预计开始服务的日期，并预估服务的时间

7. 将负责执行计划及和其他单位与人员联系、协调的服务提供者的姓名

8. 支持儿童转介至学前或其他适当的服务机构的步骤

**图 1-5　个别化家庭服务计划的内容[③]**

---

① 周丹，胡玉君．家庭教育对特殊儿童学习与发展影响研究[J]．绥化学院学报，2016，36(4)：145-147.
② 陈云英．智力落后心理、教育、康复[M]．北京：高等教育出版社，2007：168.
③ 何华国．特殊幼儿早期疗育[M]．台北：五南图书出版股份有限公司，2006：207-208.

为制订适合视力残疾儿童的家庭服务计划，专业人员需要与家长讨论视力残疾儿童的日常生活及行程，了解家长对视力残疾儿童的期望，并结合儿童的兴趣找出合适的活动和训练，之后，专业人员应该告诉家长如何执行家庭服务计划及应急措施，组织家长召开早期干预会议，拟订并实施家庭干预计划，每隔半年检视计划内容并可做适当修改。

### 三、视力残疾儿童的社会支持

#### （一）加强特殊儿童相关法律法规建设和落实

目前，我国最高立法机关通过的专门针对残疾人事业的法律仅有《中华人民共和国残疾人保障法》一部，涉及特殊儿童的法律法规缺乏系统性和一致性，法律条文中对视力残疾儿童的教学制度、视力残疾儿童的鉴定和评估制度、视力残疾儿童的受教育权，以及视力残疾儿童的救济制度等都没有明确规定或规定得不完善。特殊教育立法体系应以《中华人民共和国宪法》和《中华人民共和国教育法》为基础，努力构成一个完备的立法体系，对视力残疾儿童的资源配置、教学管理、经费保障、教师队伍建设等进行相应规定。在法律法规的实施过程中，各级政府及部门单位应明确各自的职责，使包含视力残疾儿童的特殊儿童法律法规体系专业化、标准化和系统化。

#### （二）健全视力残疾儿童教育服务保障机制

特殊教育的开展离不开经费的投入，我国各项经费的投入主要依靠国家和政府。应严格制定特殊教育资金保障制度，保障对视力残疾儿童的教育投入，并确保视力残疾儿童是专项资金的唯一受益者，让视力残疾儿童及其家庭真切地受益。实现基本普及视力残疾儿童少年义务教育，完善非义务教育阶段视力残疾儿童资助政策，积极推进高中阶段视力残疾儿童免费教育。建立对视力残疾儿童教育运行和发展水平的督导，将视力残疾儿童少年入学率、视力残疾教育教师专业化水平和视力残疾教育保障水平等作为视力残疾教育工作评估的主要指标，确保视力残疾儿童教育各项要求、任务和政策的落实。

#### （三）完善视力残疾教育教师培养制度

融合教育是特殊教育发展的方向。高等师范院校和教师的职前职后培训中应包含视力残疾儿童教育课程板块，将视力残疾儿童的教育知识系统地纳入教师培养与教师资格考核制度中，作为教师教育中的必修课程。努力培养能够胜任盲校与随班就读等相关工作的教师、掌握学科知识的视力残疾儿童教育教师和具备康复能力的视力残疾儿童教育教师。此外，改革高等师范院校教学方式方法，将实践经验与理论素养并重，提高视力残疾儿童教育教学实践在特殊教育教师培养方案中的比例，增加准教师们在盲校的实习时长。

#### （四）构建视力残疾儿童社区服务体系

首先，政府可以通过政策和经济等宏观策略，直接引导和鼓励社会力量参与视力残疾儿童社区融合。其次,家庭作为视力残疾儿童成长中的重要部分,能够为视力残疾儿童提供直接和无私的支持。建立视力残疾儿童家庭内部和家庭之间的沟通网络,为视力残疾儿童及家庭提供辅助支持,如举办家庭交流会,促进视力残疾儿童教育康复经验与资源共享,实现视力残疾儿童家庭互相帮助。最后,创建接纳和尊重视力残疾儿童的社区环境,动员社区工作者、志愿者整合社区各方资源,如在社区内组织制作手工艺术品的活动、组织视力残疾儿童及家庭参与社区服务等,为视力残疾儿童提供参与社区活动的机会。

## 巩固与思考 ……▶

1. 论述视力残疾儿童定向与行走的辅助方式有哪些。

2. 简述个别化家庭服务计划的内容及制订和实施流程。

3. 视力残疾儿童的发展需要哪些方面的支持?

# 模块二　听力残疾儿童教育指导

**模块导入**

　　在 2005 年央视春节联欢晚会的舞台上，21 个来自中国残疾人艺术团的聋人舞蹈演员为海内外观众献上了一支绝美的舞蹈——千手观音。演出时，四个手语老师分别站在舞台四个角，她们的手成为舞蹈演员的"耳朵"，用手语传达出音乐节奏。在没有舞台指导时，演员主要通过地板的震动来对准节拍，从而熟悉节拍，同时也要靠呼吸来配合，用后颈感受后面的人的呼吸来统一动作。在我们备受震撼的同时，这些舞蹈演员也让人们开始意识到，有声语言只是沟通的一种渠道，听力残疾群体的人生同样拥有无限的可能。

**学习目标**

1. 了解听力残疾的定义。
2. 了解听力残疾儿童的特征。
3. 了解我国聋校课程与教学的特征和具体内容。
4. 了解如何在融合教育环境中为听力残疾儿童提供课程教学。

## 案例故事

小淇，重度听力损失，目前在某融合小学二年级就读。在来到这所学校之前，小淇曾在另一所普通小学学习。根据家长提供的信息，小淇在普通学校长期受到忽视，班里同学有时还会欺负她。家长经过多方打听，最终选择让小淇转学来到一所能够为听力残疾学生提供特殊教育支持的融合学校。根据教师的课堂观察，小淇虽然佩戴了助听器，但是由于补偿效果不佳，通常无法听到教师发出的指令。在上课时，小淇会通过观察其他同学的动作做出反应，速度慢于其他同学，学业发展受到很大影响。任课教师根据专业支持团队教师的建议，采用文字、图片等辅助形式帮助小淇理解指令，教学内容与形式也根据小淇的特点与需求进行了调整。此后，小淇逐渐跟上班级教学进度，性格也慢慢变得开朗起来，在班上拥有了几个好朋友。

## 模块思维导图

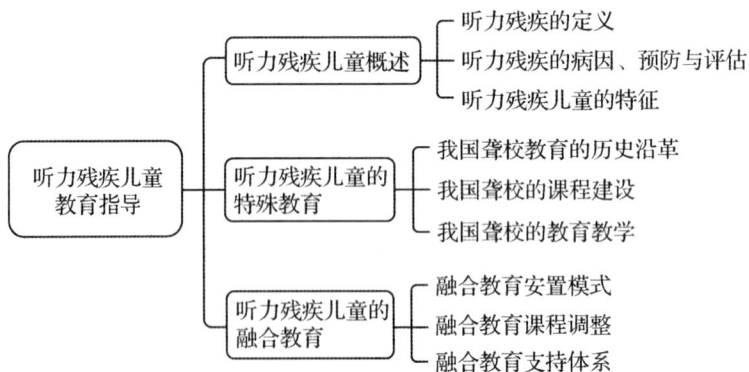

- 听力残疾儿童教育指导
  - 听力残疾儿童概述
    - 听力残疾的定义
    - 听力残疾的病因、预防与评估
    - 听力残疾儿童的特征
  - 听力残疾儿童的特殊教育
    - 我国聋校教育的历史沿革
    - 我国聋校的课程建设
    - 我国聋校的教育教学
  - 听力残疾儿童的融合教育
    - 融合教育安置模式
    - 融合教育课程调整
    - 融合教育支持体系

# ▶任务一
## 听力残疾儿童概述

**问题情境 ·····▶**

在日常的学习和生活中，你是否遇到过佩戴助听器或人工耳蜗的儿童？如何根据受损程度或病变位置来界定听力残疾人群？哪些因素会导致听力残疾？如何根据听力残疾的病因进行预防？如何对听力残疾的性质与程度进行评估？听力残疾儿童在生理和心理方面又存在哪些特征呢？任务一将对以上问题进行解答，帮助读者更加了解听力残疾儿童这一群体。

根据第七次全国人口普查及第二次全国残疾人抽样调查的数据，以及我国残疾人占全国总人口的比例和各类残疾人占残疾人总人数的比例推算，2020 年年末我国听力残疾人数为 2 211 万人。在这个群体中，相当一部分人由于未被及时发现并接受相应的专业支持，从而在听觉、言语等方面存在损伤并在学习与生活中遭遇诸多困难。因此，全面了解听力残疾儿童并及早提供支持，以帮助他们融入社会、实现社会价值十分重要。

## 一、听力残疾的定义

### （一）世界卫生组织（WHO）关于听力残疾的标准和分类

1. 听力残疾标准 [1][2]

成人：较好耳 0.5、1、2 和 4kHz 4 个频率永久性非助听听阈平均值 ≥41dB HL。

儿童(15 岁以下)：较好耳 0.5、1、2 和 4kHz 4 个频率永久性非助听听阈平均值 ≥31dB HL。

2. 听力残疾分类

以较好耳 0.5、1、2 和 4kHz 4 个频率的平均听阈计算：轻度听力损失 26～40 dB HL，可听到和重复 1 m 远处的正常语声，可能需用助听器；中度听力损失 41～60 dB HL，可听到和重复 1 m 远处提高了的语声，通常推荐用助听器；重度听力损失 61～80 dB HL，当叫喊时，可听到某些词，需用助听器，必要时应用唇读和手势；极

---

① Informal Working Group on Prevention of Deafness and Hearing Impairment Programme Planning（1991：Geneva，Switzerland）. Report of the informal working group on prevention of deafness and hearing impairment programme planning[J]. *Geneva*，1991(6)：18-21.

② World Health Organization. Report of the first informal consultation on future organization development for the prevention of deafness and hearing impairment[J]. *Geneva*，1997(1)：23-24.

重度听力损失≥81 dB HL，不能听到和听懂叫喊声，助听器可能有助于懂得话语，需外加康复措施，如唇读和手势。

**（二）国内关于听力残疾的定义及分类**

我国针对听力残疾的定义与分类发生过一次变化，在1987年全国残疾人抽样调查中使用的听力残疾标准将听力残疾分为聋和重听两类，在2006年第二次全国残疾人抽样调查中使用的听力残疾标准则将听力残疾按照程度分为四类，不再区分聋与重听。

**1. 定义**

1987年我国公布的全国残疾人抽样调查五类残疾标准中，将听力残疾和语言残疾合为一类，称作"听力语言残疾"。其中听力残疾是指由各种原因导致的双耳听力丧失或听觉障碍，而听不到或听不清周围环境的声音，分为聋和重听两类。[1]

方俊明认为，所谓听力残疾，指听觉系统某一部位发生病变或损伤，导致听觉功能减退，造成言语交往困难，也称听力障碍、聋、重听、听力损失。[2]

顾定倩认为，听力残疾是指各种原因导致的双耳听力丧失或听力减退，以致听不到或听不清周围的声音，难与他人进行正常的语言交往活动。[3]

2006年第二次全国残疾人抽样调查中提出的听力残疾的定义是：各种原因导致双耳不同程度的永久性听力残疾，听不到或听不清周围环境声及言语声，以致影响其日常生活和社会参与。[4]

由此可见，听力损伤、听觉功能受限，以及交往受限是界定听力残疾的基本要素，听力残疾程度则根据受损和受限程度的不同而不同。

**2. 分类**

按照损伤程度，我国关于听力残疾的最新分类标准见表2-1。

表2-1　听力残疾分类标准

| 等级 | 程度 | 描述 | 损失 |
|---|---|---|---|
| 听力残疾一级 | 听觉系统的结构和功能极重度损伤 | 不能依靠听觉进行言语交流，在理解、交流等活动上极重度受限，在参与社会生活方面存在极严重障碍 | 较好耳平均听力损失大于90 dB HL |
| 听力残疾二级 | 听觉系统的结构和功能重度损伤 | 在理解和交流等活动上重度受限，在参与社会生活方面存在严重障碍 | 较好耳平均听力损失在81～90 dB HL |

① 张宁生. 听力残疾儿童心理与教育[M]. 大连：辽宁师范大学出版社，2002：12.
② 方俊明. 特殊教育学[M]. 北京：人民教育出版社，2005：155.
③ 顾定倩. 特殊教育导论[M]. 大连：辽宁师范大学出版社，2001：118.
④ 孙喜斌，王丽燕，王琦. 听力残疾评定手册[M]. 北京：华夏出版社，2013：1.

续表

| 等级 | 程度 | 描述 | 损失 |
|---|---|---|---|
| 听力残疾三级 | 听觉系统的结构和功能中重度损伤 | 在理解和交流等活动上中度受限，在参与社会生活方面存在中度障碍 | 较好耳平均听力损失在 61～80 dB HL |
| 听力残疾四级 | 听觉系统的结构和功能中度损伤 | 在理解和交流等活动上轻度受限，在参与社会生活方面存在轻度障碍 | 较好耳平均听力损失在 41～60 dB HL |

按照病变的性质可以将听力残疾分为器质性耳聋和功能性耳聋：前者指的是听觉系统受到外力作用或刺激，细胞、组织、器官等发生结构形态改变，最终导致听觉系统功能的下降；后者指的是患者的听觉系统没有器质性病变，而是由年龄、心理或情绪因素导致的听觉系统功能下降，如老年性耳聋、精神性聋、伪聋。

按照病变的位置可以将听力残疾分为传音性耳聋和神经性耳聋。前者指的是由于与传送声音振动有关的听觉器官结构的异常而产生的一种听力损失。传音性耳聋的特点是：①低频率比高频率的听力损失大；②气导听力损失与骨导听力损失之间的差距大。这类耳聋患者大多可通过手术或药物治疗恢复或部分改善听力，配戴助听器很有帮助。后者指的是由先天性内耳听神经或听中枢发育不全或因药物、疾病、外伤使内耳耳蜗的声音感受能力缺乏而造成的耳聋。

按照病变发生时间可以将听力残疾分为先天性耳聋与后天性耳聋、学语前耳聋与学语后耳聋，前者以出生为划分标准，后者以学语期（4 周岁）为划分标准。一般来说，后天性耳聋和学语后耳聋的儿童可能会具备一定听力言语能力基础，此时及时有效的干预康复有助于听力残疾儿童实现更好的发展。

除上述分类外，听力残疾还包括噪声性聋、爆震性聋、中枢性聋、大脑皮质性聋、心因性聋等类别。[①]

## 二、听力残疾的病因、预防与评估

### （一）病因

尽管听力残疾可根据不同标准划分为不同的种类，但是其致病原因可大体上分为先天性因素与获得性因素。先天性因素指的是孕前和孕中的遗传或感染等因素，获得性因素指的是出生后的药物、疾病或外伤等因素。根据第二次全国残疾人抽样调查数据显示，先天性因素造成的听力残疾占 8.68%，获得性因素造成的听力残疾超过 75%。除此之外，还有相当数量的听力残疾由不明原因造成。

---

① 朴永馨.特殊教育辞典［M］.3 版.北京：华夏出版社，2014：208-209.

1. 先天性因素

遗传、近亲结婚、孕期病毒感染、母亲自身患有全身性疾病、自身免疫缺陷性疾病、双耳重度发育畸形、产程重度窒息、克汀病、地方性缺碘病、高胆红素血症、各种综合征及其他因素。

2. 获得性因素

产钳引起的外伤、重度流感或各种高烧传染病、噪声性聋、药物中毒、双耳重度化脓性中耳炎、头部严重外伤及其他疾病。

⊘ | 案例 |

小明，1岁2个月被诊断出先天性耳聋。由于1岁时还不能说出词汇，小明具体表现为对高分贝声音不敏感，后经诊断确定为基因杂核突变。1岁3个月时，小明植入单侧人工耳蜗，在当地康复机构参加小龄亲子康复训练，几个月后语言表达能力有所提高。

小华，5岁时因过年放鞭炮声响巨大，造成中耳及鼓膜损伤，被诊断为后天传导性耳聋，具体表现为听力下降，发音清晰度受到影响，需要佩戴骨导助听器。经过半年语言康复后，小华基本恢复到受伤前听力语言发展水平。

（二）预防

无论是对于听力残疾，还是对于其他残疾来说，各方合力做好残疾的三级预防是促进残疾群体身心发展的重要措施。残疾一级预防是指预防可能导致残疾的各种损伤或疾病，避免发生原发性残疾，目的在于减少损伤的发生，有效地预防残疾；残疾二级预防是指疾病和损伤发生后，采取积极主动的措施限制或逆转由残损造成的残疾；残疾三级预防是指残疾已经发生，采取各种积极措施防止不可逆转的残损发展为失能或残障，以减少残疾或残障给个人、家庭和社会带来的影响。[①] 残疾三级预防的具体方式贯穿个体从出生到成人的全过程，需要家长、医生、教师、康复师、社区人员等相关人员共同合作，尽可能地为儿童快乐成长提供合适的环境与支持。

1. 婚检与产检

婚前检查是指在结婚前男女双方进行的体格检查，包括传染病、精神病、生殖系统畸形、遗传疾病、血常规、尿常规及其他可选项目。虽然婚前检查并非强制规定，但是婚前检查不仅有利于双方了解彼此的健康状况，更有利于避免可能致残的因素对

---

① 严兴科.康复医学导论[M].北京：中国中医药出版社，2017：32-33.

未来胎儿造成不良影响。因此，男女双方应当尽可能就婚前检查达成一致。

产检是指孕妇在怀孕 12 周后定期前往医院进行检查及筛查，获得医疗和护理建议，预防和应对不良影响。在胎儿出生前通常要进行 10 次左右的产检。孕妇与胎儿均容易受到来自外界的伤害，因此定时产检并与医生沟通采取相应措施，对于预防胎儿的听力残疾来说十分重要。近年来，随着科技水平及人们健康意识的提高，先天性听力残疾的发生率逐年降低，这与婚检和产检的普及有着紧密的关系。

**2. 慎用药物**

耳毒性药物是导致儿童听力残疾的一大元凶，孕妇及婴幼儿服用耳毒性药物都有可能对儿童的听力系统造成不良影响。现在临床上仍在使用的耳毒性药物有：链霉素、庆大霉素、卡那霉素、新霉素、妥布霉素等。

**3. 专人看护儿童**

在众多听力残疾的致病原因中，不明原因的出现率很高，且农村地区高于城市地区。一方面，农村地区医疗仍待提高，可能存在生病儿童得不到及时救治或用错药物的情况；另一方面，农村地区的青壮年外出务工，老年人则需要维持家庭正常运转等，往往不具备充足的时间和精力看护儿童。这些都可能会导致儿童因外伤或听力器官病痛未被及时发现而发展成听力残疾的情况，因此，在有条件的情况下由专人看护儿童是避免出现残疾或避免使残疾状况更加严重的重要方式。

**4. 关注儿童听力言语发展情况**

许多听力残疾儿童由于听力受损阻碍了言语功能的发展，在三四岁时仍然很难说出完整的句子。这种现象很容易被家长忽视，或者以"贵人语迟"来解释儿童言语水平落后于同龄人的情况，从而错过了最佳的干预期。对于每个儿童来说，关键期都十分重要。因此，家长需要时刻关注儿童的听力言语发展情况，鼓励儿童用语言表达自己的请求以激发言语功能。当儿童表现出耳部不适、不理睬指令、言语水平落后于同龄人等情况时，要及时、尽早寻求医生等专业人士的帮助，做到早发现、早治疗、早干预，避免听力水平进一步下降。

**5. 及时介入相关专业支持**

当确定儿童听力残疾类型与程度后，应当针对儿童的学习需求与特点为其提供个别化的专业支持，如通过佩戴助听器与人工耳蜗、接受听力言语康复训练、掌握手语和读唇技巧、必要时前往专门的特殊学校就读等方式确保儿童能够接受适当的教育。家长应当以正确的态度面对儿童的听力残疾，积极寻求专业人士与机构的支持；所在学校与社区应当建立残疾儿童个人档案，掌握每个听力残疾儿童的特点与发展情况，以帮助儿童获得多元化的教育机会与资源。

**（三）评估**

听力评估结果决定着一名儿童的残疾程度及所需要的专业支持，因此，由有资质的专业人员开展及早评估、科学评估、按时评估十分重要。

1. 评估人员

在转介至专业机构人员进行听力残疾评估之前，家长与教师可掌握基本的听力筛查知识，及时发现儿童在听力方面是否存在异常情况或有无存在耳部外伤。教师运用在职前与职后培训中掌握的一些基础的听力筛查量表及听力筛查方法，通过课堂观察及课外观察了解班上儿童的听力情况，如出现异常现象应尽快进行筛查并告知家长转介至专业机构，进行专业的听力评估。

负责进行听力评估的人员应当具备相关专业资质，专业人员主要分为测听人员和诊断人员。测听人员应为具有 3 年以上实际工作经验的耳鼻喉科医生、取得国家助听器验配师资质的专业人员及听力测试专业人员。诊断人员要求是中级职称以上的耳鼻喉科医生或听力学专业人员，能使用电耳镜进行耳科一般检查并独立完成纯音听力测试，能通过分析纯音测听结果进行听力残疾评定，能结合脑干诱发电位、耳声发射及声导抗等测试结果进行综合分析，对不配合纯音测听者做出诊断及鉴别诊断，并进行听力残疾评定。[①] 评估人员在评估时需要创设相应的评估环境，在专业的测听室进行评估。测听室须避免噪声干扰，按照国家规定的标准建设，以保证测听结果的真实性与可靠性。

2. 评估方式

总体上，听力评估方式可分为主观测听法和客观测听法两类。主观测听法是指测听时需要被测者对声音刺激主动做出反应，以此作为判断依据；客观测听法是指测听时不需要被测者主动做出反应，而是利用仪器观察被测者接收到声音刺激后的生理反应做出判断。

## 三、听力残疾儿童的特征

### （一）生理特征

1. 听觉

听力残疾儿童的听觉特征存在共性与差异性，最基本的共性就是听不清或听不到周围的言语声和背景声，差异性则体现在发生时间、残疾程度和残疾类型上。由于听力受损，听力残疾儿童通常无法准确接收外界的声音信息并进行回应。

主观测听法和
客观测听法

就发生时间来说，如果残疾发生时，儿童具备一定水平的认知能力，那么他对于处理声音信息的记忆和经验将有助于听力补偿后的继续发展；就残疾程度来说，程度较重的听力残疾儿童由于生理条件的限制，在进行康复训练与支持后的听力发展状况

---

① 孙喜斌，刘志敏. 残疾人残疾分类和分级《听力残疾标准》解读[J]. 听力学及言语疾病杂志，2015，23（2）：105-108.

可能依然无法达到独立生活的水平，此时需要为其提供听觉替代的方案；就残疾类型来说，感音性耳聋儿童的高频率听力损失与低频率听力损失相比更加严重，因此在聆听高频率声音时往往存在较大困难。此外，佩戴助听器和人工耳蜗后，一些对普通人来说可以承受的声音对他们来说可能是噪声，而且在周围嘈杂的环境中，助听器与人工耳蜗的作用会受到影响，进而影响儿童的听觉。因此，需要时刻观察儿童佩戴助听器和人工耳蜗后对外界声音的反应，减少噪声等扰乱声音的出现。

2. 言语

听力残疾儿童的言语发展水平往往因为未能得到充足的刺激而落后于同龄人。总体上，听力残疾儿童的言语发展水平表现在语音、语法和语用三个方面。[①]

就语音发展来说，由于缺乏有效的听觉监督和反馈，以及对声音的音调、音量，嗓音的嘶哑或粗糙等感知的缺失，听力残疾儿童大脑中枢不能准确控制声带，从而引发声带振动的幅度、速度、稳定性等方面的异常，造成嗓音障碍。[②] 听力残疾儿童发音的清晰度与准确度也会受到听觉信息缺失或构音、发音系统损伤的影响，从而难以清晰、准确地发出声音。在学习拼音或英文字母时，听力残疾儿童往往难以正确调用发音所需的肌肉，进而在发音时与同龄人存在差异。

就语法发展来说，听力残疾儿童在口语表达和书面表达时，经常存在主谓宾位置错乱、漏字、词语贫乏、语序混乱等现象，这可能与听力残疾儿童的阅读和理解能力发展较慢有关。由于缺乏声音信息的引导和帮助，听力残疾儿童需要借助自己的视觉接收和处理信息，因此在阅读和理解方面出现偏差，进而表达能力的发展受到影响。

就语用发展来说，由于言语发展水平迟缓，一些听力残疾儿童缺乏主动与他人沟通的动机，在沟通时倾向于采用手势等方式替代言语。这使得他们的言语发展水平进一步落后，不利于残余言语能力的发展和社会融合。同时，听力残疾儿童在表达时还会存在意图表示不清、语用环境感受偏差等问题，因此，我们在促进听力残疾儿童运用语言的同时，需要引导其正确表达。

| 案例 |

小雨，4岁，被诊断为听神经病变导致的耳聋。植入人工耳蜗，经过一年康复训练后，言语发展依然落后。具体表现为大部分声母、韵母发音不清，如将"dian"发成"dan"、将"hua"发成"ha"。

① 吴芃，陶云，胡宏安.听力障碍儿童的语言发展研究进展[J].中国康复理论与实践，2019，25(6)：704-708.
② 胡金秀，万勤，黄昭鸣.3~6岁听力障碍儿童的嗓音特点[J].中国康复理论与实践，2013，19(7)：612-616.

### （二）心理特征

尽管听力残疾儿童的智力发展水平很少受到听力残疾的影响而落后于同龄普通儿童，但是听力残疾儿童听觉传递信息通道不畅，接收的外界信息远远少于普通儿童，因此在认知、注意力、思维、情绪与个性等方面表现出不同的心理特征。

在认知方面，听力残疾儿童难以形成关于客观事物的完整认识。由于缺乏听觉信息的加工，他们只能借助视觉和触觉形成对客观事物的印象和理解。因此，他们所理解的火车、汽车、广播、电视等发出声响的物体，与普通儿童理解的形象并不相同。同时，由于理解言语时存在困难，听力残疾儿童往往很难理解复杂的信息或情绪。

在注意力方面，来自视觉、触觉等方面的刺激更能够引发听力残疾儿童的注意，他们的注意力通常不集中且不持久。由于对声音刺激的感受不足，听力残疾儿童在课堂上会因为缺乏足够的刺激而出现走神等现象。此时，需要教师为他们提供多种教学材料与情境，在教室内配备扬声设备，从而帮助他们集中专注力。

在思维方面，由于听力残疾儿童在认知外界时所获得的信息并不完整，因此在记忆、想象力和抽象思维方面均存在困难。尽管视觉记忆的结果更为直观，但是也使得听力残疾儿童无法形成多元理解，机械记忆占据了记忆的主体。形成大量的长时记忆对听力残疾儿童来说需要付出更多的努力，因为他们的记忆保持和再现能力水平较低。听力残疾儿童的想象力发展水平也会因为缺乏听觉信息而落后于同龄普通儿童，他们对想象力的控制能力较弱，在回答问题时会逐渐联想到毫不相干的事情。同时，听力残疾儿童也难以自如地发挥想象力，通常更善于模仿而非创造。对于听力残疾儿童来说，他们的形象思维运用较为充分，但是在形成抽象思维时容易出现困难。他们能够掌握具体事物的概念，但很难掌握概念的内涵与外延。例如，理解洋娃娃、积木、拼图时比较轻松，但是难以理解玩具这个上位概念。

在情绪与个性方面，听力残疾儿童由于在沟通方面存在困难，在与同伴交往时会存在主动交往少、情绪控制力差、社交关系不和谐不稳定等问题，同时还会因为自身生理条件而出现自卑、敏感、猜疑、固执等负面情绪。听力残疾儿童在个性发展过程中会出现一些与普通儿童不同的特征，这并不一定是由听力残疾直接引起的，有时是自我保护机制做出的应对。因此，家长和教师应当注意引导听力残疾儿童的情绪表达与社会交往，帮助他们更好地控制情绪，形成良好性格。

### 巩固与思考 ·····▶

1. 听力残疾都有哪些类型？划分依据是什么？

2. 有哪些适用于听力残疾儿童的评估方法？如何选择？

3. 听力残疾儿童身体与心理特征可能会对他们的学习造成哪些影响？

# ▶任务二
## 听力残疾儿童的特殊教育

**问题情境······▶**

　　特殊学校是我国听力残疾儿童接受教育的重要场所，我国聋教育是特殊教育事业中发展较早的领域。那么，我国聋校教育经历了什么样的历史沿革？如何根据听力残疾儿童的特点和需求为其进行课程建设？教师如何在课程基础上开展教育教学？任务二将会回答这些问题，为特殊教师教学工作的顺利开展提供帮助。

　　在我国聋教育发展前期，听力残疾儿童接受教育的场所通常被称为聋哑学校，一些地方还会将听力残疾儿童与视力残疾儿童安置在同一所学校中，即盲聋哑学校。随着我国特殊教育事业的发展，对听力残疾儿童的认识也更加科学、全面，各类学校逐渐分立，聋校成为听力残疾儿童接受教育的主要场所。

### 一、我国聋校教育的历史沿革

　　在我国特殊教育的诸多领域中，聋教育起步较早，自第一所聋校建立至今已有130余年的历史。我国聋校教育经历了从西方传教士到国人自行开办、从私人办学到国家办学的变化，其历史沿革体现在中华人民共和国成立前、中华人民共和国成立后至改革开放前，以及改革开放至今三个阶段中。

#### （一）中华人民共和国成立前的聋校教育

　　烟台市特殊教育学校的前身是我国第一所聋哑学校——登州启喑学馆，由专门从事聋教育的美国传教士汤普森（Thopson）及丈夫米尔斯（Mills）共同开办。汤普森来华前在纽约罗彻斯特聋哑学校工作多年。1895年，米尔斯因病去世，登州启喑学馆于次年关闭。1898年，在罗彻斯特聋哑学校的支持下，汤普森创办了烟台启喑学馆。该校采用美国罗彻斯特聋哑学校教材和自编的教材《启喑初阶》，用口语、手指语和手势语教学，并且十分注重木工、农作、手工、编织等帮助听力残疾儿童掌握独立生活技能的工艺课。汤普森去世后，在其侄女卡特女士和中国人栾雪琴的努力下，烟台启喑学馆的办学水平不断提高，学生和教师数量迅速增加，学馆的机构设置也日渐完备。在办学期间，启喑学馆先后举办了两期培训聋校教师的师范班。在启喑学馆的影响下，全国各地陆续出现更多的启喑学校，启喑学馆也成为我国近代聋教育的摇篮。①②

　　爱国商人张謇在前往国外和我国的烟台启喑学馆考察后，于1916年在江苏南通开办第一所由国人自行创办、管理和教育的特殊教育学校——南通盲哑学校，张謇亲任第一位校长。张謇在创校前与烟台启喑学馆和北京盲校商定，借其教师至南通担任传习所教师，为盲哑学校培养师资。根据办学时的暂行简章，该校"以造就盲哑使具有普通之学问、实业之技能及日用操作之知识，俾能自立谋生为宗旨"③。1927年，当时的国民政府在南京建立了中国近代第一所公立特殊学校——南京市盲哑学校，即南京市聋人学校的前身，这是我国政府直接参与特殊教育事业的开端。

　　中华人民共和国成立前，我国在内忧外患的交织影响下战乱不断、民不聊生，尽管一大批仁人志士投身聋教育事业，但是由于缺少系统且有力的支持，这一时期的聋校教育并没有得到发展。根据1948年《中国教育年鉴（第二次）》的统计，中华人民共和国成立前我国仅有42所盲聋学校，在校生2 380人。④

### （二）中华人民共和国成立后至改革开放前的聋校教育

　　随着中华人民共和国的成立，我国特殊教育事业迎来了重要的发展时机，特殊教育被纳入国民教育体系，包括烟台启喑学馆、南京市盲哑学校在内的聋校纷纷改名并收归国有。1951年，政务院发布的《政务院关于改革学制的决定》提出："各级人民政府并应设立聋哑、盲目等特种学校，对生理上有缺陷的儿童、青年和成人，施以教育。"在国家政策的支持下，这一时期的聋校教育以政府集中管理为基本特征，聋校课程设置基本遵循普通学校，并且实施教科书统编制度，国家于20世纪50年代和70年代先后编写统一的语文、数学教材及教学参考书。1956—1957年颁布的《聋哑学校手势教学班级教学计划表（草案）》和《聋哑学校口语教学班级教学计划表（草案）》是中华人民共和国成立后首次由国家颁布的聋校教学计划，标志着聋校教育走向正规化。这一时期的聋校教育蓬勃发展，在短时间内取得了显著的成绩。1965年，全国（除港澳台地区）已有盲聋学校266所，在校学生23 000人，教职工4 000人，其中专任教师3 000人⑤。

　　整体上，中华人民共和国成立至改革开放前的聋校教育命运多舛，但也为日后国家对聋校教育事业的规划奠定了良好的基础。

### （三）改革开放至今的聋校教育

　　进入这一时期，全国各地纷纷开展聋校教学计划改革，1977年和1980年先后编

---

① 曹立前，郭大松. 传教士与烟台启喑学校[J]. 烟台大学学报（哲学社会科学版），1999，12(2)：70-75.
② 作者不详. 中国最早的聋哑学校——启喑学馆[J]. 走向世界，2016(18)：76-77.
③ 马建强. 张謇创办南通盲哑学校和盲哑师范传习所[J]. 现代特殊教育，2020(10)：81.
④ 张宁生. 听力残疾儿童心理与教育[M]. 大连：辽宁师范大学出版社，2002：210.
⑤ 张宁生. 听力残疾儿童心理与教育[M]. 大连：辽宁师范大学出版社，2002：210.

写聋校各年级语文、数学及律动体育教材，成为 20 世纪 80 年代我国聋校课程改革的先声。1984 年，《全日制六年制聋哑学校教学计划(征求意见稿)》和《全日制八年制聋哑学校教学计划(征求意见稿)》的发布标志着这一时期国家对聋校学制及教学的基本要求，这两份文件中课程设置的弹性和灵活性有所增加，其合理性、多元性和科学性也有所体现[①]。1993 年，国家教育委员会颁布《全日制聋校课程计划(试行)》。课程取代教学，聋与哑的分离是这份文件的显著特征，这不仅标志着我国课程观的更新，也标志着对聋校学生认识的更新[②]。我国聋校教育与普通学校的关系更加紧密，其学制由八年制和六年制统一为义务教育九年制，科目设置在与普通学校保持一致的同时凸显了聋校教育的特色。例如，取消音乐课，增加律动课，将"兴趣活动""个别矫正"列入课程体系，活动课程比例明显上升。[③]

进入 21 世纪，2001 年《关于"十五"期间进一步推进特殊教育改革和发展的意见》提出"深化教学改革，全面推进素质教育，提高特殊教育的质量"。我国聋校教育面临新的发展要求，聋校义务教育课程改革应声启动。2007 年和 2016 年先后颁布的《聋校义务教育课程设置实验方案》《聋校义务教育课程标准(2016 年版)》为我国聋校教学工作提供了明确指导，聋校教育质量在这一时期得到较大的提升。始于 20 世纪末的随班就读在这一时期也得到了深入发展，全国各地的聋校面临着功能转型的机遇和挑战。许多聋校纷纷探索成为综合特殊学校、随班就读指导与资源中心或融合学校的道路，在新时期继续发挥推动我国特殊教育事业发展的作用。除学校课程外，2018 年，中国残疾人联合会、教育部、国家语言文字工作委员会联合颁布了《国家通用手语常用词表》，这意味着手语语言学地位和国家标准的形成，也反映了国家层面对聋人文化的尊重与支持[④]。

百余年间，我国聋校教育经历了由萌芽到停滞再到重整旗鼓和突破创新的历史沿革。在党和国家的领导下，我国聋校教育始终以培养全面发展的人才为追求，逐步建立起具有中国特色的聋校办学与课程体系。在融合教育获得广泛认同和实践的今天，我国聋校教育无疑面临着新的发展机遇和挑战，如何更好地促进听力残疾儿童的全面发展无疑是实现聋校教育质量不断提升的关键。

## 二、我国聋校的课程建设

### (一)课程目标

#### 1. 总体目标

课程目标是现代课程论中的重要概念，是人们在研制开发的课程文件中所预期和

① 李彦群. 聋校义务教育课程设置的历程回顾和未来展望[J]. 中国特殊教育，2020(5)：16-21.
② 申仁洪，熊欢. 我国聋校课程发展 70 年：1949—2019 年[J]. 课程·教材·教法，2020，40(6)：29-36.
③ 黄志军，曾凡林，刘春玲. 新中国成立 70 年来我国特殊教育课程改革的回顾与前瞻[J]. 中国特殊教育，2019(12)：3-11.
④ 申仁洪，熊欢. 我国聋校课程发展 70 年：1949—2019 年[J]. 课程·教材·教法，2020，40(6)：29-36.

规定的教育教学活动结果，一般表述为对预期和规定的学习结果的基本要求①。我国聋校课程长期受到苏联的影响，在相当长的时期内重教学轻课程，直至 1993 年《全日制聋校课程计划(试行)》的出台才开始发生变化。所以，在以往的聋校教育政策中并没有出现课程目标的表述，多以教育目标或培养目标来表达对聋校教育教学活动结果的要求，但是其内容和功能与课程目标相似。总体来看，我国聋校课程目标呈现出由强调缺陷补偿到注重以人为本的变化趋势。在进入 21 世纪之前，我国聋校课程通常以"采取各种措施，补偿聋哑学生的听觉缺陷"为首要的课程目标。对特殊性的强调一度掩盖了听力残疾儿童作为人的共性发展需求与潜能，而《全日制聋校课程计划(试行)》则首次将"按照义务教育的要求"置于培养目标之首，其具体表述开始向基础教育课程目标的"政治方向＋人才规格"的形式靠拢。2007 年的《聋校义务教育课程设置实验方案》中的培养目标则完全摒弃对缺陷补偿的强调，其内容与基础教育课程目标的构成完全一致，即先强调课程培养的是社会主义建设者和接班人，再具体描述所培养的人的素质规格。在体现义务教育的基本性质的同时，《聋校义务教育课程设置实验方案》还要求聋校课程遵循听力残疾儿童身心发展的特点和规律。这一方案也为《聋校义务教育课程标准(2016 年版)》的出台奠定了基础与根本方向，将义务教育阶段素质教育的共性要求与遵循听力残疾儿童身心发展的特点及发展规律结合起来，体现了以人为本的聋校课程目标与价值追求②③。

> 📖 **|拓展延伸|**
>
> 　　全面贯彻党的教育方针，体现时代要求，使聋生热爱祖国，热爱人民，热爱中国共产党；具有社会主义民主法治意识，遵守国家法律和社会公德；具有社会责任感，逐步形成正确的世界观、人生观、价值观，努力为人民服务；具有创新精神、实践能力、科学和人文素养以及环境意识；具有适应终身学习的基础知识、基本技能和方法；具有生活自理能力、社会适应能力和就业能力；具有健壮的体魄、良好的心理素质，养成健康的审美情趣和生活方式，培养自尊、自信、自强、自立的精神，成为有理想、有道德、有文化、有纪律的一代新人。
>
> 　　　　　　　——2007 年《聋校义务教育课程设置实验方案》培养目标

### 2. 具体目标

在 2007 年《聋校义务教育课程设置实验方案》的基础上，《聋校义务教育课程标准

---

①　黄甫全. 高中新课程目标的研究与开发[M]. 天津：天津教育出版社，2005：4.

②　龙安邦，余文森. 我国基础教育课程改革与发展 70 年[J]. 课程·教材·教法，2019，39(2)：11-18.

③　程益基. 聋校义务教育课程标准的特点与实施[J]. 现代特殊教育，2017(1)：6-7.

（2016 年版）》首次将课程目标作为课程标准的重要组成部分，按照不同学科和学段对课程目标进行了具体规定，其体例也与基础教育课程标准保持一致，由前言、课程目标、课程内容与实施建议组成。整体上，各学科的课程目标多以知识与技能、过程与方法、情感态度与价值观为基准构建三维目标，以符合基础教育课程改革对学生全面发展的要求。还有一些学科对三维目标进行了简化或扩充。例如，数学课程目标由知识技能、数学思考、问题解决和情感态度组成，四个目标相辅相成，其具体要求也会随着学段的不同而不同。

### （二）课程结构与内容

#### 1. 课程结构

我国聋校课程结构始终以普通教育＋特殊教育的形式出现，其学科设置除了沿袭普通教育中语文、数学等学科之外，也开设发展聋生言语及听力功能的专门课程。在具体构成方面，聋校课程结构以学科课程和活动课程相结合为主要特征，但不同时期开设的学科并不相同。在聋教育发展前期，我国聋校课程一度以语文、数学等学科课程为主导，难以实现聋生的全面发展。例如，根据 1993 年《全日制聋校课程计划(试行)》的规定，语文和数学的学时几乎占整个学年的一半，语言训练与个别矫正则分散于不同的学科之中。

基于课程结构过于强调学科本位、科目过多和缺乏整合的现状，聋校课程结构在 2007 年发生了比较大的变化，均衡性与特殊性相结合、综合课程与分科课程相结合、统一性与选择性相结合成为这一时期课程结构的原则与特征。从具体构成来看，首次增加了"沟通与交往"课，并且对聋校的各个学科进行了再次整合，其结构更加清晰，语文和数学的学时比例也有所下降。地方学校在学科的具体开设方面有了更大的选择空间和权力，可根据自身情况对学校课程安排进行调整。在 2007 年《聋校义务教育课程设置实验方案》的基础上，《聋校义务教育课程标准(2016 年版)》对课程结构进行了调整与具体规范，我国聋校教育从此拥有了第一份国家标准。在《聋校义务教育课程标准(2016 年版)》中，聋校课程结构变为品德与生活、品德与社会、思想品德、历史、地理、生物学、物理、化学、语文、数学、沟通与交往、体育与健康、律动、美术。

#### 2. 课程内容

《聋校义务教育课程标准(2016 年版)》首次对课程内容进行了细致规范，并且表现出了两个主要特征：与普通学校课程标准要求一致；突出聋校课程标准的特殊性。一方面，聋校课程在内容上遵循普通教育课程改革中德育为先、以人为本、全面发展的要求。聋校各科课程标准都充分贯彻立德树人的任务要求，强调各科教学要有机渗透思想品德教育[①]。实现聋生的全面发展被写入各个学科标准中，三维课程目标与兼具共性和特性的课程内容均是这一特征的体现。另一方面，与普通学校课程标准相比，聋校课程标准在课程目标和具体内容上进行了较大的调整与简化。例如，在语文课程标准中，基于聋生听力和口语能力的限制，适当降低了对识字、认识汉语拼音和背诵古诗的要求。除此之外，还提出了具有聋教育特点的教学和评价建议，如"将手指语与拼音字母学习和拼读音节相结合，发挥其在学习和记忆字、词、句方面的作用，帮助理解语言"[②]。

### （三）课程评价

#### 1. 聋校课程评价的含义

学校课程评价是基础教育课程改革的重要组成部分，根据《基础教育课程改革纲要(试行)》，聋校课程评价应当发挥促进学生发展、教师提高和改进教学实践的功能。要发挥课程评价的各项功能，首先需要对聋校课程评价的含义进行阐述。聋校课程评价的对象应当包括课程建设与学生发展。对聋校课程建设的评价主要由课程设计和课程实施组成，在课程改革的背景下，聋校在学校课程建设方面有着较大的自由，各地学校可根据自身需要开设不同的课程体系。因此，对聋校课程设计的评价至关重要。一方面，需要系统考察学校课程的总体方案及具体内容是否完整、表述是否科学、设计是否规范。另一方面，在对具体课程文本进行分析时，要研判课程设计与编制的科学化表达及理性化呈现[③]。如果聋校未能根据国家和社会需要及学生自身发展需要设计科学、合理、全面的课程，那么自然难以在课程实施和学生评价中取得理想的结果。课程实施是将课程设计落实在教学活动中的实践方式，在聋校中可具体为对课堂教学的评价。但课程实施的评价范围不能局限于 40 分钟的课堂本身，而是要对涉及课堂教学过程的全环节进行考查。学生发展始终是我国聋校课程评价最为关注的方面，对学生发展的评价不应当窄化为是否达到教学设计的目标要求，而是要从全面发展的视角出发，衡量学生各方面能力的发展水平，并将其作为改善课程建设的依据。总体来说，聋校课程评价是以包含课程设计与课程实施在内的课程建设，以及学生发展为评价对象的价值判断活动，其目的在于通过评价结果了解当前聋校课程发展状况，并及时改进、完善各个环节，从而不断提高聋校教育质量，实现聋校学生的持续发展。

#### 2. 聋校课程评价的原则

过程性评价与总结性评价相结合。课程评价不只是对结果的评价，还应贯穿于课程开发到实施的始末。这表明仅仅关注课程实施的结果——学生发展是不够的，这会

---

① 程益基. 聋校义务教育课程标准的特点与实施[J]. 现代特殊教育，2017(1)：6-7.
② 谈秀菁.《聋校义务教育语文课程标准》解读[J]. 现代特殊教育，2017(7)：9-12.
③ 李红恩. 学校课程评价的意蕴、维度与建议[J]. 教学与管理，2019(34)：1-4.

导致我们忽视教学活动中输入与输出之间的"黑箱"——课程实施过程。过程性评价发生在教学实践活动阶段，是通过诊断教育方案或计划、教育过程或活动中存在的问题，为正在进行的教育活动提供反馈信息，以提高正在进行的教育活动质量的评价。总结性评价则发生在某一阶段教学活动的结尾，与分等鉴定、做出关于受教育者和教育者个体的决策、做出教育资源分配的决策相关[①]。将过程性评价与总结性评价相结合也意味着在聋校课程评价中需要扩大评价主体的范围。例如，通过教师自评来及时反思当前教学实践中的问题与不足。同时，学校管理者需要时刻关注教学活动的状态，并做出科学评价与规划，从而使学校教育朝着高质量的方向发展。

量化评价与质性评价相结合。在课程评价领域中，其理论取向经历了测量、测验—描述—判断—建构的迭代，关于量化评价与质性评价方式的选择与组合也伴随着课程评价理论的发展过程。量化评价一度是课程评价中的主流选择，其评价效率高、使用范围广，以及精确的数据表达形式等特点能够使我们以较快的速度了解课程发展情况。但教育本身是一项十分复杂的实践活动，聋校教育则更具有特殊性。即使在同一个优秀教师的课堂上，学生的亲身体验与发展水平也一定会存在很大的差异，这些差异往往很难通过数字展示出来。质性评价则关注现象背后的复杂机制，评价者通过与评价对象进行深度接触形成对其学习或教学观念和态度的了解，从而分析其行为背后的种种动机。但质性评价对评价者的能力有着比较高的要求，同时也需要更多的时间和精力用于开展评价、得出评价结果。因此，在聋校的实际教学中需要根据学校当前的发展需要，对不同的评价方法有所偏重。例如，可以通过大范围的量化评价来了解某一班级、年级或全校师生的发展共性，同时辅以质性评价深入挖掘差异个体的真实情况。或将质性评价结果应用于类似的教学情境中解决实际问题，并尝试扩大其可推广范围，形成新的量化评价工具。

全面性与差异性相结合。实现学生的全面发展和综合素质的提高是聋校课程设置的宗旨，也是聋校课程评价需要遵循的核心原则。全面性的课程评价体现在课程目标对学生各方面能力发展水平的规定上，课程目标的实现程度是衡量学生全面发展水平的主要参照。在《聋校义务教育课程标准(2016)》中，课程目标在传统的"双基"——基础知识和基础技能之上扩充了对过程与方法、情感态度与价值观的要求。更加全面的发展目标意味着需要更加全面的评价方式，聋校需要根据聋教育的自身特点和听力残疾儿童的学习规律，设计除传统考试之外的多元化课程评价体系，因为过程与方法、情感态度与价值观的掌握通常无法直观体现在卷面回答之中。

① 丁朝蓬. 新课程评价的理念与方法[M]. 北京：人民教育出版社，2003：8.

> **📖 | 拓展延伸|**
>
> 　　语文课程评价要体现语文课程目标的整体性和综合性，体现发展聋生语言学习、语言理解、语言运用能力的特殊性。应注意识字与写字、阅读、写作、语言交往和综合性学习五个方面的有机联系，注意知识与能力、过程与方法、情感态度与价值观的交融、整合，全面考查聋生的语文素养，避免只从知识、技能方面进行评价。
>
> 　　　　　　　　　　　　——节选自《聋校义务教育课程标准(2016 年版)》

　　对学生发展差异性的强调是聋校教育的重点，也是对学生全面发展内涵的重要提升。全面发展是差异发展的方向和指导，差异发展则是全面发展在个体身上的具体体现。重视学生的差异发展并不意味着"放任自流"或将学生划分为"三六九等"，而是要从不同学生的学习特点出发，为他们制定差异发展目标。例如，拓展性或补偿性目标，是对学生优势发展领域的拓展或对学生弱势领域的补偿，非均衡性目标主要满足学生在某个方面或某些方面的发展需求，弹性目标可以随着学生的发展情况随时调整[①]。这些目标需要体现在聋校学生的个别教育计划中，通过评价方式、评价内容和评价标准的差异性来促进所有聋校学生实现基于自身水平的最大化发展。

## 三、我国聋校的教育教学

### (一)教学原则

#### 1. 潜能开发与缺陷补偿相结合

　　在医疗模式残疾观的影响下，缺陷补偿一度是特殊教育的首要教学原则，聋校教育也不例外。医疗模式残疾观将残疾归因于个体，其重点在于通过技术或训练恢复或改善个体被损害的种种机能。这种模式往往意味着对残疾的过度关注，过于强调对某些缺陷的单一弥补而忽视了残疾人作为"人"的共性。例如，对听力残疾儿童的补偿变成了纯粹的、机械的口语训练，对智力残疾儿童的补偿变成了反反复复的语数补差[②]，特殊教育窄化为特殊儿童的生存教育[③]，各种生活技能替代知识经验成为特殊教育的主要内容。缺陷补偿理论本身的不足随着我国特殊教育事业的发展越发明显，潜能开发逐渐成为聋校教育的另一教学原则。强调潜能开发并非意味着无视残疾群体的差异，而是通过认识缺陷来超越缺陷，最终实现残疾群体的持续发展。潜能开发与缺陷补偿相结合意味着把听力残疾儿童从受制于和被动适应于自然存在的缺陷，提升到超越自然存在的缺陷之上，使外在世界和自身内在的各种发展的可能性向他们本身无限敞开。

---

①　曾继耘. 论学生差异发展的本质规定性[J]. 国家教育行政学院学报，2006(5)：38-42.
②　李秀，张文京. 试论缺陷补偿与潜能开发[J]. 现代特殊教育，2005(3)：19-20.
③　王培峰. 缺陷、缺陷补偿与教育：一个哲学的审思[J]. 学术探索，2011(5)：128-136.

聋校教育的任务就是在了解所有听力残疾儿童身心特点的基础上，通过提供丰富的教育内容来激发听力残疾儿童的发展潜能，在认识和分析听力残疾儿童已有障碍的同时，看到他们具有的无限可能，并以教育为工具来使可能变为现实。

2. 传授知识与发展语言相结合

传授知识与发展语言相结合是聋校教育教学实践本质需求的体现，前者是所有教育的基本功能，后者则是聋校教学有效性的关键。传授知识的重要性毋庸置疑，而造成听力残疾儿童出现学习障碍的最大因素就是语言。如果没有语言，任何学习都会发生困难。[①] 只有听力残疾儿童的语言能力得到了充分的发展，各科教学才能得以顺利进行，各门知识才能得以在语词的基础上形成概念系统，思维能力才能跃上更高的抽象概括水平。[②] 这里的语言并非指口语，而是指包括口语、手语、书面语和其他可传递信息在内的各种语言形式。由于接收听觉信息的渠道受限，听力残疾儿童自然而然地需要通过其他语言形式来获取外界信息，而聋校教学能够顺利传授知识的前提就是帮助听力残疾儿童更加全面地认识和感受世界，最终改变世界。传授知识与发展语言相结合意味着发展语言不只是语文或沟通与交往学科的任务，而是要在各科中贯彻这个原则。不同学科有不同的学科语言，如果听力残疾儿童不能掌握这些语言，就很难有效地学习知识。因此，各科教学都应当将发展语言纳入教学计划，通过提供语言实践需要的语言材料、语言知识和语言模式[③]，借助多种语言形式使听力残疾儿童更好地掌握和运用知识。

3. 直观教学与调动多感官参与学习相结合

直观教学原则的提出最早可追溯至夸美纽斯，他在著作《大教学论》中提出：一切知识都是从感官的感知开始的[④]。可以看出，调动多感官参与学习无疑是直观教学的本质要求，但这一要求对于听力残疾儿童来说还有另外一层必要性，即通过其他感官的共同参与来掌握那些需要借助听力或言语获取的知识。一些教师在教学实践中将直观教学窄化为各种教具及多媒体设施的使用，其直观教学局限于"感性直观"，未能触及"本质直观"。感性直观指的是让儿童直接接触周遭世界中的具体事物从而获得感性认识。例如，让听力残疾儿童触摸发声物体以感知声音。本质直观指的是个体在头脑中经加工后得到的知识或观念，能越过感性直观提供本质上的认识。例如，使听力残疾儿童了解发声原理。感性直观是儿童认识的基础，而想要触动儿童的思维，应要朝着"本质直观"而努力，即直观到事物的本质[⑤]。因此，直观教学的基本追求是通过感

① 赵锡安. 听力障碍学生教育教学研究[M]. 北京：华夏出版社，2006：117.

② 张宁生. 听力残疾儿童心理与教育[M]. 大连：辽宁师范大学出版社，2002：247.

③ 余敦清. 试论聋校语言教学的改革[J]. 现代特殊教育，2017(11)：25-29.

④ [捷]夸美纽斯. 大教学论[M]. 傅任敢，译. 北京：人民教育出版社，1984：112.

⑤ 李纯，安艳琴. 论直观性教学原则的正当与失当——基于多媒体运用分析[J]. 教学与管理，2019(30)：14-17.

性直观提供的意识形象为桥梁来达到理性的认识，而多感官共同参与则是实现这一目标的必要渠道。直观教学与调动多感官参与学习相结合意味着在聋校各学科的教学实践中，教师需要按照学科性质特点、听力残疾儿童意识水平，为听力残疾儿童提供一个恰当的直观形象作为内在前提，使听力残疾听力残疾儿童将所学知识内化至个人意识之中[①]。

### （二）教学语言

#### 1. 我国聋校教学语言的变迁

"教学语言"指的是教学使用的语言手段，即用哪种语言传授知识、教育学生[②]，聋校的教学语言包括手语、口语、书面语、体态语、符号等。在我国聋校教学语言的变迁中出现过手语教学、口语教学、综合沟通法和双语双文化教学的演变过程，与国际聋教育的趋势基本保持一致，只是在产生时间上稍显滞后。1880年，在米兰召开的第二届国际聋人教育会议做出"手语的使用抑制了口语和语言的发展，所有聋校不准使用手语"的决定。这场禁止聋人参加的国际会议使口语教学在教学语言的斗争中占据上风。在20世纪50年代以前，手语是我国聋校教学常用的教学语言。1954年和1956年，教育部先后召开全国聋哑学校代表座谈会和全国聋哑学校口语教学实验工作汇报会，是我国聋校教育语言由手语向口语发展的转折点，此后手语教学在我国一度受到否定和排斥。20世纪六七十年代，由于口语教学成效不佳，国外开始出现综合沟通法的尝试，其目的在于通过综合使用多种语言形式来调和手语与口语的矛盾。这一方法很快进入我国聋教育领域，但由于口语教学的主导地位而未能得到大范围的实践。20世纪80年代，双语双文化教学开始在北欧、美国、加拿大等地区和国家盛行。20世纪90年代，我国江苏地区开始出现双语双文化教学实验。这一理念充分肯定聋人群体、聋人语言和聋人文化，主张将手语作为聋人的第一语言，将本国语作为第二语言，以第一语言为工具来教授听力残疾儿童第二语言。

#### 2. 教学语言的选择

教学语言的选择几乎伴随了我国聋教育的发展历程，时至今日仍然未能出现一种完美的教学语言。手语教学符合聋人的交往习惯与思维方式，但是不利于聋人的言语能力发展，聋人长期处于封闭领域，难以与外界交流，融入社会更是无从谈起。口语教学有助于聋人的言语能力发展，同时也使聋人文化被忽视，不仅没有大面积提高聋校教育质量，还导致听力残疾儿童的口语和书面语水平都大大落后于普通儿童[③]。综合沟通法调和了手语教学与口语教学的争论，但反对者认为它只是口语教育和一套人为编制的手语体系的简单结合，

---

① 宁虹. 认识何以可能——现象学教育学研究的思索[J]. 教育研究，2011，32(6)：11-16.

② 余敦清. 试论聋校语言教学的改革[J]. 现代特殊教育，2017(11)：25-29.

③ 李尚生. 文化学视角中的聋人语言教育[C]. 福建省语言学会2002年学术年会论文集. 福州：福建省语言学会，2002：107-112.

教师在教学中使用的手语与听力残疾儿童使用的手语词汇和语法不匹配，导致师生沟通不畅[①]。双语双文化教学最根本的出发点是对聋人文化的认识和尊重，而以更加符合听力残疾儿童思维和沟通特点的手语为学习本国语的工具，也有助于他们掌握知识。但是，双语双文化教学的基本要求是创建双语环境，因此聋校是否具备一大批精通聋人手语且了解聋人群体和聋人文化的师资是双语双文化教学成败的关键。

需要强调的是，双语双文化教学尚未正式出现在我国教育政策中，但无论是单一的手语或是口语教学均已成为历史，我国聋校教学语言的多元化特征愈发明显。《聋校义务教育课程标准（2016 年版）》中"沟通与交往"的教学建议提出"以多元性为基础，传授不同的沟通交往方式，使聋生能够根据交往对象的不同，恰当选择和运用沟通方式，实现有效沟通""将各种沟通方式方法的教学有机地联系起来，使聋生初步学会手语、口语与书面语之间的转换"。这表明，当前我国聋校教学语言选择的根本依据是聋生的全面发展需求。多元化也是教学语言属性的内在要求，学生身心发展和教学内容的差异性与多样性意味着教师需要灵活选择多种教学语言。只要有助于实现聋生的全面发展和聋校教育质量的不断提高，任何教学语言都可以出现在聋校课堂上。

**巩固与思考 ⋯⋯▶**

1. 我国聋校的历史发展有哪些特点？
2. 我国聋校课程有哪些特点？
3. 如何看待手语教学与口语教学的争论？

# ▶任务三
# 听力残疾儿童的融合教育

**问题情境 ⋯⋯▶**

随着我国特殊教育事业的深入发展，融合教育正在成为听力残疾儿童接受教育的主要方式。在融合情境中，听力残疾儿童可享受哪些安置模式？任课教师如何根据听力残疾儿童的特点和需求进行教育教学调整？开展高质量的融合教育又需要构建什么样的支持体系？任务三将对这些问题进行回答，从而推动我国融合教育质量的不断提高。

融合教育的核心价值观念是平等、尊重差异和多元化，目的是保证特殊儿童与普通儿童一样，平等地在普通学校接受高效率和高质量的教育，最终实现个人尊严与社

---

① 黄丽娇，徐子淇．基于聋童语言习得规律的聋校教学思考[J]．现代特殊教育，2017(5)：21-24.

会公正的目标[①]。随着我国融合教育事业的深入发展，越来越多的听力残疾儿童进入普通学校就读，融合教育成为这些儿童实现自身发展的又一重要渠道。

## 一、融合教育安置模式

### （一）普通学校附设特殊班

特殊班是介于普通班级和特殊学校之间的一种形式，与传统的寄宿制特殊教育机构或学校相比，特殊班从养护模式转变为真正意义的教育模式，是对特殊学校局限性的一种补救性措施[②]。安排听力残疾儿童进入特殊班就读可能是由于所在区域听力残疾儿童的数量不足以开办专门的特殊学校，也可能是由于普通学校尚未具备符合听力残疾儿童教育需求的教师、教室、教具，以及课程体系与教学方法等条件。这一模式有助于提高听力残疾儿童的入学率。

### （二）普通学校随班就读

听力残疾儿童在普通学校随班就读共包括以下几种模式。[③]

#### 1. 提供特殊教育专业服务的随班就读

普通学校需要与当地的随班就读指导中心、特殊学校或康复机构等建立稳定、长期的合作关系，根据听力残疾儿童自身发展水平与需求，为他们提供常规教学之外的特殊教育支持，如听能管理、听力训练与言语训练等。这一模式对普通学校的管理能力和资源要求比较高，因此需要由上级主管部门积极促进和支持。

#### 2. 配有资源教室的随班就读

资源教室是我国随班就读工作的有力支撑，也是提高融合教育质量的重要措施。在普通学校就读的听力残疾儿童，往往较难适应普通学校教学方式而出现学业问题，因此需要通过配备资源教室来为他们提供专门的教具、学具及学业辅导。资源教师通常由普通学校教师兼任，一些有条件的普通学校会招聘专门的特殊教师来承担这一工作。这一模式是实现融合教育的阶梯和桥梁，但是在实际操作中往往因为资金和专业师资的不足而难以取得理想效果。

#### 3. 辅以巡回指导的随班就读

这一模式通常与其他随班就读模式共同出现，其作用在于监督普通学校随班就读工作的开展情况，为普通学校教师提供有关融合教育教学的建议与帮助，为随班就读的听力残疾儿童提供定期的学业帮助或行为干预策略。这一模式不需要普通学校为听力残疾儿童做出太多改变，但是其有效性和稳定性也因此难以保证，巡回指导教师有时还会因为身份合法性不足而不能发挥应有的支持作用。

---

① 邓猛. 融合教育与随班就读：理想与现实之间[M]. 武汉：华中师范大学出版社，2009：245.
② 邓猛. 融合教育理论反思与本土化探索[M]. 北京：北京大学出版社，2014：266-267.
③ 汤盛钦，等. 教育听力学[M]. 上海：华东师范大学出版社，2000：235.

#### 4. 完全的随班就读

从字面意思来看，完全的随班就读是指听力残疾儿童全天在普通教室中与普通儿童共同接受教育。这种模式既有可能是融合教育的终极理想——完全融合的表现，即所有儿童在同一教室内共同学习，也有可能是融合教育的初级形态——随班就座或随班就混的表现，即听力残疾儿童尽管身处普通教室却未能得到满足其需求的教育。判断完全随班就读性质的依据是普通学校是否具备符合听力残疾儿童学习特点的设施、设备与教室，任课教师是否具备开展差异教学的能力与经验。

## 二、融合教育课程调整

### （一）融合教育课程调整的含义

作为融合教育的实践载体，融合教育课程旨在改变传统课程标准化的、封闭式的，以及"一刀切"式地忽视学生异质性的课程设计方式，以使有特殊教育需要的学生能够充分平等地参与学校的课程活动[1]。课程融合是实现高质量融合教育的关键，也是融合教育发展中最难达到的目标。在我国现阶段随班就读实践中，普通课程与聋校课程分立，普通学校教师也很少在普通课程基础上为随班就读的听力残疾儿童进行课程调整，这是我国融合教育质量处于较低水平的重要原因。融合教育课程调整指的是将普通班的课程目标、内容及方法等与随班就读儿童教育诊断相比较，找到随班就读儿童的学习起点、兴趣、风格、特点、水平，在尊重儿童学习特点的基础上进行调整。可以看出，融合教育课程调整的两个主要特征是差异化与个别化。对于听力残疾儿童来说，他们与普通儿童有着不同的身心发展特点，而既有的普通课程并没有将听力残疾儿童的需求与特点作为研发基础。一方面，这意味着需要一套基于听力残疾儿童各方面发展水平的融合课程体系，这一课程体系在层次与内容上与普通课程相比将会因为听力残疾儿童的差异而不同。另一方面，听力残疾儿童的身心发展水平各异，很难以同一套融合教育课程体系来满足所有听力残疾儿童的教育需求。因此，融合学校管理者及教师需要在了解听力残疾儿童各项能力发展水平的基础上，为他们量身打造适合的融合教育课程体系。

### （二）融合教育课程调整的层次

目前我国普通学校招收的特殊儿童以轻度和中度残疾为主，大部分特殊儿童能够使用完全相同或细微调整的普通课程。听力残疾儿童的智力发展水平往往与同龄普通儿童相近，只是由于听觉器官受损而阻碍了其认知与思维能力的发展，再加上家长康复意识与医学和教育康复水平的提高，许多进入普通学校的听力残疾儿童并不需要普通学校为其设计完全不同的融合课程。融合教育课程调整的差异化与个别化意味着其

---

① 颜廷睿，侯雨佳，邓猛. 融合教育教师课程执行力的内涵、结构及发展策略分析[J]. 中国特殊教育，2017(7)：3-9.

调整不会是统一模式，而是有不同的调整层次，以满足不同儿童的发展需求。澳大利亚在 2014 年制定了四个层次的融合教育课程调整标准，分别是支持性调整、补充性调整、实质性调整与延展性调整[①]。我国融合教育课程调整尚处于起步阶段，因此，我们可以将听力残疾儿童的课程调整与国内外已有研究成果相结合，来探索并形成不同层次的课程调整体系(见表 2-2)。

表 2-2　听力残疾儿童融合教育课程调整体系

| 澳大利亚融合教育课程调整层次 | 听力残疾儿童融合教育课程调整层次 |
| --- | --- |
| 支持性调整<br>无须改变普通课程内容 | 完全普通学校国家课程＋教学策略调整＋持续监控儿童发展情况 |
| 补充性调整<br>以普通课程为主，根据儿童发展水平补充相应的额外课程 | 完全普通学校国家课程＋校本课程＋儿童个体的特长项目课程＋特殊课程(必要时) |
| 实质性调整<br>降低普通课程比例，根据儿童发展水平增加相应的额外课程 | 部分学科普通学校国家课程＋部分学科聋校国家课程＋校本课程＋儿童个体的特长项目课程＋特殊课程(必要时) |
| 延展性调整<br>以聋校课程为主，尽可能提供融合教育机会与环境 | 全部学科聋校国家课程＋校本课程＋儿童个体的特长项目课程＋特殊课程(必要时)[②] |

### （三）融合教育课程调整的内容

融合教育课程调整的对象是课程中常见的四个要素：课程目标、课程内容、课程实施、课程评价。融合教师或相关人员在进行课程调整前需要对班上的听力残疾儿童进行全面评估，以为其制定适合的课程调整方案。全面评估的项目应当包括听力残疾儿童的听力残疾发生时间、原因、程度，双耳听力补偿水平，言语和语言能力水平，病史，认知发展水平，学习与行为习惯，当前学业发展水平等内容。评估结果是进行课程调整的主要依据，在结束一周、一个月、学期中，以及学期末的时候应当根据学校教学进程按时反思、总结课程评价结果，将其与学生发展变化相结合，共同作为下一阶段课程调整的基础。

课程目标是指学生在一定教育阶段内其知识、能力、品格、身心素质，以及解决问题的方法等应达到的程度与水平，是教育目的与学校培养目标在课程及其实施过程

---

① 李拉．澳大利亚融合教育的课程调整及启示[J]．中国特殊教育，2019(7)：15-21．

② 陈金友．随班就读听障学生的课程与教学调整策略[J]．现代特殊教育，2019(17)：20-24．

中的具体体现①。听力残疾儿童课程目标的制定应当以听力残疾儿童各方面发展水平为基础，而不是简单地降低学业标准，否则会使听力残疾儿童长期处于低期望的教学实践中，难以实现自身潜能的最大化发展。在制定课程目标时，应当以普通学校课程目标为主、以聋校课程目标为参考，以促进所有儿童掌握共同核心素养、反映听力残疾儿童的差异需求为原则来形成每个听力残疾儿童的课程目标体系，以对后续的课程内容、课程实施和课程评价发挥导向和控制作用。

课程内容是课程目标的载体，普通学校的课程内容包含着现代人的生存与发展所必须掌握的普遍性、基础性的知识②，这些知识同样适用于听力残疾儿童，是课程内容调整的基础。课程内容的调整并非只是对内容的删减，而是要在课程目标的指引下选择和组织相应的知识经验。普通学校课程往往与普通儿童的学习生活联系比较紧密，因此，教师需要在此基础上通过对内容的补充、替换等方式来帮助听力残疾儿童建立知识与个人经验的联系。课程内容的调整不能简单地依靠教师个人经验，而是要与学科专家、特殊教师、家长等相关人员共同商讨，从而提高课程内容的有效性、科学性与针对性。

课程实施是发挥课程内容作用的关键，决定着听力残疾儿童是否能够在融合课堂中汲取应有的知识，实现自身发展。课程实施的调整主要体现在对教学环境、教学材料、教学活动与教学方式策略的选择上，这与差异教学的要求相符合。差异教学指的是在班集体教学中立足儿童个性的差异，满足儿童的不同学习需要，以促进每个儿童在原有基础上得到充分发展的教学③。课程实施的调整主要包括设计和执行两个环节。前者需要充分了解班上所有儿童的学习特点与需求，融合的课堂教学不应该以牺牲任何儿童的发展为代价。后者需要教师在课堂上关注重点儿童的课堂表现，根据实际情况随机应变以达成教学目标。例如，听力残疾儿童在课堂上可能会因为无法完全理解教师的言语信息，而出现走神或不积极回答问题等情况。因此，教师在设计课堂教学时需要针对班上听力残疾儿童的特点与水平，为他们选择适合的问题与授课方式，通过图示、手势等帮助听力残疾儿童获取更多信息，并促使他们积极参与课堂。

指向儿童的课程评价是对课程是否满足儿童发展需要的价值判断，即当前的课程体系促进儿童发展的程度。儿童的学业成就无疑是课程评价的重要依据，而听力残疾儿童的差异性，意味着普通学校的评价体系应当在评价内容与评价方式方面发生相应改变。一方面，对培养核心素养的追求成为课程评价的发展方向，更加多元的课程目标意味着单一的书面考试无法全面反映所有儿童核心素养的发展情况。同时，课程评

① 何玉海. 培养学生核心素养需要修正"三维课程目标"[J]. 湖南师范大学教育科学学报，2016，15(5)：28-36.

② 胡少华. 融合教育中的课程调整：目的、内容及路径[J]. 当代教育理论与实践，2020，12(1)：42-47.

③ 华国栋. 差异教学论[M]. 北京：教育科学出版社，2001：24.

价应当结合听力残疾儿童的其他课程目标与内容，而不是单纯考查普通课程的实施效果。另一方面，听力残疾儿童的身心发展水平和规律可能会影响他们参加常规的学业考试，如口语、听力考试等。普通学校应当为听力残疾儿童制定专门的学业评价调整或替代方式，如系数法[①]、延长考试时间、调整考试方式，以及结合使用综合素质评价、学生成长记录等，并据此来调整、改变和制订下一阶段的课程计划。

---

**📖 | 术语阐释 |**

**学业评价：系数法**

系数法是将残疾儿童的实际成绩乘以系数作为学业成绩，列入全班总分统计，参与评估并作为毕业和升学的依据。对于系数的确定，通常采用残疾程度系数法、难度系数法或年级系数法。

---

### 三、融合教育支持体系

健全融合教育支持体系是提高我国融合教育质量的关键，完善的融合教育支持体系需要政府、学校、班级、社区与家庭等不同主体通力合作，通过提供相应支持来为听力残疾儿童全方位创设更有利于全面发展的学习和生活环境。

#### （一）政府

政府在融合教育支持体系中的作用体现在教育政策的制定、执行与监督，各类融合教育资源的分配、提供与管理，对所在地区融合学校的指导、监督与评价等方面。教育政策是听力残疾儿童得以进入普通学校和享受平等教育机会的有力保障，各级政府与教育主管部门需要积极采纳各方建议，制定各类儿童融合教育政策，通过政策解读等方式推动相关政策的高效落地。对于招收听力残疾儿童的普通学校来说，需要新建教室并采购新的教具和学具等，此时政府需要为融合学校划拨资金来确保听力残疾儿童的教育资源。政府和各级教育主管部门还需要成立专门的融合教育小组，由专人负责对融合学校的指导、监督与评价。普通学校往往很少有管理者和教师具备听力残疾儿童的教育经验，因此，小组应当帮助学校尽快了解听力残疾儿童的学习特点与需求，并指导学校制订相应的支持计划，通过科学评价及时了解学校融合教育实践现状。

#### （二）学校

普通学校是听力残疾儿童接受融合教育的主要场所，其支持作用体现在融合文化的形成、硬件设施的配备、师资队伍的建设，以及融合教育的管理等方面。融合的校园文化是学校所秉承的尊重学生差异和多样性的哲学、理念、信仰和期待等融合教育

---

① 陈瑾，曾凡林. 我国随班就读教育评价问题[J]. 基础教育，2011，8(4)：108-112，118.

价值观思想体系[①]，学校管理者与教学人员应当在充分了解听力残疾儿童的基础上，为他们提供平等的教育机会，对他们持有同样的期望。同时，学校还需要通过宣导活动向普通儿童和家长普及融合教育理念，以避免由于不了解而产生的普通儿童排斥听力残疾儿童的现象。由于听力残疾儿童听力损失程度不一，学校需要通过为听力残疾儿童配备视觉提示灯、扩音设备、文字或图片显示设备，以及资源教室、功能教室等硬件设施，来减少听力残疾儿童在普通学校中可能遇到的阻碍。普通教师已有的知识经验难以应对听力残疾儿童的教育需求，进而可能导致这些儿童由于未能接受适当的教育而无法取得较好的学业成就。学校需要为普通教师提供特殊及融合教育专业培训，并招聘特殊教师与普通教师共同开展教育工作。融合教育需要实现全校变革，因此，学校对融合教育的管理至关重要。管理者需要为学校融合教育实践制订发展计划，根据听力残疾儿童的特点构建课程与教学体系，调整与替代学业评价方式，从各个环节保障听力残疾儿童的全面发展。

### （三）班级

班级在融合教育支持体系中的作用体现在班级文化的塑造、融合教育教学的开展、学习环境的创设等方面。团结一致、友爱和谐的班级文化不仅有助于听力残疾儿童的成长，而且能够使普通儿童更好地了解残疾群体，从而推动更大范围融合教育理想的实现。任课教师需要通过科普、游戏、合作学习等方式积极促进和引导普通儿童与特殊儿童的相互了解与接纳。课堂教学是融合教育质量的核心，所有学生是否能够在课堂上获取应有的知识决定着高质量融合教育的目标是否能够达成。任课教师需要在专业人员，如特殊教师的帮助下，通过使用一系列科学全面的评估测查工具，来确定听力残疾儿童当前各方面发展水平，将其作为课程调整的基础与依据。在课堂上，任课教师需要对听力残疾儿童的课堂行为多加关注，减少"随班就座"现象。在为听力残疾儿童创设良好的学习环境时，任课教师需要合理规划和使用学校提供的教育资源，如多媒体设备、扩音设备等，尽量保证听力残疾儿童信息接收通道的畅通。任课教师还可以通过调整座位、设计功能角等方式来帮助听力残疾儿童更好地融入教室学习与生活。

### （四）家庭

家庭是融合教育支持体系中必不可少的一环，家庭教育在融合教育支持体系中的作用体现为与学校教育的配合及全方位语言环境的塑造。良好的家校合作需要在家长与学校之间就听力残疾儿童的学习目标达成共识，如果一方对听力残疾儿童抱有较低的期望，那么其合力将会大大受限。配合学校教育并非意味着家庭一味听取学校的要求与建议，而是要在双方平等、及时、有效沟通的基础上共同就儿童学习的相关事宜

---

① 颜廷睿，关文军，邓猛. 融合教育质量评估的理论探讨与框架建构[J]. 中国特殊教育，2016(9)：3-9，18.

展开讨论。同时，建立从学校到家庭的全方位语言环境对于听力残疾儿童的发展来说也十分重要。如果教师未能与家长充分沟通，而在课堂上单一使用口语及统一的教学方案，那么听力残疾儿童的学习效率可能会大大降低。如果家长在家中对听力残疾儿童置之不理，或听力残疾儿童只需要简单的手势和眼神就能够使家长心领神会，那么，听力残疾儿童的语言发展水平也将会受到很大的消极影响。

### （五）社区

社区是融合教育的影响从学校扩展到社会的必经之路，社区为融合教育支持体系中的作用体现为融合教育宣导活动的开展、良好生活环境的塑造，以及支持性服务的提供。社区工作人员可以与其他社会力量联合，共同开展融合教育宣导活动，为听力残疾儿童展示自我和推动普通人群和特殊人群相互接纳提供舞台。社区内一方面应当配备无障碍设施，以减少听力残疾儿童可能遇到的阻碍；另一方面需要形成互帮互助、以邻为善的社区文化，为听力残疾儿童的社会融合塑造良好的社区环境。最后，社区可以通过提供义工、医疗、心理健康等服务为听力残疾儿童家庭排忧解难，使听力残疾儿童得到更全面的支持与关爱。

### 巩固与思考 ……▶

1. 如何选择听力残疾儿童的安置模式？
2. 在融合教育教学中可能会出现哪些问题？怎么解决？
3. 请自主为一名听力残疾儿童设计背景信息及融合课堂教学方案。
4. 如何更好地发挥融合教育支持体系的作用？

# 模块三　智力残疾儿童教育指导

**模块导入**

　　电影《阿甘正传》改编自美国作家温斯顿·格卢姆于 1986 年出版的同名小说，描绘了先天智力残疾的小镇男孩阿甘自强不息，最终得到上天眷顾，在多个领域创造奇迹的励志故事。在我们的日常生活中，其实有很多像阿甘一样患有智力残疾的孩子，但他们中的大多数并没有像阿甘一样被人们看到，甚至，人们对他们知之甚少……

　　那么，什么是智力残疾？智力残疾儿童有哪些特征？我们应该如何为智力残疾儿童提供教育和服务？

**学习目标**

1. 掌握智力残疾的定义和分类。
2. 描述智力残疾儿童的基本特征。
3. 结合培智学校的课程与教学特点，为智力残疾儿童设计个别化教育计划。
4. 知道如何为融合教育背景下的智力残疾儿童提供支持与服务。
5. 了解支持性就业的理念与特征。

## 案例故事

小路是一名 6 岁的轻度智力残疾儿童，每天有半天时间在康复机构做早期干预训练，另外半天在普通幼儿园就读。凭借及时的早期教育与干预，小路的肢体动作与感觉统合等方面的发展有较大进步。但是，他的注意力、语言与沟通能力与同龄普通小朋友相比，还是有所差距。眼看就到了上小学的年龄，小路的爸爸妈妈非常纠结：到底该让小路去培智学校还是去普通学校呢？小路不擅长与同伴沟通交往，在普通学校会不会受欺负呢？普通学校会给小路提供他所需要的支持和帮助吗？就在着急无助之时，小路父母在一场讲座中了解到了转衔服务的相关信息。他们得知当下最重要的是给小路制订一套个别化转衔计划，来帮助小路度过幼小转衔时期。于是，他们积极咨询相关专家，听取家长群里过来人的经验，主动与小路所在幼儿园的老师及当地一些小学联系。在大家的帮助和指导下，小路父母最终决定让小路去普通小学就读，并且在这个转衔期，小路父母已经和小学取得了联系与合作，沟通了小路上学后可能遇到的困难及相关解决方法。小路也在这段时间的转衔服务中为即将到来的普通小学生活做准备。小路父母在回忆这段时光时，最常说的话就是：与其被动地预设困难，不如主动地解决困难；把孩子的问题藏起来是最不明智之举，通过科学专业的方式解决问题才不会走弯路。

## 模块思维导图

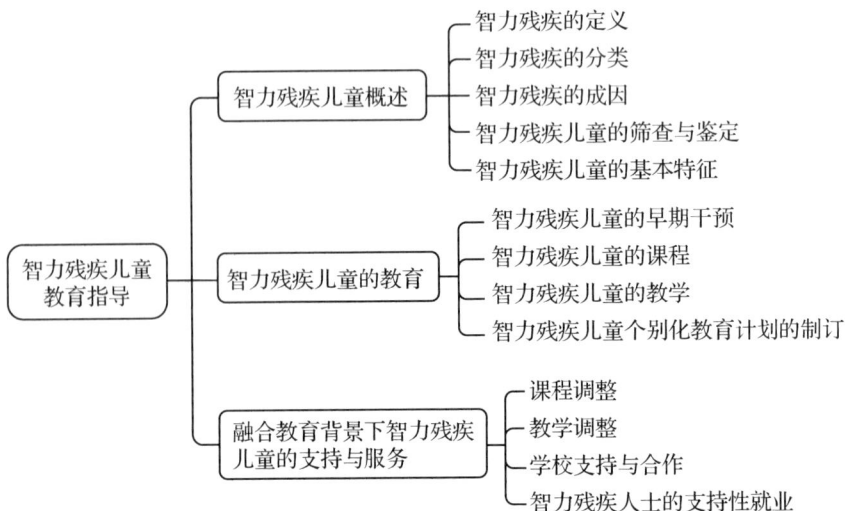

- 智力残疾儿童教育指导
  - 智力残疾儿童概述
    - 智力残疾的定义
    - 智力残疾的分类
    - 智力残疾的成因
    - 智力残疾儿童的筛查与鉴定
    - 智力残疾儿童的基本特征
  - 智力残疾儿童的教育
    - 智力残疾儿童的早期干预
    - 智力残疾儿童的课程
    - 智力残疾儿童的教学
    - 智力残疾儿童个别化教育计划的制订
  - 融合教育背景下智力残疾儿童的支持与服务
    - 课程调整
    - 教学调整
    - 学校支持与合作
    - 智力残疾人士的支持性就业

# ▶任务一
## 智力残疾儿童概述

**问题情境 ·····▶**

什么是智力残疾？如何鉴别有智力残疾的儿童？智力残疾儿童有怎样的典型特征？围绕这些问题，任务一将重点介绍智力残疾的定义、分类、成因，智力残疾儿童的筛查与鉴定，以及智力残疾儿童的基本特征。

### 一、智力残疾的定义

智力残疾又称智力落后、智力低下、智力残疾、智能不足等。关于智力残疾的研究源于医学与生物学领域，主要关注其器质性缺陷和病理特征。在这一时期，智力商数(Intelligence Quotient，IQ)是判定智力残疾的最主要指标。1959 年，国际上颇负盛名的美国智力不足协会(American Association on Mental Deficiency，AAMD)首先引入"适应行为"概念，并将其与"智商"一起作为判断智力残疾的重要的标准。2002 年，美国智力残疾协会(American Association on Mental Retardation，AAMR，由"智力不足协会"更名而来)将智力残疾定义为："一种以智力功能和适应性行为有显著缺陷为特征的障碍，适应性行为缺陷表现在概念性、社会性，以及实践性适应技能上。该障碍发生于 18 岁之前。"[1]

2006 年，我国发布的第二次全国残疾人抽样调查使用的残疾标准中，将智力残疾定义为："智力显著低于一般人水平，并伴有适应行为的障碍。此类残疾是由于神经系统结构、功能障碍，使个体活动受限和参与局限，需要环境提供全面、广泛、有限和间歇的支持。"[2]

📖 **|术语阐释|**

**智力商数**

智力商数简称智商，是指个体通过智力测验得到的标准分数。

智商这一概念最早由德国心理学家施太伦提出，是指智力年龄(智龄)除以实际年龄(实龄)所得到的商数，该商数即为智力商数或比率智商。计算公式为：

智商＝智龄/实龄×100。

---

① ［美］丹尼尔·P. 哈拉汉，詹姆士·M. 考夫曼，佩吉·C. 普伦. 特殊教育导论[M].11 版. 肖非，等译. 北京：中国人民大学出版社，2010：128.

② 刘春玲. 智力障碍儿童的发展与教育[M]. 北京：北京大学出版社，2011：3.

## 二、智力残疾的分类

通常采用智力水平和支持程度两种分类方法来对智力残疾进行分类。

### （一）按照智力水平分类

2006 年，我国第二次全国残疾人抽样调查领导小组根据 WHO 和 AAMR 的智力残疾分级标准，按照智力商数及适应行为将智力残疾分为四级[①]（见表 3-1）。

表 3-1　我国智力残疾的分级标准

| 级别 | 分级标准 | | | |
|---|---|---|---|---|
| | 发展商 0～6 岁 | 智商 7 岁以上 | 适应行为 | WHO-DASⅡ分值<br>18 岁及以上 |
| 一级 | ≤25 | <20 | 极重度 | ≥116 |
| 二级 | 26～39 | 20～34 | 重度 | 106～115 |
| 三级 | 40～54 | 35～49 | 中度 | 96～105 |
| 四级 | 55～75 | 50～69 | 轻度 | 52～95 |

一级智力残疾(极重度)：大脑的器质性损伤和生理障碍严重，适应行为很差，终生都需要由他人照料，面容明显呆滞，语言能力和运动感觉能力极差，通过训练只在下肢、手及颌的运动方面有反应。

二级智力残疾(重度)：适应行为差，生活能力即使经过训练也很难达到自理，仍需要他人照料，运动、语言、与人交往能力差，经过长期反复康复训练，可以形成某些非常简单的生活自理能力。

三级智力残疾(中度)：适应行为、实用能力都不完全，能做简单的家务，具有初步的卫生和安全常识，阅读、计算及对周围的环境辨别能力差，能以简单的方式与人交往，经过特殊教育和训练，能够具备基本的生活自理能力和从事简单劳动的本领。

四级智力残疾(轻度)：适应行为低于一般人的水平，具有一定的实用技能，个人生活能自理，通过指导一般能适应社会生活，能比较恰当地与人交往，经过特殊教育，可以获得一定的阅读和计算能力。

### （二）按照支持程度分类

1992 年，AAMR 在对智力残疾的第九版定义中，按照个体在环境中所需要的支持强度将智力残疾加以分类。

间歇的：所需要的支持服务是零星的、视需要而定的(如失业或生病时)。

---

① 刘春玲. 智力障碍儿童的发展与教育[M]. 北京：北京大学出版社，2011：7.

有限的：所需要的支持服务是经常性的、短时间的(如短期的就业训练或从学校到就业的衔接支持)。

广泛的：至少在某种环境中有持续性的、经常性的需要，并且没有时间上的限制(如需要在工作中或居家生活中得到长期的支持服务)。

全面的：所需要的支持服务是持久的且需求度高，在各种环境中都需要提供，并且可能为终身需要。

---

### ✎ | 想一想 |

两种智力残疾的分类方式各有什么优缺点?

---

## 三、智力残疾的成因

智力残疾的形成原因非常复杂，大致可以从两方面进行概括：一方面是遗传因素或非遗传因素；另一方面是障碍出现的时间，包括出生前、出生时及出生后。

### (一)出生前原因

#### 1. 遗传因素

智力残疾的遗传因素主要有：染色体异常、先天代谢性疾病和其他遗传因素。

染色体异常主要表现为染色体数量异常和染色体结构异常。染色体异常通常会导致多种伴有智力残疾的遗传病，如唐氏综合征、特纳综合征、猫叫综合征、13三体综合征、安格尔曼综合征、威廉姆斯综合征等。

常见先天代谢性疾病有苯丙酮尿症，先天性甲状腺功能低下，黏多糖贮积症 IH型，糖原贮积病，半乳糖唾液酸贮积症等。

在其他遗传因素中，多基因遗传引起的先天性颅脑畸形也会导致智力残疾，如先天性脑积水和小头畸形。此外，常染色体伴显性遗传，如萎缩性肌强直、结节性硬化等，也会造成不同程度的智力残疾。

#### 2. 非遗传因素

胎儿期感染。孕妇受到环境中病原微生物侵入而患感染性疾病，有可能导致胎儿智力残疾。与之有关的病原体主要有风疹病毒、巨细胞病毒、弓形体及梅毒螺旋体等。

药物毒性损伤。有些孕妇患了流感、高血压等，大量服用抗生素、降压药等药物，这些药物会透过胎盘影响胎儿。

放射线和化学毒物的损害。X射线或其他放射线，均可能使胚胎发生畸形继而停止发育。孕妇接触了某些放射性物质和有毒的化学物质，如苯、甲醇等，也可能损害胎儿的发育。

吸烟与饮酒。孕妇吸烟对胎儿生长有很大的危害。值得注意的是，被动吸烟对孕妇的不利影响不亚于孕妇本人吸烟，这是因为很多有害物质在侧流烟气中的浓度高于主流烟气。任何微量的酒精都可以通过胎盘进入胎儿体内，从而抑制胎儿中枢神经系统的活动，造成智力残疾。

### （二）出生时原因

早产和低体重。早产儿由于出生时发育不良，呼吸功能、消化功能及免疫功能均较差，很容易发生感染。少部分早产儿中枢神经系统发育不良，伴有智力残疾。在体重小于 1 500 克的早产儿中，有 7％～8％会出现并发症，如脑白质软化症，进而导致智力残疾或其他临床上的缺陷。[①]

窒息。新生儿窒息是指胎儿出生后仅有心跳而无呼吸，并出现一系列呼吸衰竭的症状。妊娠期慢性缺氧使胎儿生长受限，分娩期急性缺氧可使新生儿发生缺血、缺氧性脑病及脑瘫，造成智力残疾。

新生儿产伤。新生儿产伤是指在分娩过程中胎儿受到的创伤。常见的产伤有颅内出血、头颅血肿和骨折。发生产伤后的新生儿，多数会在短期内恢复正常，少数则会留有终身的病症，如瘫痪、智力残疾等。

### （三）出生后原因

发作性疾病。在出生后的致病因素中以高热惊厥和抽搐最为常见。肺炎和呼吸道感染都可能引起高烧、抽搐，长时间、反复的高烧和抽搐可引起脑损伤而导致智力残疾。

中枢神经系统疾病。脑炎、脑膜炎等疾病会导致许多微生物，如细菌、病毒、原生虫等侵犯脑组织，导致脑组织自行破坏或退化，进而可能导致智力残疾。

脑损伤。儿童因意外，如高处坠落、车祸等，可能会产生脑损伤，进而引起智力残疾。

中毒。一氧化碳中毒(俗称煤气中毒)和铅中毒等都有可能引起智力残疾。

营养不良。儿童在生长发育期出现较长期的营养不良会直接影响脑发育，产生智力残疾。

社会心理因素。研究表明，绝大多数智力残疾均与社会心理因素有着不同程度的关系，特别是轻度智力残疾。此类患儿没有脑的器质性病变，主要由神经心理损害和感觉剥夺等不良环境因素造成，如严重缺乏早期合适的刺激和教育。

## 四、智力残疾儿童的筛查与鉴定

筛查和鉴定是对智力残疾儿童进行教育与干预的前提。相关工作人员通过观察及

---

[①] Emerson，E. Poverty and people with intellectual disabilities [J]. *Mental Retardation and Developmental Disabilities Research Reviews*，2007，13(2)：107-113.

筛查测验等方式可以及时发现有潜在障碍的儿童，使用标准化诊断测验则可以进一步明确障碍类型及程度。

**（一）智力残疾儿童的筛查**

观察和筛查测验是筛查智力残疾儿童的常用方法。

**1. 观察**

观察是一种有目的、有计划地观察儿童在日常学习、游戏和生活中的整体表现来分析儿童发展状况的方法。普通儿童的生长发育遵循一定的规律，尽管智力残疾儿童在某些方面的发展会落后于普通儿童，但是对照普通儿童的生长发育关键期可以发现儿童智力残疾的迹象。

**2. 筛查测验**

由于在日常生活中儿童的智力残疾经常不容易被观察并鉴别，为此，智力筛查测验应运而生，以便获得儿童在智力发育方面的情况，并以此确定是否需要进一步进行诊断性测验。常用的筛查工具有：丹佛发育筛查测验，画人测验，瑞文测验，团体儿童智力测验等。

**（二）智力残疾儿童的鉴定**

鉴定儿童是否有智力残疾主要评估两个领域：智力和适应性行为。

> 📖 | **资源推荐** |
>
> **智力残疾儿童筛查测验**
>
> 图书推荐：刘春玲. 智力障碍儿童的发展与教育［M］. 北京：北京大学出版社，2019.

**1. 智力测验**

智力测验的种类很多，与团体测验相比，个别施测的测验具有较好的准确性和预测性。具有里程碑意义的智力测验有：比纳—西蒙智力量表、斯坦福—比纳智力量表、韦克斯勒智力量表。其中，韦克斯勒智力量表是目前应用较为广泛的智力量表。该量表包括韦克斯勒学龄前儿童智力量表（WPPSI），适用于 4～6 岁幼儿；韦克斯勒儿童智力量表（WISC），适用于 6～16 岁儿童；韦克斯勒成人智力量表（WAIS），适用于16～74 岁成人。

**2. 适应性行为评定**

适应性行为可以通过标准化的适应行为量表来评定。道尔编制了文兰社会成熟量表（VSMS）来考查儿童的行为发展水平。此外，用于评定适应行为的量表还有婴儿—初中学生社会生活能力量表（S-M 量表）、适应行为评定量表（ABAS）等。

文献推荐：

张厚粲. 韦氏儿童智力量表第四版（WISC-Ⅳ）中文版的修订[J]. 心理科学，2009，32(5)：1177-1179.

丁怡，杨凌燕，郭奕龙，等.《韦氏儿童智力量表——第四版》性能分析[J]. 中国特殊教育，2006，(9)：35-42.

### 五、智力残疾儿童的基本特征

首先，智力残疾儿童也是儿童，他们同样遵循普通儿童身心发展的一般规律。其次，智力残疾儿童在智力水平和适应能力上与普通儿童存在显著的差异，他们在身体、认知、情绪与行为等方面也表现出一定的特殊性。

#### （一）智力残疾儿童的身体特征

智力残疾儿童的身体特征主要表现在形态发育、身体素质发育、身体机能发育三个方面。

##### 1. 形态发育

在形态发育方面，相较于普通儿童而言，智力残疾儿童的平均身高偏低，平均体重偏高，平均胸围明显偏高。有些智力残疾儿童有明显的相貌特征，如头颅尖小，眼距宽，骨骼、神经系统生长发育迟缓，动作失调，感官缺陷等。

##### 2. 身体素质发育

身体素质是体质的重要组成部分，是人体在运动中表现出来的力量、速度、耐力等身体基本状态和功能能力。相较于普通儿童而言，智力残疾儿童在50米跑、立定跳远、握力等方面的成绩显著偏低。

##### 3. 身体机能发育

身体机能是指人体组成的各器官、系统所表现出来的生命活动。相较于普通儿童而言，智力残疾儿童在脉搏、血压、肺活量等方面有明显差距。智力残疾儿童青春期的开始时间比普通儿童略晚，大多数智力残疾儿童性发展的阶段与过程和普通儿童没有显著差别。

#### （二）智力残疾儿童的认知特征

认知发展主要表现为各种心理机能的发展，如感知觉、注意、记忆、语言与思维能力等方面。相较于普通儿童而言，智力残疾儿童的认知发展速度慢、发展水平低且个体间差异大。

##### 1. 感知觉与注意

智力残疾儿童的感知觉发展遵循和普通儿童一样的发展顺序，但是在发展的量和质的方面与普通儿童有明显差异。感知觉是人类认识客观世界的第一步，是记忆、思维、语言等其他心理过程发生、发展的基础。智力残疾儿童感知觉的缺陷严重影响了他们的心理发展。

智力残疾儿童的感受性慢。由于神经系统的受损影响了神经冲动传导的流畅性，使智力残疾儿童的感知觉速度落后于普通儿童。同一强度的刺激可能引起普通儿童的反应，但不一定能引起智力残疾儿童的反应。

智力残疾儿童的感知范围狭窄。大脑皮层连通机能的损害不仅影响了智力残疾儿童感知的速度，也限制了他们感知的范围。普通儿童在一瞬间内就可以"一目了然"的物体，智力残疾儿童往往需要按一定的顺序，慢慢地才能看清楚。

智力残疾儿童的注意多以无意注意为主。他们很难像普通儿童一样将注意力集中在某一物体上。因此，在学习活动中，他们难以将注意力集中在特定任务上，经常被无关刺激所吸引。

智力残疾儿童的注意范围狭窄。由于受知识、经验及心理活动水平的限制，智力残疾儿童注意的范围比普通儿童小。相关研究在 1/10 秒内向被试(同年龄的普通儿童和智力残疾儿童)呈现刺激物(画有黑色圆点的卡片)，发现普通儿童能注意到 8～9 个黑色圆点，而智力残疾儿童只能注意到 3～4 个黑色圆点。

智力残疾儿童的注意稳定性差。由于大脑机能的损害，智力残疾儿童极易出现疲劳现象，因此他们的注意不稳定、极易发生分散。7～10 岁的普通儿童可连续保持注意 20 分钟，而智力残疾儿童往往连 5 分钟都维持不到。

智力残疾儿童的注意转移差。注意的转移是将注意从一件事情转移到另一件事情上。神经冲动传导的不灵活性导致智力残疾儿童注意转移能力很差。例如，在刚开始上课时，他们很难将注意力集中到课堂上。

2. 记忆

记忆是一个复杂的心理过程，包括识记、保持、再认或回忆三个基本环节。一般而言，智力残疾儿童的记忆能力与普通儿童之间存在明显的差距。从信息加工的观点来看，智力残疾儿童无论是短时记忆还是长时记忆，无论是信息的存储还是信息的提取，都有一定的困难。

智力残疾儿童识记新材料缓慢，容易遗忘，再现或回忆不全面、不准确。例如，教他们学会一个汉字往往需要重复上百次，但是第二天再提问时，他们又会忘得一干二净。

智力残疾儿童大多数采用机械识记，记忆组织水平低。智力残疾导致他们对识记的对象缺乏理解性，把握不住材料的本质特征及各部分的相互联系，很难正确地组织识记材料，往往采用很简单的重复方式去记忆。

智力残疾儿童记忆缺乏目的性，有意识记差。智力残疾儿童的记忆材料缺乏明确的目的和任务，他们能够识记自己感兴趣的、印象深刻的内容，而对自己不感兴趣的学习内容很难完成识记任务。

### 3. 语言

语言障碍是智力残疾儿童最常见的问题。与普通儿童相比，智力残疾儿童语言发展较晚，且语言发展的速度缓慢。

在语言理解方面，智力残疾儿童的词汇发展明显滞后，在词的语义提取中不善利用相关线索，常表现出词义泛化的现象。此外，智力残疾儿童在句子理解上有显著的障碍，明显落后于同龄的普通儿童。

在语言表达方面，智力残疾儿童语音发展过程比较缓慢，但发展的顺序与普通儿童基本一致；普遍存在构音障碍，具体的表现有很大的个体差异；部分存在声音障碍，如嗓音沙哑、口齿不清等。智力残疾儿童的语言连贯性差，对言语缺乏有序地组织和表达，言语表达中经常停顿和重复；表达的句子通常结构简单，句子成分残缺，随意添加句子成分，或语序混乱等。在语用能力发展上，智力残疾儿童经常表现出对语境理解不当而造成会话失败、话语离题、语词重复等现象；在陌生环境中经常表现出明显的交往障碍，难以主动回应或者保持谈话主题，往往不能使用有意义的话语传达信息。

### 4. 思维

思维是人脑对客观事物间接的、概括的反映，是人类高级的心理机能。丰富的生活经验、良好的表象及语言能力是儿童思维活动的保障。然而，智力方面的缺陷使智力残疾儿童生活经验非常有限，事物表象匮乏及语言发展迟缓，进而影响了思维的发展。

智力残疾儿童的思维普遍表现出以具体形象思维为主，不善于运用概念、判断、推理等来论证客观事物及事物之间的关系，缺乏分析、综合、抽象的概括能力。这些特点使得智力残疾儿童在学习过程中难以掌握规则和一般概念，他们或许可能机械性地记住一些原理和规则，但没有真正理解其含义，更难以真正地运用。

### （三）智力残疾儿童的情绪与行为特征

相较于普通儿童而言，智力残疾儿童更容易出现情绪和行为问题，进而直接影响他们的融合与社会适应，并且对智力残疾儿童自身的身心健康也有不利影响。

智力残疾儿童的情绪与行为发展特点主要表现为：情绪与行为发展水平低，情感体验趋于幼稚；情绪控制能力差，情绪反应容易过度；情绪与行为反应直接，表达方式单一[①]。

智力残疾儿童常见的情绪与行为问题主要有：抑郁、恐惧、易怒、行为幼稚、多动和冲动、攻击行为、强迫行为，以及怪异行为等[②]。

### （四）智力残疾儿童的社会适应特征

智力残疾儿童的核心特征之一是社会适应能力障碍。与普通儿童相比，智力残疾

---

① 刘春玲. 智力障碍儿童的发展与教育[M]. 北京：北京大学出版社，2011：95-96.
② 刘春玲. 智力障碍儿童的发展与教育[M]. 北京：北京大学出版社，2011：96-97.

儿童的社会适应能力特征主要表现为：社会适应能力较低[①]；社会适应能力与年龄的增长成正比[②]；社会适应能力发展不均衡，相比较而言，社会能力发展较好，独立生活技能其次，认知技能发展最差[③]；由于智力残疾成因复杂，障碍程度不同，所以智力残疾儿童的社会适应能力有较大的个体间差异[④]。

### 巩固与思考 ·····▶

1.【填空】鉴定儿童是否有智力残疾的两个主要评估领域是_____。

2.【单选】以下属于适应行为评定量表的是_____。

A. 瑞文测验          B. 文兰社会成熟量表

C. 韦克斯勒智力量表      D. 斯坦福—比纳智力量表

3.【多选】下列选项中哪些属于染色体异常导致的疾病？_____

A. 唐氏综合征         B. 特纳综合征

C. 苯丙酮尿症         D. 猫叫综合征

4.【多选】以下哪些选项不属于智力残疾儿童的筛查测验？_____

A. 丹佛发育筛查测验      B. 瑞文测验

C. 韦克斯勒智力量表      D. 画人测验

E. 文兰社会成熟量表      F. 比纳—西蒙智力量表

5.【简答】请简述智力残疾的定义。

6.【简答】请简述按照支持程度分类的智力残疾类型。

7.【论述】请描述智力残疾儿童的认知特征。

# ▶任务二
# 智力残疾儿童的教育

### 问题情境 ·····▶

假如你是一名培智学校教师，你将如何为智力残疾儿童提供早期干预服务？你将如何为智力残疾儿童设计课程？你会运用哪些教学方法为他们授课？你如何为一名智力残疾儿童设计个别化教育计划？

---

① 韦小满. 智力落后儿童适应行为发展的研究[J]. 北京师范大学学报(社会科学版)，1997(1)：37-43.

② 姚树桥，龚耀先，刘少文. 96名精神发育迟滞儿童的儿童适应行为评定量表试测报告[J]. 中国心理卫生杂志，1993(5)：212-214，239.

③ 张福娟. 智力落后儿童适应行为发展特点的研究[J]. 心理科学，2002(2)：170-172，253-254.

④ 韦小满. 智力落后儿童适应行为发展的研究[J]. 北京师范大学学报(社会科学版)，1997(1)：37-43.

## 一、智力残疾儿童的早期干预

早期干预是对学龄前有发展迟缓或有发展迟缓风险的儿童及其家庭提供服务、教育与支持的过程。早期干预的目的在于增进家长照顾智力残疾儿童的知识和技能，促进智力残疾儿童身体、认知、沟通、社会或情感，以及适应等方面的发展，减轻障碍或迟缓的影响，减少社会依赖，同时，减少智力残疾儿童就学后对特殊教育与相关服务的需求，降低教育成本。

### （一）早期干预的作用与原则

#### 1. 智力残疾儿童早期干预的作用

对智力残疾儿童进行早期干预的作用有：减缓发展迟缓状况，促进儿童在各发展领域上的进步，包括生理、认知、语言、社会适应及生活自理等方面，最大限度地独立生活；预防并降低衍生的障碍；降低教育成本，减轻社会负担，尽量降低学龄阶段对特殊教育的需求；提高家庭的能力，以满足智力残疾儿童的需要。

#### 2. 早期干预的原则

**(1)生活化原则**

早期干预鼓励智力残疾儿童通过与家庭成员在日常生活中的互动获取相关技能。幼儿学习的最佳途径是通过日常生活来学习，在日常生活中，他们可以学习进食、游戏、运动、沟通等多种技能。日常生活为训练提供了很多机会，这种训练的效果远比传统的训练方法更具优势。智力残疾儿童在此过程中获得的技能无须迁移便可直接使用。

**(2)个别化原则**

早期干预提供的支持与服务应当针对每个智力残疾儿童及其家庭的个别化需求，应当与家庭的优势和面临的问题相匹配，不同的家庭之间应有所区别。智力残疾儿童接受服务的场所、服务的频次、服务或支持的类型也并非完全取决于其年龄及障碍状况。要充分、全面地考虑影响智力残疾儿童发展的多方面因素：邻居、同伴、社区、机构、学校等，这些都可能成为提升智力残疾儿童家庭生活的直接或间接因素。早期干预的实施可以在家中，可以在特殊教育与康复机构中，也可以在幼儿园中，还可以是多种形式的综合利用。早期干预的宗旨是向智力残疾儿童提供最适当的干预，服务与支持可以根据需要进行适当的调整。

**(3)合作原则**

早期干预是通过团队合作完成的，这个团队包括家庭成员、照料者，以及各种服务提供人员，大家分享经验、共同合作以帮助智力残疾儿童学习和成长。团队合作能够保证对智力残疾儿童的发展做出更加准确的评估，更为重要的是，不同的人员从多个角度全面分析智力残疾儿童的情况，分析教育训练环境，寻找最佳训练途径，整合有利的资源，制订适当的干预计划，并协作实施。

### （二）早期干预的形式

智力残疾儿童的早期干预形式主要有三种：以家庭为中心、以机构为中心和融合教育。具体内容如表 3-2 所示。

表 3-2　智力残疾儿童早期干预的形式

| 早期干预的形式 | 实施方式 | 优点 |
| --- | --- | --- |
| 以家庭为中心 | 在智力残疾儿童的家庭中开展干预活动，家长可以直接参与干预方案的设计与实施 | 家庭成员可以及时了解智力残疾儿童的发展情况并学习相关干预技能；家庭可节省时间和资金，无须特殊场地 |
| 以机构为中心 | 在康复训练机构或特殊幼儿园开展干预活动，由机构提供相关支持与服务 | 机构的设施更加齐全，干预人员更为专业，家长可以正常工作 |
| 融合教育 | 在普通儿童班级中组织干预活动，教师或相关专业人员在必要时候给予个别化的支持服务 | 智力残疾儿童有机会与普通儿童接触，有利于特殊儿童将来在学龄期融入普通学校 |

✈ |想一想|

上述三种早期干预形式各有什么局限性？
如何决定智力残疾儿童的早期干预形式？

### （三）早期干预的实施

#### 1. 确定干预对象和干预人员

早期干预的服务对象是学龄前智力残疾儿童、发育迟缓儿童，以及可能发生智力残疾的高危儿童。

某些智力残疾儿童因其典型的病因或症状可以在早期确诊，如唐氏综合征、苯丙酮尿症、脆性 X（染色体）综合征等。发展迟缓儿童是指儿童在动作、感觉、认知、沟通、生活自理、人际关系、概念理解等任一发展领域明显落后。发展迟缓的认定标准不一，一般而言，与同龄儿童相比较，相差 25％可被认定为发展迟缓。可能发生智力残疾的高危儿童在医学上被称为发育易感儿。

📖 |资源推荐|

图书推荐：茅于燕．儿童智力全接触：智力、智力测验、智力障碍和早期干预[M]．北京：中国社会科学出版社，2002.

早期干预人员是一个由多学科、跨专业相关人员组成的团队(见表 3-3)，他们从不同角度全面评估智力残疾儿童及其家庭的需求，制订早期干预计划。

表 3-3　智力残疾儿童早期干预团队的人员组成

| 组成人员 | 具体职表 |
| --- | --- |
| 家长 | 家长是最了解自己孩子的人，也是早期干预最主要的力量。家长需要在评估、制订干预计划和实施干预计划的环节中积极参与 |
| 医生 | 医生主要通过问诊、检查、评估等方式对儿童的各项发展功能予以专业诊断，以协助发现和治疗儿童发育过程中表现出的问题 |
| 特殊教育教师 | 特殊教育教师主要根据儿童的具体情况、结合儿童身心发展规律和相关教育知识，为儿童制订和实施教育干预计划 |
| 心理治疗师 | 心理治疗师运用心理学相关知识和心理测评工具来评估儿童的认知、情绪、注意力、思维等方面的发展，据此为儿童提供相应的咨询和心理治疗 |
| 言语治疗师 | 言语治疗师主要评估儿童的构音、表达、沟通、理解等方面的能力，为儿童提供言语治疗 |
| 物理治疗师 | 物理治疗师主要负责在儿童骨骼肌肉、心肺系统、动作控制等方面进行评估，并提出相应的干预建议 |
| 作业治疗师 | 作业治疗师主要负责儿童感觉统合、精细动作、自理能力等方面的评估，并且在儿童居家环境、辅具等方面提供建议 |
| 社会工作者 | 社会工作者的责任在于帮助儿童及其家庭增强处理日常生活问题的能力，协助他们改善不利的社会境遇，维护他们接受服务的权利等 |

**2. 确定干预目标和内容**

智力残疾儿童早期干预主要涉及动作、语言与交往、认知和生活自理领域。在实施每项干预训练之前，要明确干预的领域及干预目标。干预目标要根据智力残疾儿童现有的能力来制定，并且进行分解，确保训练难度适合智力残疾儿童的发展情况。

**3. 确定干预方法**

智力残疾儿童的早期干预方法主要有示范和游戏。

示范以具体活动为范例，使智力残疾儿童了解行为或技能的方法与要领，为智力残疾儿童提供适当的模仿对象。示范在早期干预中具有重要地位。示范应注意：第一，要有明确的目的；第二，要引导智力残疾儿童观察示范；第三，要与讲解和讨论相结合。

游戏是最适合学龄前儿童的一种活动形式。与同龄的普通儿童相比较，智力残疾儿童游戏的技能比较少，发展也较为缓慢。因此，在组织游戏活动时，教师及家长需要运用适当的策略。首先，教师和家长应依据智力残疾儿童的水平和需求确定游戏的内容、玩法和规则，游戏的规则要易于遵守。其次，要对智力残疾儿童进行必要的游戏技能的教授，预先向他们说明游戏的名称和规则，必要时要做示范，提供多次练习机会。最后，现场指导在智力残疾儿童游戏开展中十分重要，决定着智力残疾儿童游戏的开展。教师或家长要及时介入和引导，提供必要的提示、有针对性的指导，并给予积极的鼓励，同时，也可以适当引导普通儿童与智力残疾儿童共同游戏，使智力残疾儿童体验游戏活动带来的喜悦。

## 二、智力残疾儿童的课程

### （一）课程组织形式

当前针对智力残疾儿童的课程组织形式主要有学科性课程、发展性课程、功能性课程、生活经验性课程和生态课程。

#### 1. 学科性课程

学科性课程是指采用分科的形式来组织教学内容，即分开教授各门学科。在确定课程目标、课程内容、教学实施的过程中考虑智力残疾儿童的学习基础，以此来简化知识、减少内容。这种课程组织形式可以保证学科知识的结构完整，易于呈现知识间的内在逻辑关系，有利于智力残疾儿童获得系统的学科知识。但是，学科性课程的知识逻辑往往与智力残疾儿童的认知发展不匹配，智力残疾儿童难以完全理解和掌握知识，而且也难以将所学知识迁移到日常生活中。

#### 2. 发展性课程

发展性课程主要是从智力残疾儿童认知的发展线索来考虑课程的构建，所以课程目标的执行主要依据智力残疾儿童现有基础能力测验的结果而定，而具体的教学目标、课程内容和教学组织序列着重参考智力残疾儿童发展的测验项目。发展性课程的优势在于课程设置、目标制定和内容选择充分考虑了智力残疾儿童的认知发展序列，同时能够照顾到每一个智力残疾儿童的认知发展阶段和教育需求。但是，该课程组织形式难以兼顾学科的结构体系和不同智力残疾儿童学习学科知识的经验和序列，因此，教师组织教学相对困难，智力残疾儿童也很难进行较为深入的探究性学习。

#### 3. 功能性课程

功能性课程主张教导智力残疾儿童在实际生活中重要而必备的活动与技能，使其能够参与多样化的社会生活。功能性课程目标与内容是由智力残疾儿童目前及未来生活环境和行为表现分析而来的，因此功能性课程的基本要素是：功能性的活动与技能、自然情景、符合生理年龄。功能性课程主张使用真实的材料、在社区自然情景中教学，并重视活动的结果。功能性课程的优势在于：其一，功能性课程不是教给智力残疾儿童孤立的、系统的知识或技能，而是教授具体生活领域中的特定知识和技能，便于智力残疾儿童掌握特定生活领域中通常使用的应对策略，帮助他们适应社会生活；其二，功能性课程主张在教学中使用真实的教学场景和真实的教学材料，便于智力残疾儿童理解和掌握所学知识与技能。但是，功能性课程无法兼顾学科教育的逻辑顺序，这种零散的知识无法帮助智力残疾儿童构建继续学习的知识网络，不利于儿童深入学习。而且，教师必须将各领域的知识进行整合后设计教育项目，这对一般教师而言有较大困难。

### 4. 生活经验性课程

生活经验性课程特别强调在教育过程中对智力残疾儿童已有经验的利用。该课程是以智力残疾儿童已经获得的生活、认知等经验为核心，将各种知识整合进智力残疾儿童的学习单元，并据此组织教育活动。这种课程的表现形式通常是以一个科目、一个领域或一个重要问题为课程的核心，如以生活教育为核心，其他科目与核心联系。生活经验性课程的优势在于教学内容与形式能够较好地与智力残疾儿童的现实生活联系，有利于在教学中调动智力残疾儿童的积极性，激发智力残疾儿童的学习兴趣，帮助智力残疾儿童将知识及时转化为技能，固化所学知识。与发展性和功能性课程一样，生活经验性课程也难以提供系统的学科知识，加之每个智力残疾儿童的生活经验不完全相同，因而在集体教学中组织教材内容、确定教学序列也比较困难。

### 5. 生态课程

生态课程是指将智力残疾儿童置于常态的社会生活环境中，依其能力水平及生活现状，以适应未来生活环境为导向，通过对智力残疾儿童能力与环境要求、现实环境与理想环境的分析评估，制定具体的教育目标，提供适合其教育需求的个别化教育课程。生态课程的优势在于：第一，该课程是为具体儿童而设，因此课程的内容和教学形式的针对性非常强，而且家长也可以参与课程的设计和实施；第二，因为课程内容是从智力残疾儿童的生活环境中分析而来的，教育目标与儿童的生活环境紧密联系，所以，在生态课程中，智力残疾儿童所学的实际上是一套套完整的生活环境应对策略，这对不善于整合的智力残疾儿童运用相关策略应对生活问题非常有价值；第三，课程主要在智力残疾儿童生活的具体场景中进行，儿童容易理解和运用。这种课程的局限性在于：首先，学科知识教学的逻辑顺序难以得到保障；其次，课程是建立在某一具体的生活环境之上的，一旦智力残疾儿童的生活环境发生了较大变化，他们便比较难适应新的环境；最后，准确评估智力残疾儿童的生活环境和所需知识要求较高，一般教师难以胜任。

### （二）课程设置

1987 年，我国第一次为智力残疾儿童设计的课程包括常识、语文、数学、音乐、美工、体育、劳动技能七门课程。这些课程是对普通小学课程的修订，因此与当时普通小学的课程大致相同，只是培智学校不设外语课，而增设了劳动技能课。

2007 年颁布的《培智学校义务教育课程设置实验方案》重新修改了培智学校的课程设置。方案规定应在培智学校开设：生活语文、生活数学、生活适应、劳动技能、唱游与律动、绘画与手工、运动与保健等一般性课程，以及信息技术、康复训练、第二语言、艺术休闲、校本课程等选择性课程。一般性课程体现对学生素质的最基本要求，着眼于学生适应生活、适应社会的基本需求，占课程比例的70％～80％；选择性课程着眼于学生个别化发展需要，注重学生潜能开发、缺陷补偿(身心康复)，强调给学生提供高质量的相关服务，体现学生发展差异的弹性要求，占课程比例的30％～20％。[①]

2016年，教育部出台了《培智学校义务教育课程标准(2016年版)》，规定培智学校课程包括生活语文、生活数学、生活适应、劳动技能、唱游与律动、绘画与手工、运动与保健、信息技术、康复训练和艺术休闲课程。

## 三、智力残疾儿童的教学

### （一）教学设计

在教学设计阶段，教师需要思考如下问题。

**1. 教谁**

教学设计，要确定学习主体，即教师准备教谁。为此教师需重点分析：学习者的学习需要、学习能力和学习准备。特别强调的是，分析教育对象时既要分析其缺乏的知识和能力，也要分析其具备的知识和能力。因为只有找到实施教学的基础，才能把握教育的起点，提供科学的教育训练。

**2. 教什么**

教学设计，要确定学习内容，即阐明教学目标。为此教师需重点分析教育对象的培养目标是什么，教育对象的教育需要是什么，实现培养目标学生应获得哪些知识和技能，教学活动将实现哪些具体目标等。

**3. 为什么教**

教学设计，要分析讲授内容的理论依据。为此教师要思考自己准备教授的内容是不是学生参与社会生活不可缺的知识或技能。必须学习的内容一定要教；可学可不学的内容，应仔细考虑教育的成本与价值。

**4. 怎么教**

教学设计，要阐明教学策略。为此教师应重点分析各种教育资源和教育准备，具体包括人(学生、教师)，媒介(符号、物、媒体)，环境(功能教室/普通教室、室内/室外、校内/社区、模拟环境/真实环境)。

**5. 效果如何**

教学设计，最后要阐明教学的评价方法。为此教师要重点分析评价内容和评价方式。总体教学目标的评价属后期工作，却是教学设计的重点。因为教学评价设计的恰当程度，将直接反映教学设计的科学性和有效性。

---

① 教育部基础教育司. 培智学校课程设置实验方案[S]. 2007.

### （二）教学方法

针对智力残疾儿童的常用教学方法有任务分析法、模仿法、情景教学法、伙伴帮助法、个别指导法、游戏教学法等。

#### 1. 任务分析法

任务分析法，也叫工作分析法，是对特定的、复杂的学习行为和技能进行分析、评定的一种方法。[①] 智力残疾儿童的观察力、理解力和记忆力相对比较差，在学习比较复杂的操作性技能时不能对操作步骤进行有效的观察、分析和记忆，而最终存在操作困难。教师可以把相对复杂的技能进行分解，即将复杂技能分解成若干个容易观察、容易模仿的细小操作步骤，最后将每一个细小步骤连贯成一个完整的操作技能。

#### 2. 模仿法

模仿法就是通过让学生模仿教师的语言或动作，调整学生的行为，使之协调，从而促进学生发展的方法。[②] 智力残疾儿童在独立思维和创造力上有比较大的障碍，但是他们的模仿能力比较强，因此模仿法在智力残疾儿童的教育教学中具有很高的应用价值。通过教师不断示范、讲解，智力残疾儿童不断地模仿操作，逐渐掌握行为要领，最终形成技能。

#### 3. 情景教学法

情景教学法是指教师依据教学内容在课堂上设置教育场景，并将学生置于该场景之中，通过组织学生完成情景中的具体任务来帮助学生掌握知识和技能的一种教学方法。针对智力残疾儿童的情景教学法有两种基本形式：一是在现实场景中学习，即在学校内设置专门的生活情景，教师借助该情景进行教学；二是教师利用教学内容设计一些临时性教学情景，组织智力残疾儿童在临时情景中扮演角色以体会学习的内容。

#### 4. 伙伴帮助法

伙伴帮助法是指依靠集体内伙伴互相帮助以达到教学目的的方法。[③] 在培智学校课堂上教师也可以利用智力残疾儿童的差异，大胆使用伙伴辅助的形式开展教学活动。如果教师在教学中能够合理使用伙伴教学资源，将不同能力水平的儿童组成学习互助小组，发挥伙伴的学习优势，不仅能够使伙伴双方达到情感上的互通，而且能够使伙伴双方获得学习上的共同进步。该教学法符合智力残疾儿童教育中个别化教学原则。

#### 5. 个别指导法

个别指导法是指教师在教学活动中照顾学生的个别差异，对不同学生提出不同的要求，给予不同的指导，使每个学生都得到最佳发展的方法。[④] 在培智学校因学生的个

---

① 赵树铎. 特殊教育课程与教学法[M]. 北京：华夏出版社，1994：153.
② 赵树铎. 特殊教育课程与教学法[M]. 北京：华夏出版社，1994：154.
③ 赵树铎. 特殊教育课程与教学法[M]. 北京：华夏出版社，1994：156.
④ 赵树铎. 特殊教育课程与教学法[M]. 北京：华夏出版社，1994：157.

体间差异很大，教师要在课堂上对有特殊需要的学生提供专门的指导，以帮助学习或身心有严重障碍的学生跟上集体教学的步伐。值得注意的是，在使用该方法时，一定要有科学的评估和严密的计划，而且在课堂教学的指导中要努力处理好集体教学与个别指导的关系。

### 6. 游戏教学法

游戏教学法是指利用游戏向智力残疾儿童传授知识、培训技能、矫正缺陷的一种教学方法。[①] 运用游戏的方法，既不会让智力残疾儿童感到枯燥，又能调动他们学习的积极性。特别值得注意的是，该方法不适用于知识类的新授课，大多运用于复习课中。另外，游戏只是一种教学手段，切忌将游戏当作教学目标，而忽略了学生通过游戏活动应该掌握的知识或技能。

### （三）教学评价

针对智力残疾儿童的课程评价与普通儿童不同，其评价不是以甄别、选拔为目的，而是以了解智力残疾儿童的教育需求、促进儿童能力发展、促进教师专业化、促进课程建设等为目标。

### 1. 学业成就评价方法

学业成就评价主要用于评价智力残疾儿童的知识水平。评价不应仅仅局限于纸笔测试，还应尽量灵活采用纸笔测试法、口试法等，也可采用日常观察法。例如，香港针对障碍儿童的学业成就评价提出了 9 种具体的评价方法：作业、专题设计、课堂小测验、学习表现的观察、口试、讨论、学习记录检查、功课样本匣、评估课业。针对智力残疾儿童的语文学业评价则可以采用观察、口头回答、表演、演讲、纸笔测验、作业、合作完成任务及实际操作等方法。

### 2. 技能评价与社会适应性评价方法

技能评价是对智力残疾儿童在社会行为中所表现出的技能运用结果的评价，技能评价应与社会适应性评价结合使用，可采用日常观察、实际操作、家长评价、教师评价、成长记录等方法。评价应注重质性评价与量化评价的结合、形成性评价与终结性评价的结合、教师评价与家长反馈的结合、知识评价与技能评价的结合等。

## 四、智力残疾儿童个别化教育计划的制订

个别化教育计划(Individualized Education Program，IEP)被认为是落实个别化教育，确保残疾儿童教育质量的重要保障。IEP 是由施测人员(及其他按规定应该参加的人员)在对 3～21 岁的残疾者进行评估的基础上制订的书面文件，并且要求考虑残疾者发展的结果。IEP 保证残疾者将从特殊教育中获益，而且真正享有平等的教育机会，

---

① 肖非、刘全礼. 智力落后教育的理论与实践[M]. 北京：华夏出版社，1992：212.

使他们做到生活独立，经济自主，并能充分参与社会生活①。IEP 的制订主要分为三个阶段：准备阶段、拟订 IEP 初稿和召开 IEP 会议。

### （一）准备阶段

#### 1. 收集基本资料

全面地收集智力残疾儿童的资料是制订 IEP 的第一步。智力残疾儿童的基本资料主要是由家人，教师，同伴，专业人员(如语言治疗师、物理治疗师、心理咨询师、医生、志愿者)等提供信息，涉及的内容有：①智力残疾儿童的人口学资料，包括性别、年龄、入学时间、残疾类别、残疾程度、联系方式等；②家庭情况，包括智力残疾儿童的家庭成员、主要照料者、家庭教养方式、家庭收入、家长的发展期望等；③生长史，智力残疾儿童发展过程中一些重要的成长记录，如母亲妊娠期、生产过程；有关智力残疾儿童语言、认知、行为、社交等方面的发展；④医疗史，对智力残疾儿童有影响的疾病史或用药，如过敏情况、致残原因、用药情况等；⑤教育史，简单介绍智力残疾儿童过去接受的教育状况。

#### 2. 教育评估

IEP 应该建立在准确无歧视的教育评估的基础之上。评估过程中要求能全面考虑智力残疾儿童各方面的能力，包括感知觉、认知、沟通、行动、情绪情感、社会交往、生活自理、学业发展等，以获得详尽的资料。这样才能指导后面的决策过程，并能将其转化为课程与教学活动设计，提高教学的有效性和科学性。

#### 3. 分析优势和弱势

根据评估结果，综合智力残疾儿童各项能力，分析其发展的优势和弱势。优势和弱势分析的意义在于关注智力残疾儿童不足的同时，发掘并善用智力残疾儿童优势来引导与提升其弱势能力。在分析优势、弱势时，除要进行个体间的比较，发现智力残疾儿童与普通儿童的发展差距，还要进行个体内的比较，分析个体内各项能力的发展差异。

#### 4. 分析智力残疾儿童的需求

根据智力残疾儿童的优势与劣势，结合智力残疾儿童在当前年龄阶段应该达到的目标来确定智力残疾儿童的教育需求。例如，要考虑智力残疾儿童是否需要言语/语言治疗、心理治疗、物理治疗、作业治疗等。针对智力残疾儿童可能出现的行为问题(如攻击性行为、注意力不集中等)，IEP 在对智力残疾儿童的行为进行功能性评估的基础上，必须能针对问题提供干预计划，帮助智力残疾儿童建立良好的行为表现。即使这些问题没有严重到构成可鉴定的行为障碍，在 IEP 中也要具有行为计划。

### （二）拟订 IEP 初稿

IEP 的初稿主要包括智力残疾儿童目前的教育基础，为智力残疾儿童提供的个别

---

① ［美］特恩布尔，等．今日学校中的特殊教育(上册)［M］.3 版．方俊明，译．上海：华东师范大学出版社，2004：78.

化教育建议，长、短期教育目标，以及结果评价形式与内容。

### 1. 智力残疾儿童目前的教育基础

依据评估结果描述智力残疾儿童的教育基础，包括智力残疾儿童现有身心发展基础和学业水平、智力残疾儿童障碍领域与障碍程度、智力残疾儿童的学习优势及能力等。

### 2. 个别化教育建议

在评估基础上提出教育建议，包括智力残疾儿童的教育起点、教育训练领域、教育训练内容、教育训练序列，以及教育训练方法和教育训练注意事项等。

### 3. 长、短期教育目标

在前期详细评估的基础上，确定智力残疾儿童长期或短期教育目标。长期教育目标也可作为年度教育目标，包括在学年结束时智力残疾儿童应达到的教育目标，以及其他教育康复训练目标等。短期教育目标，指在实现长期目标过程中智力残疾儿童必须达到的各阶段的教育目标。

### 4. 结果评价形式与内容

IEP 评价方式主要采用形成性评价及终结性评价两种形式。形成性评价可用于了解每次教学的情况，帮助掌握教学的方向和质量；终结性评价可用于评定智力残疾儿童的阶段效果。形成性评价可使教育者及时了解教学中教育对象的进步状况，为教师调整教学、修正教材、调整教学方法等提供依据，而终结性评价主要是检查教育对象是否达到预期目标。

### （三）召开 IEP 会议

在拟订 IEP 的初稿后，需要召开 IEP 会议整合小组成员的意见，最后制订完整的IEP。IEP 的制订、实施和评估都需要集体的努力，IEP 应该反映小组成员对计划实施和评估所负有的共同责任。整个 IEP 会议的召开流程可分为会议前的准备、正式开会和会议后三个阶段。

### 1. 会议前的准备

①IEP 小组成员需要对智力残疾儿童进行较为完整的评估，收集智力残疾儿童的基本资料。

②征询各成员可以来开会的时间(特别是要配合家长的时间)，通过电话、短信、电子邮件、书面通知等形式将会议的时间和地点告知团队成员。

③制定会议流程、讨论的内容、议题及各成员职责。

④事先调查家庭对智力残疾儿童发展的期望、家人来开会的交通问题及是否需要沟通上的协助等。

⑤布置会议场地。

### 2. 正式开会

IEP 会议召开时主要由参会人员针对讨论的问题各抒己见，表达自己的看法。

①会议主持人介绍参会人员，说明会议的目的、议程及注意事项，确定记录人员。

②由熟悉智力残疾儿童发展情况的教师陈述智力残疾儿童的基本资料。

③由专业人员或进行评估的人员解释智力残疾儿童的评估结果。

④全体参会人员进行综合讨论，讨论的内容涉及智力残疾儿童的发展现状(优势和弱势)、家长的期望、能提供给智力残疾儿童的教育服务及相关服务、年度目标和短期目标、课程计划、IEP 的实施期限、评鉴标准及日期等。

⑤讨论结束后，主持人进行总结。

⑥所有与会人员在记录单上签名。

**3. 会议后**

IEP 会议结束后，要做好会议追踪。针对没有参加 IEP 会议的人员，以电话、电子邮件、书面信函等形式告知会议达成的结果。根据会议讨论内容最终确定 IEP，相关人员过目并签名。

### 巩固与思考 ⋯⋯▶

1.【填空】智力残疾儿童早期干预的三种基本形式是_____。

2.【填空】早期干预的服务对象是_____。

3.【多选】针对智力残疾儿童的课程组织形式主要有_____。

A. 学科性课程      B. 发展性课程

C. 功能性课程      D. 生态课程

4.【简答】请简述智力残疾儿童早期干预的原则。

5.【简答】请简述针对智力残疾儿童的常用教学方法。

6.【简答】请简述 IEP 的主要内容。

## ▶任务三
## 融合教育背景下智力残疾儿童的支持与服务

### 问题情境 ⋯⋯▶

融合教育正在成为智力残疾儿童接受学校教育的主流形式。当进入普通学校班级后，智力残疾儿童能跟上班级的课程教学进度吗？他们需要哪些形式的支持？当他们走出学校后，将如何就业？带着这些智力残疾儿童在融合之路上可能遇到的挑战，任务三重点讨论融合学校的课程调整、教学调整、学校支持与合作，以及智力残疾人士的支持性就业。

## 一、课程调整

### （一）课程调整的类型

随着智力残疾儿童进入普通课堂，如何为他们提供高质量的教育成为一个亟待解决的问题。高质量的融合教育最终要解决的是如何提供高质量的课程与教学的问题。随之而来的讨论是：如何调整普通班级课程来适应智力残疾儿童的学习需要？一般来说，课程调整应根据儿童的残疾程度和需求的差异而不同，针对残疾程度严重、特殊教育需求大的儿童，课程调整的程度也比较大。

**1. 完全相同的普通教育课程**

完全相同的普通教育课程的突出特点是不对课程进行任何调整和改动，对智力残疾儿童的教学目标和要求与普通儿童完全一样。但这类课程只适合于轻度智力残疾儿童，对于中、重度的智力残疾儿童则不适用。

**2. 补充课程**

补充课程是指对原有的普通课程内容进行强化或扩展，主要包含对智力残疾儿童的强项进行拓展，以及对其弱项进行补充和强化。例如，对于智力残疾儿童而言，首先要具备一定的生活自理能力和沟通交往技巧，才能更有效地参与课堂活动。因此，除了普通课程之外，还应该增加生活自理和社会交往类的额外课程，以保证智力残疾儿童能够顺利地、有意义地参与普通课程学习。

**3. 层次性课程**

层次性课程是根据智力残疾儿童的能力和学习需要来确定课程的内容与形式，为儿童提供弹性化的课程内容及课堂教学。[①]

第一，课程内容和学习目标相同，但是要求掌握的水平不同[②]。这种情况下，教师可以为智力残疾儿童设计不同的作业和评估方式。例如，在语文课堂上学习生字时，教师可以要求普通儿童认识生字并且组词和造句，而对于智力残疾儿童来说，能够认识并学会读音即可。

第二，课程主题相同，但是课程目标和学习内容不同。例如，在数学课堂上，教师教授应用题：小华有 2 瓶矿泉水，小明又送给了小华 2 瓶，请问小华一共有几瓶矿泉水？针对智力残疾儿童，教师可以采用情景教学法，给儿童矿泉水，教他们认识并学会读音，然后再让他们数一数矿泉水的瓶数。

**4. 替代性课程**

替代性课程是指智力残疾儿童的课程主题、课程目标，以及内容与普通儿童完全

---

① 邓猛，景时. 特殊教育最佳实践方式及教学有效性的思考[J]. 中国特殊教育，2012(9)：3-8.

② King-Sears，M. E.. Best academic practices for inclusive classroom[J]. *Focus on Exceptional Children*，2007，29 (7)：1-24.

不同。对于重度智力残疾儿童而言，如果其他课程调整方式都无效时，可以采用这种调整方式。例如，英语课堂上普通儿童学习单词和对话，智力残疾儿童则可以学习相应的中文内容并练习相关生活自理能力。这种方式可能会把一些学科知识内容替换为适合智力残疾儿童学习的功能性课程，目的是帮助他们有效地参与普通课堂的学习并获得一定程度的发展。

### （二）课程调整的原则

课程调整的核心理念是通过调整课程来满足不同儿童的学习需求，让他们能够真正融入普通学校的课堂。需要注意的是，并不是所有智力残疾儿童的课程都需要调整，也不是对所有的课程都采取相同程度的调整。在选择调整策略时，要做到从儿童需求的角度出发，并关注不同环境、不同阶段中儿童学习需求的变化。

#### 1. 考虑儿童的年龄

处于不同年龄段的儿童有不同的教育需求，教师在进行课程调整时需要充分考虑儿童在特定年龄段应该具备的基本知识和技能。例如，幼儿园教师应该注重智力残疾儿童生活自理能力的培养；在义务教育阶段，教师应注重智力残疾儿童基础知识的学习和社会交往能力的培养；在中等和高等教育阶段，教师则应注重智力残疾儿童职业技能的学习等。

#### 2. 考虑儿童的现有能力

教师在调整课程之前，要对智力残疾儿童进行能力评估，以了解儿童的教育需求并设计相应的课程内容。教师在为儿童进行评估时应注意以下几点。第一，收集信息要全面。除了评估儿童在学校的表现外，还要注意收集儿童的家庭信息，以及儿童在家庭中的表现。第二，以发展的眼光看待儿童，注意对其进行动态评估。儿童的能力是不断变化的，会受到所处环境和前期知识的影响，因此教师的教学调整不应是一成不变的，而应根据儿童的发展及时调整评估和课程设计。第三，为智力残疾儿童设计的目标和内容要遵循最近发展区原则。为儿童设计带有一定难度但并非无法完成的任务可以充分调动儿童的积极性，发展其潜能。

#### 3. 考虑儿童的兴趣

儿童的兴趣是其学习动力的主要来源，只有为儿童设计符合其学习兴趣的课程内容和形式，才能调动他们的积极性，促进其主动学习。教师在进行评估时要注意了解儿童的喜好和兴趣，以及学习风格等。例如，教师如果了解到儿童喜欢某一个卡通形象，那么在调整课程时，可以将这个元素融入课程设计中。同时，借助这个卡通形象，教师可以采用讲故事、角色扮演、设计游戏等方式来组织教学活动，调动智力残疾儿童的学习积极性。

## 二、教学调整

教育理念和课程目标最终要通过教学内容来落实，同时教学也是连接教师和学生的重要纽带①。在完成课程调整之后，教师接下来要依据调整后的课程来设计课堂教学。教学调整主要涉及教学内容调整、教学方法调整和教学评价调整。

### （一）教学内容调整

对智力残疾儿童的教学内容调整包括教学目标调整、教学材料调整和教学活动调整。

#### 1. 教学目标的调整

教学目标是课程目标的具体化，教学目标的调整直接决定了教学材料、教学活动、教学方法，以及教学评价策略的使用。教师在调整教学目标时要体现出差异性和层次性，确保所有学生都能达到适合自己的目标，获得最优发展。教学目标的差异性和层次性设计要以多元智能理论为指导，确定学生不同的智能优势组合，正确识别普通儿童和智力残疾儿童的最近发展区，以此制定有效的目标。

#### 2. 教学材料的调整

教学材料调整是指根据学生的需要改变教学材料的种类、材质和内容等。教学材料作为教学内容的表现形式应尽量采用学生所偏好的方式来呈现。例如，可以通过改变字的大小或者用不同颜色突出重要信息，来帮助学生接受知识。有研究发现，实物、视听辅助媒体，以及教师自制的教具都有利于增进学生的学习兴趣，并且提高学生的学习效率。

#### 3. 教学活动的调整

教学活动的多样化能够引起学生的学习兴趣和参与积极性，同时，活动教学也有助于整合不同领域的目标，以帮助学生达到学习目标。在设计教学活动时，教师可以加入一些活动性较高的学习任务，如角色扮演、游戏等，采用多样化的学习活动来帮助学生达到既定目标。在调整过程中，教师应注意如何将教学目标有效地整合进教学活动中，同时保证知识的逻辑性和连贯性，避免将不同形式的教学活动流于表面，而未达到有效的教学效果。

### （二）教学方法调整

当智力残疾儿童进入普通课堂后，教师应使用有效的教学方法让智力残疾儿童和普通儿童共同受益。有效的教学调整策略是打破特殊教育和普通教育壁垒的重要途径。

#### 1. 差异教学

差异教学是教师对不同学生的学习需要进行精准评估之后，有目的地设计出来的教学活动。实施差异教学需要教师改变教学的速度、水平或类型以适应学习者的需要、

---

① 刘超. 高中化学课堂中教学内容重要性程度的分布特征及其与教学时间的相关研究[D]. 长春：东北师范大学，2013：2.

学习风格或兴趣①。差异教学从学习内容、过程和成果三个方面为教师提供多元的选择，围绕着最大限度满足学生学习需要的宗旨，以使教学达到最优化②。分层教学是差异教学中常见的一种教学策略。分层教学是指教师根据学生目前掌握的知识、能力水平和发展潜力把学生分成几个水平相近的群体并区别对待，这些群体在教师恰当的分层策略和相互作用中得到最好的发展和提高。分层教学的具体做法是将全体同学按照智力水平、知识掌握程度和兴趣特点等分成三到四个层次，为不同层次的学生制定不同的教学目标。

### 2. 小步子教学

小步子教学是指根据智力残疾儿童身心发展的特点，在必要时把教学内容分解成若干个步骤、若干个小的组成部分或若干个步子，然后按步骤一步一步进行教学的一种方法。小步子教学先将目标教学任务分解成循序渐进的较小单元，接着对智力残疾儿童是否掌握特定的行为、技能或难点加以评价、鉴定，然后针对问题设计教学方法，循序渐进地训练智力残疾儿童完成整个单元的学习任务。小步子教学，不是简单地减少教学内容，而是将一个知识点分解成若干个小点，使每一个小点又紧紧地围绕着知识点，一层一层地进行教学，以便更贴近智力残疾儿童的认知水平③。教师在对智力残疾儿童进行小步子教学时应注意，步子的大小要因人而异，同样的内容分解，对一个儿童是小步子，对另外一个儿童就可能是大步子。具体分解成几个步骤，既要看教学内容的难易，也要看智力残疾儿童的特点。

### 3. 合作教学

合作教学是指课堂上有两位及两位以上教师共同合作上课，或分担教学或主辅结合，相互协作完成课堂教学任务的一种形式④。该教学方法的主要意图是让特殊教育教师或专业人员与普通教师共同承担教育普通班级具有异质的、多样化学习需要学生的责任。合作教学的形式有利于普通教育与特殊教育相互渗透、融合，改变传统的特殊教育模式及普通教育的形式与发展方向⑤。合作教学的四个主要特点是：第一，包括两位或多位教育者；第二，双方专业人员都积极参与学生的教学与指导；第三，教育者是在教导异质群体的学生；第四，合作教学发生在单一教室或物理空间⑥。合作教学的广泛使用改变了传统的教学范式。教学不再是一个单向的传递与给予的过程，

① ［美］荷克丝. 差异教学：帮助每个学生获得成功［M］. 杨希洁，译. 北京：中国轻工业出版社，2004：3-7.

② 姜智，华国栋. "差异教学"实质刍议［J］. 中国教育学刊，2004(4)：52-55.

③ 马达良. 小步子教学一得［J］. 现代特殊教育，2001(5)：31-32.

④ 盛永进. 随班就读合作教学的几种形式［J］. 现代特殊教育，2013(11)：49-51.

⑤ Gately，S. E.，Gately，F. J.. Understanding co-teaching components［J］. *Teaching Exceptional Children*，2001(4)：40-47.

⑥ Cook，L.，Friend，M.. Co-teaching：Guidelines for creating effective practice［J］. *Focus on Exceptional Student*，1995，28(3)：1-16.

而是一个师生平等参与、共同经历、自主探索、思想碰撞的知识生成与发现的过程。

### 4. 结构化教学

结构是指以一种明确组织的样式来安排事情。结构化教学是通过为儿童营造一个具体、清晰的学习环境，利用程序表协助他们建立常规，以视觉为主导让儿童对环境和事物有较好的掌握，减少他们对环境的混淆感，从而减少其行为问题的一种操作思路或方法。结构化教学可以帮助智力残疾儿童理解并适应环境，集中注意力，独立完成工作，并提高管理自己行为和情绪的能力。结构化教学包括教学情景结构化和教法结构化。教学情景结构化是通过对教学情景进行组织和安排来完成教学目标的方式。例如，学校为了在一学期时间内完成教学内容，制订课表、编排进度、定期评量、规划教室空间等。教法结构化可视为一种为学生完成任务提供所需帮助的方法。例如，教师要求学生把一袋糖果分别以 5 个为单位放入袋子中，如果智力残疾儿童缺乏此能力，教师可以提供一个有 5 个小格的容器，智力残疾儿童只要会在每个格子内放 1 颗糖果即可，这种提供结构的方式有效降低了智力残疾儿童完成任务所需的认知复杂度。

### （三）教学评价调整

教学评价作为教学工作的一个基本环节，是指对学生学习效果的评价和教师教学工作过程的评价[1]。教学评价的调整，是对传统教学评价的形式、标准、内容、步调的修改，以符合智力残疾儿童的教育需要。常用的教学评价调整方式有：调整作业的长度，给予额外的教学协助，同伴互助，以辅具协助学习，允许学生以不同方式完成作业等。教师也可以将作业设计成"套餐型"，学生可以根据实际情况选择适合的作业套餐。调整教学评价能满足不同层次，特别是智力残疾儿童的要求，使他们体会到做作业的乐趣。

## 三、学校支持与合作

### （一）融合学校环境支持

尊重每个学生的个别差异是融合教育的核心理念。当智力残疾儿童进入普通班级时，学校应秉持满足其特殊学习需求、为其提供最大潜能发展空间、促进其学业和社会性发展的原则来创造优质的融合学校环境。在为智力残疾儿童创设学校环境时应同时考虑物理环境调整和心理环境营造。

### 1. 物理环境调整

物理环境调整是智力残疾儿童顺利进入普通班级上课的首要条件。[2] 学校应注重为其建立无障碍的教室空间与设施，如空间运用、环境布置及座位安排等。

在教室内外空间运用方面，学校应考虑教室和楼梯等场所的无障碍设计，如楼层

① 刘志军.走向理解的教学评价初探[J].教育理论与实践，2002(5)：45-49.

② O'Hanlon，C.. *Special Education Integration in Europe*[M].London：David Fulton，1993：56.

之间设置坡道，教室出入口均有无障碍通道等。教室内的空间设计和规划也应符合教学活动的需要，可以借助结构化环境设计将教室的空间进行明确的功能分区，如阅读区、游戏区、讨论区等，让智力残疾儿童能够理解任务与环境的关系，更好地融入课堂教学。

在环境布置方面，要充分考虑环境的安全性、舒适性和有序性。教室的门窗高度和宽度、地面和墙面的材料、桌椅的选择、色彩的选择等都应该考虑安全性，以及是否符合智力残疾儿童的需求。教室可以将教具、学习用具、玩具等放在特定的位置，建立清晰的教室秩序。只有当智力残疾儿童处于安全、舒适、有序的环境中才能减少问题行为的发生。

在座位安排方面，教师应注意不要将智力残疾儿童安置在教室的角落位置，也应远离门口及窗户等，尽量降低周围环境对其注意力的干扰。另外，教师也可鼓励普通儿童成为智力残疾儿童助学伙伴，并将智力残疾儿童的座位安排在助学伙伴座位附近。

### 2. 心理环境营造

为智力残疾儿童营造认同与接纳的环境是学校创设融合教育氛围的重中之重。只有让智力残疾儿童获得班级其他儿童的认同，他们之间才能产生互动和友谊，进而使智力残疾儿童对普通学校产生归属感。在这个过程中，教师发挥着不可替代的作用。

教师要对班上的智力残疾儿童秉持积极与接纳的态度，在班级内建立开放包容、互相尊重的友爱氛围。如果教师对智力残疾儿童表现出冷漠和不支持的态度，则会严重影响普通儿童对智力残疾儿童的接纳程度，从而产生排斥和冲突。为了实现融合的双赢局面，教师应该为所有儿童提供参与班级活动的机会，并且巧妙设计活动方案，增加普通儿童和智力残疾儿童之间的互动与合作。

心理氛围的营造也离不开普通同伴的支持。教师应积极引导普通儿童为智力残疾儿童提供支持和帮助。例如，普通儿童可以通过榜样示范、口语提示、身体提示等方式引导智力残疾儿童，使其顺利参与学习和游戏，避免他们在寻求帮助和互动时碰壁。来自同伴的支持能够提升智力残疾儿童在融合环境中的安全感和归属感，不仅智力残疾儿童可以从中获得沟通互动机会和心理支持，普通儿童也可以在其中收获助人为乐的喜悦，以及尊重和包容的品质，从而实现所有儿童共同在融合教育中受益的目标。

### （二）家长与教师的合作

良好的家校合作是智力残疾儿童有效融入普通学校的必要条件，而家校合作的关键在于教师与家长之间的合作。在这个过程中，需要家长和教师共同合作、互相配合，最终使儿童受益。

### 1. 合作方法

在家校合作中，教师应尤其注意与智力残疾儿童家长的合作方法。否则，家长很容易产生逃避心理，从而阻碍合作的顺利开展。

首先，教师应深入了解智力残疾儿童的家庭情况。例如，家庭成员数量、健康状况，家庭成员之间的互动关系(父母和祖辈、父母之间、父母和孩子之间及兄弟姐妹之间等)，家庭在履行功能的过程中是如何呈现效果的(如在经济、日常生活照顾、情感等方面的具体表现)，最后是家庭生活周期的了解(如孩子目前所处的发展阶段，是否需要智力转衔服务来帮助度过家庭危机等)。

其次，教师需要明确家庭的需求和现实困境。一方面，教师需要了解家长对于融合教育的期望，如希望融合教育为智力残疾儿童带来哪些改变；另一方面，教师需要了解家长对于融合教育的担忧，如担心融合教育中普通儿童及其家长会排斥自己的孩子，甚至出现欺凌行为等。此外，教师还需要了解家庭的现实困境，如家长的压力、情绪低落、不能正视孩子的问题、缺乏养育技能等。此时，教师可能需要为其提供一些帮助以缓解压力，必要时还应寻求专业团队的合作。

再次，教师需要与家长一起商讨并执行融合教育方案。在制定融合方案时，家长可以为教师提供智力残疾儿童的成长史及家庭生态和生活作息相关的信息，并帮助教师了解智力残疾儿童在非学校环境中的行为表现和兴趣特长。教师需要向家长介绍学校的融合政策，本班的基本情况，融合拟采取的方案，包括融合的项目、融合的时间、其他专业人员的参与等，让家长充分了解教师和学校已经为智力残疾儿童的融合发展做好了准备，消除家长的顾虑和担忧。在执行融合方案的过程中，家长有权利提出个人意见，同时与教师一起不断监督融合效果和修正教育方案。

最后，教师要保持真诚和尊重的态度。在与家长互动的过程中，要善用倾听和同理心，用家长能够理解的语言进行沟通和交流，避免使用过多的专业术语，多分享智力残疾儿童在学校的好的表现，获取家长的信任。合作的技巧有：接纳、积极聆听、善于提问、鼓励、维持讨论的方向和焦点、与家长发展成合作的伙伴关系。

2. 合作途径

在融合教育中，教师与家长的合作途径很多，可以通过家庭访问实地了解特殊儿童的家庭生态，可以通过家长会了解家长的意见和看法，也可以通过家校联系册及时把握智力残疾儿童在家庭的各项表现，还可以通过网络平台实时与家长分享教育内容和教育经验，解决相关教育难题等。

(1)家庭访问

家庭访问最大的优点是教师和家长可以面对面直接对话，教师也能够真实了解学生在学校外的行为表现，更有利于教师对家庭和学生的全方位了解。在融合教育中，家访的主要工作包括①了解智力残疾儿童家庭情况和智力残疾儿童在家庭中的表现；②了解家长对子女的教养态度和对融合教育的期望；③向家长介绍智力残疾儿童的融合教育方案，并汇报智力残疾儿童在融合班级的各项表现；④与家长共同研究智力残疾儿童的融合教育方案，听取家长的意见和建议；⑤了解家长在教养过程中的困难和问题，积极帮助家长解决问题。家访时教师应注意：第一，次数不必过于频繁，可以在学期开始前或学期结束时进行一次家访。也可以在智力残疾儿童发展遇到瓶颈的时候，及时进行家访，了解具体的原因，找出解决对策；第二，注意方式，尽量避免只报忧不报喜，而应尽可能真实地汇报，并强调智力残疾儿童取得的进步，给家长以信心；第三，家访后教师需要认真记录，及时总结，以作为后续调整教育方案的重要依据。

（2）家长会

家长会是教师对学生家长集体工作的基本形式，一般家长会安排在学期初或学期末进行。学期初的家长会，教师一般会向家长介绍本学期的教育任务、工作计划，希望家长予以配合。而学期末的家长会，教师一般会总结本学期工作，介绍学生的在校表现和学习成绩等。在家长会上，教师也需要注意语言表达的方式方法，应先告诉家长关于学生的一些进步表现，再提出一些期望，而不是简单粗暴地批评家长和学生没有达到要求。在融合教育的家长会中，教师也可以适时设计智力残疾儿童家长与普通儿童家长之间的互动，以获取融合的支持。如邀请即将进入融合班的智力残疾儿童家长在家长会上向其他家长讲述自己的养育历程，讲述智力残疾儿童的喜怒哀乐，让普通家长能够了解智力残疾儿童，并且改变对智力残疾儿童的刻板印象，这样更有利于班级里融合氛围的营造，也容易形成互帮互助的融合关系。

（3）家校联系册

家庭访问和家长会受到教师和家长时间的限制，不可能常开常有，因此家校联系册在增进教师和家长的关系上就显得尤为重要。它可以不受时间和其他因素的限制，及时帮助教师和家长交流信息、沟通情况，减少教师的工作量。家校联系册可以包括学生在学校的表现、在家庭的表现、教师和家长的意见和建议等。这种即时的、持续的教师与家长的沟通渠道，不仅可以传递学生学习和行为的信息，而且能够很好地帮助家长了解学生在学校的进步和表现，让家长建立对学生的信心，并及时给予鼓励。同时，当发现学生在学校有反常行为或问题行为时，家校联系册也能够帮助家长了解，家长可以在家配合学校，做适当的处理和跟进。

（4）网络平台

随着网络的普及和发展，越来越多的沟通可以借助网络平台来实现。教师和家长的联系也可以通过网络平台来实现，更加快速、便捷。例如，建立班级群，教师可以在班级群里面介绍一些班级新鲜事情，发布一些学生在校的生活照片，推荐一些家长阅读材料等，帮助家长了解学生的在校表现。在融合教育中，教师还可以在班级群里图文并茂地展示智力残疾儿童在校生活的状况，凸显优点，展示集体合作共荣的氛围，让普通儿童家长意识到特殊儿童的存在并没有破坏班级秩序，反而促进了班级的团结。

另外，通过网络平台，教师可以有针对性地了解家长的想法和意见，相比传统方式更加快捷和便利。例如，通过聊天软件，与智力残疾儿童家长进行实时对话，了解困难，传授经验，解决问题等。

### （三）专业人员的合作

专业团队通过分工合作，提供自己关于问题解决的方案和信息，在专业知识上共同分享，为特殊儿童提供整合性的服务。专业团队的成员组成主要有：普通班教师，资源教师，家长，残疾儿童，特殊教育相关专业人员(如康复师、物理治疗师)，校内专业人员(如校医、心理咨询师)，方案的协调或行政人员(如融合教育督导、校长)，以及社区服务人员(如社会工作者、个案管理者)等，不同的成员在团队中发挥着不同的作用。专业人员在合作的过程中应注意以下几点。

#### 1. 形成团队共识

首先，团队成员要有共同的目标，明确各自的任务及任务目标。团队成员只有在认同和接纳融合教育价值观的基础上才有可能做出恰当的行为和决策。其次，团队成员要遵守共同的原则，提高团队的效能，减少意见分歧和团队冲突。例如，团队的工作方式应该建立在尊重特殊儿童及其家庭的基础上，团队成员应该以积极的、建设性的方式进行互动和沟通。最后，团队成员需要有明确的制度管理。例如，团体协商一般在什么时间进行，多久进行一次，以及在哪里进行等。

#### 2. 合作解决问题

一旦团队开始执行具体的任务，就会遇到各种各样需要处理的问题。团队在遇到问题时可以采用问题解决策略，具体参考以下几个步骤进行。第一，定义问题。在解决任何问题之前，必须先认清问题本身。特别是在团队中，如果每个成员对问题的表述都不一样，就无法同心协力解决问题。第二，找出原因。认清问题之后，就必须分析其背后的原因。例如，智力残疾儿童的行为问题是由外部干扰(如强烈的光线、噪声等)引起的，还是内部因素(如不能理解课堂规则)引起的。第三，确认想要的结果。团队成员需要通过协商给出一个合理的期望来明确预期结果。第四，列出所有可能采取的行动。可以在团队内进行头脑风暴，记录大家想到的一切可能的办法。第五，选择最符合需要的行动。最符合需要的行动具有以下几个特点：可行、省时、与环境匹配、符合融合教育的价值观和程序等。第六，制定具体行动方案。在这个过程中，团队成员需要明确各自的分工和责任。第七，实施方案。第八，反思、评价问题解决的成效。

#### 3. 创造和谐气氛

一个高效的团队必定有和谐友爱的团队氛围，团队成员能够各抒己见，不会担心被别人批评或嘲笑。要创造和谐的氛围，团队领导者可以采取下列做法：第一，鼓励团队成员遵循团队的基本原则；第二，引导团队成员倾听他人说话，了解他人的观点；第三，协助团队成员看到他人表达内容的价值，即使他们和自己的想法不同；第四，在冲突发生时，协助团队成员使用问题解决策略解决问题，而不是责备他人；第五，以身作则，示范和鼓励有效的沟通技巧。

### 4. 提供团队支持

团队内部成员之间的互相支持与合作也尤为重要。首先，团队各成员需要对他人的工作有基本的理解和共识，知道在遇到问题时寻求谁的帮助，并尽可能互相学习。其次，团队成员需要找到便于团队沟通的方式，如创建网络沟通群组、公共论坛等，以便团队成员在遇到个人不能解决的问题时及时获得其他成员的意见和建议。最后，团队成员需要得到及时的鼓励和积极评价，让他们感受到自己的重要性和贡献，形成更强大的团队凝聚力。

## 四、智力残疾人士的支持性就业

融合教育的最终目的是让残疾人能够融入社会。融入社会的重要表现之一是顺利走上工作岗位，解决就业问题。支持性就业是指为帮助残疾人在竞争性职场中就业，由专门人员在各种环境中，特别是残疾人与普通人共同被雇用的工作场合之中，提供的可以维持残疾人有薪工作的支持，包括就业监督、就业训练与交通接送[1]。

### （一）支持性就业的理念

支持性就业有三大核心理念：权利、质量和支持[2]。

### 1. 权利

权利是指智力残疾人在就业过程中享有与普通人平等的权利。他们在工作中不应该由于自身的特点而被歧视或遭受不公平的对待。无论是联合国《残疾人权利公约》还是我国《残疾人保障法》，都对残疾人的就业权进行了明确规定，使其合法权益得到保障。

### 2. 质量

质量是保障智力残疾人权利实现的核心指标。只有过上有质量的生活，权利才得以真正实现。在支持性就业中，质量是指智力残疾人通过有质量的工作(提供优质产品和服务)实现体面地工作的目标，进而提升其个人和家庭的生活质量。

### 3. 支持

为了实现智力残疾人的就业权，使其有质量地生活和工作，需要提供支持和建立支持系统。在支持性就业中，支持是指为智力残疾人提供情感、技能、政策法律等支持，以使他们能够胜任工作岗位，为社会创造价值，并最终实现个人价值。

---

① 周姊毓. 台湾残疾人支持性就业服务及启示[J]. 现代特殊教育，2016(14)：73-76.

② 许家成，周海滨. 中国智力和发展性障碍者支持性就业发展研究[J]. 残障权利研究，2016，3(1)：111-152，206.

## （二）支持性就业的特点

根据已经开展支持就业的国家和地区的经验，支持性就业具有如下特点[①]。

①支持性就业可以在市场经济条件下的竞争性环境中为残疾人提供更多工作机会，以满足残疾人的就业需求。

②支持性就业可以提高残疾人的工作报酬，使其获得更为合理的工资。

③残疾人在支持性就业中有更高的满意度，更可能建立积极的人际关系。

④支持性就业使雇主认识到残疾人在工作中表现出的可靠、忠诚、合作等重要的工作人格，并对他们在工作中的实际能力和贡献有了清楚的认识。

⑤支持性就业使职业康复机构摆脱了仅仅通过道义与良心等来为残疾人寻求就业机会的格局，而将以更有创意的方式为其争取权益，提供服务。

⑥支持性就业可以有效地提高政府和社会福利部门在残疾人职业康复方面投入所产生的效益，以较少的经费获得更好的效果，与其他职业康复方式相比成本更低，效果更好。

⑦支持性就业使残疾人为地方经济发展做出积极贡献。

## （三）支持性就业的运作流程

为智力残疾人开展支持性就业包括六个基本流程：开拓工作机会，工作与环境分析，个案与工作匹配，集中职业训练，现场就业支持，就业维持追踪[②]。

### 1. 开拓工作机会

利用按比例就业政策，与用人单位通过谈判，签约获取工作机会。

### 2. 工作与环境分析

对签约的工作进行工作和环境分析。工作分析包括工作的结构、流程、工作需要的技能和应达到的质量。对工作的环境分析包括工作场地的安全性、食堂、厕所和休息场所的情况、社区交通状况等，并形成相应的职业训练课程。

### 3. 个案与工作匹配

将经过分析的工作与环境同智力残疾人进行匹配，找到适合的个人(工作的意愿、兴趣和工作能力等)，并制订相应的个别化转衔计划。

### 4. 集中职业训练

针对智力残疾人进行工作人格、就业知识和技能培训。

### 5. 现场就业支持

为了让智力残疾人达到就业所需的工作人格、能力要求，需要进行现场的就业支持。最初由辅导员或相关人员介入，从旁协助智力残疾人，保障工作的速度和质量，

---

① 许家成，周海滨. 中国智力和发展性障碍者支持性就业发展研究[J]. 残障权利研究，2016(1)：111-152，206.
② 许家成，周海滨. 中国智力和发展性障碍者支持性就业发展研究[J]. 残障权利研究，2016(1)：111-152，206.

然后逐渐过渡到由智力残疾人承担越来越多的工作，辅导员或相关人员逐渐退出(支持递减)，直至智力残疾人独立工作。与此同时，就业辅导员着手为智力残疾人建立一个由同事构成的支持系统，确保他们在工作中需要帮助的时候，可以及时得到以"合理便利"为主的自然支持。在保证工作质量的前提下，由智力残疾人独立承担工作是该步骤成功的关键指标，也是支持性就业的关键步骤，是就业辅导员必须掌握的核心技能。

### 6. 就业维持追踪

当智力残疾人完全胜任工作并能确保工作质量时，需要建立持续的支持系统。就业辅导员结束现场支持，转而进行跟踪辅导，定期进入现场观察工作情况，解决智力残疾人遇到的问题，协调他们与同事的关系，帮助他们实现稳定就业。

## 巩固与思考 ⋯⋯▶

1.【填空】智力残疾人支持性就业的三大核心理念是_____。

2.【多选】下列选项中哪些属于融合教育背景下的教学调整方法_____。

A. 差异化教学　　　　　　　　　B. 结构化教学

C. 小步子教学　　　　　　　　　D. 合作教学

3.【简答】请简述融合教育背景下的课程调整原则。

4.【简答】请简述如何在融合学校有效开展家校合作。

5.【简答】请简述支持性就业的特点。

# 模块四　言语残疾儿童教育指导

**模块导入**

　　人具有社会属性，需要与其他人沟通和联系。大多数人通过发声与他人沟通，但在言语残疾儿童与他人沟通中，发声、辅助技术等沟通方式具有重要意义。在教育教学中，教师需要和家长、儿童共同选择合适的沟通方式，为言语残疾儿童打开交流的通道。

**学习目标**

　　1. 了解言语残疾的定义、分类、诊断标准，言语发展过程。

　　2. 在了解儿童言语发展的基础上，理解言语残疾儿童的教育教学方法。

　　3. 理解言语残疾儿童早期干预、家校合作的理念。

**案例故事**

　　有时候，说话，对我的朋友来说，就有些难。不过，就算他不开口和我说话，也没关系，因为我知道，说话对他来说是有困难的。有时候，我能猜到他想说什么，可他却说不出来，我就小声地说三两个字提醒他。[1]

**模块思维导图**

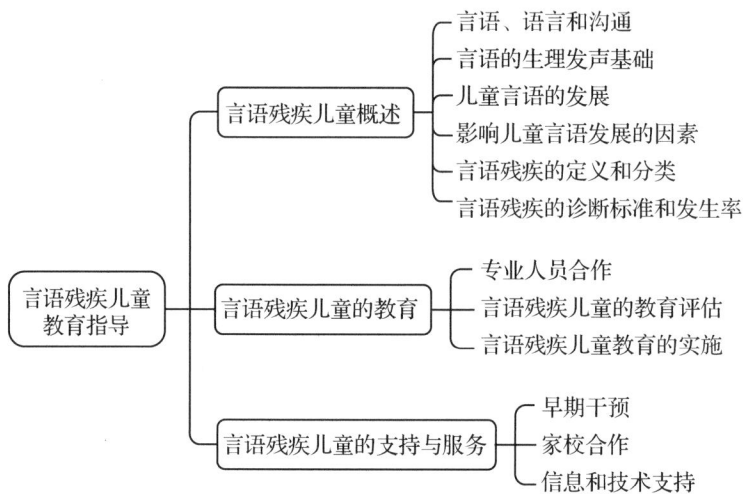

言语残疾儿童教育指导
- 言语残疾儿童概述
  - 言语、语言和沟通
  - 言语的生理发声基础
  - 儿童言语的发展
  - 影响儿童言语发展的因素
  - 言语残疾的定义和分类
  - 言语残疾的诊断标准和发生率
- 言语残疾儿童的教育
  - 专业人员合作
  - 言语残疾儿童的教育评估
  - 言语残疾儿童教育的实施
- 言语残疾儿童的支持与服务
  - 早期干预
  - 家校合作
  - 信息和技术支持

① ［美］贝弗莉·毕晓普，克雷格·毕晓普．我的孤独症朋友［M］．王漪虹，译．北京：华夏出版社，2017：11.

# ▶任务一
## 言语残疾儿童概述

**问题情境 ⋯⋯▶**

智力残疾、听力残疾、孤独症、脑性瘫痪等特殊儿童很多都伴有言语残疾，言语残疾儿童的数量是庞大的。言语残疾是如何界定、如何诊断的呢？让我们一起走进言语残疾儿童概述的内容。

### 一、言语、语言和沟通

言语是有声语言(口语)形成的过程。为使口语表达声音响亮、发音清晰，需要有正常的构音器官和与言语产生有关的神经、肌肉为基础。当这些结构发生病变时，就会说话费力或发音不清，甚至完全不能发音。[①] 言语还包括以动作表达自己的思想、接受别人用动作表达的思想。

语言是和言语紧密相关的概念，是指人类社会中约定俗成的符号系统，并涉及三个方面的内容。第一，语言是一套符号系统。某些单一的、零碎的符号不能形成语言。第二，这套符号系统有一定的管理规则。有限的符号通过不同方式的组合表达无限的内容。第三，这套符号系统和规则为某个群体所使用。[②] 语言不仅包括通过听与说进行的口语，还包括手语、书写与阅读的书面语言。有声语言的形式是语音符号，而动作语言(手语)的形式是视觉符号。[③]

语言是由形式、内容和使用三个维度组成的。语言的形式包括音韵、构词和语法，语言的内容被称为语意，语言的使用被称为语用。[④]

简单来说，语言是一套符号系统，而言语则是以感觉动作协调符号表达出来的行为。语言康复需要改善、修正、预防不良的沟通行为或现象。提升言语残疾儿童的语言能力可以从提升他们的语意能力、语法能力和语用能力着手，全面提升他们的语言理解、语言表达和交往互动的能力，并在进行康复游戏的同时发展他们的言语能力。

人们用言语组成可理解的语言，其目的在于相互沟通。人们通过沟通表达需要、想法和感觉。有效的沟通可以帮助人们建立良好的人际关系，融入群体之中。沟通是

---

① 陈卓铭.语言治疗学[M].3 版.北京：人民卫生出版社，2018：46.

② 徐静，王道伟，严小琴.发展性障碍儿童沟通教育指导[M].重庆：重庆大学出版社，2020：8-9.

③ 张吉生.上海手语音系[M].上海：华东师范大学出版社，2018：2.

④ 锜宝香.儿童语言障碍[M].北京：首都师范大学出版社，2016：5.

指人与人之间互相发送(表达)和接收(理解)信息。就是说,沟通必须是两个或两个以上的人才能进行的。沟通要传递信息,而这种信息的传递需要借助一定的媒介。沟通的媒介包括语言(写的或说的单词)、副语言(音量、声调、语调、速度、流畅性、停顿等)、非语言、后设语言(使用语言思考语言)、其他符号(图片)。

沟通包括语言和其他媒介要素,这些媒介可以把一些符号放在一起组成其他人能够理解的、有意义的信息。沟通的范围最大,言语、语言与沟通之间的关系可以用图 4-1 来表示。

沟通是范围最广的,涵盖了包括语言在内的多种方式;言语作为有声语言的发声过程,是语言的一部分;语言是我们常用的沟通方式,居于两者之间。

三者之间虽有不同,但在相关研究和实际生活中,它们是分不开的。大脑传达指令和机体做出反应都是一个连贯的过程,我们无法将言语、语言和沟通过程进行切割。

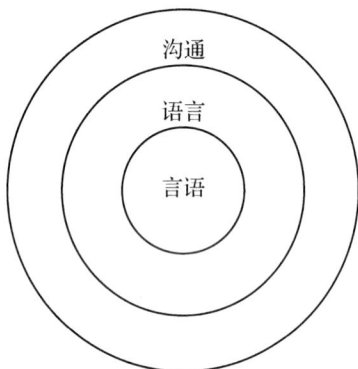

图 4-1　言语、语言和沟通的关系图

## 二、言语的生理发声基础

人类言语的生理基础包括大脑和发音系统器官。言语过程中,大脑整合信息、规划语言,负责呼吸、发声、共鸣的器官运动发出语音,语音进入接收者和发声者的听觉系统后大脑再进行言语的感知和理解。

经过大脑运动皮层规划,大脑对相应肌肉下达指令,神经元激发膈肌、肋间肌等肌肉收缩和运动,引发腔体内的气压变化,不断变化的气流经过声带,产生言语声波。声波经由空气传播,依次经过外耳道、鼓膜,再经过中耳的鼓膜、听骨链,在内耳的耳蜗转化为电信号传导至大脑的听觉皮层,被分解为不同频段的声音,再转送到附近的韦尼克区进行理解。[①]

## 三、儿童言语的发展

儿童语音学习的关键期出现在出生后的第一年,具体是出生后 6～12 个月。儿童母语学习的句法习得关键期是 18～36 个月,此时期儿童可以快速习得各种句法要素。儿童的词汇发展的关键期是 18 个月,这个时期的儿童词汇量有一个突飞猛涨的表现。[②]

需要注意的是,在儿童早期语言的发展中,属于参照性交际的动作扮演了重要的

---

① 陈忠敏. 肌动理论和语言认知[J]. 外国语(上海外国语大学学报),2015,38(2):15-24.

② 周兢,李传江,张义宾. 早期儿童语言发展与脑发育研究的进展[J]. 教育生物学杂志,2016,4(4):159-168.

角色。儿童在前语言阶段的交际性动作发展水平越高，接下来的语言习得过程进行得越顺利，其作用主要体现在加快儿童社会性认知和激发照料者回应。[①] 手势发展迟缓是脑损伤儿童语言延迟的早期标志。针对听力残疾儿童的研究显示，听力损失使儿童无法使用口语，但手势成为促进其学习的认知工具。高风险孤独症儿童的指示性手势的频率明显低于普通儿童，因此要在学会表达词汇之前练习指向物体，并建立共同的关注点，这样有可能促进儿童语言发展[②]。

## 四、影响儿童言语发展的因素

影响儿童言语发展的因素主要包括生理因素和家庭因素。

### （一）生理因素

传统观点认为，言语语言能力与大脑左半球有关。但是，相关研究显示，大脑左右半球都参与了言语语言的理解加工过程。人们熟知的布洛卡区和韦尼克区都在左半球：布洛卡区受到损害会导致"动作性失语症"，即能看懂或听懂句子的意思但不能说话；韦尼克区受到损害会导致"接收性失语症"，即了解单字的意思却无法理解整句话。在句子处理和语音语义信息分析的任务上，大脑右半球也得到激活；在双语转换中，经典语言区和认知脑区（前扣带回、背外侧前额）都会激活；在进行句子、语篇的理解中，大脑的左右脑语义地图均被激活。[③]

除大脑外，间脑、脑干、脊髓、脑神经和脊神经都对人的言语语言功能有重要影响。

### （二）家庭因素

家庭居住地语言环境、家庭语言环境和父母教养方式三个因素影响儿童的语言发展速度、词汇习得、语音意识及句法的发展[④][⑤]。

尽管乔姆斯基的普遍语法理论认为人天生就有一套学习语言的机制，但是儿童学习语言离不开社会环境。野孩子维克多和其他儿童一样有这套天生的机制，但他在与世隔绝的森林中长大，被发现的时候是没有语言、不会说话的。可见，生活环境对儿童的语言学习有着至关重要的作用。生活环境中语言的种类、国家和地区的语言政策、城市化程度、社区语言的情况、群体的语言认同等方面影响着人们的语言学习。

家庭语言环境对儿童的语言发展有着重要影响。家长会在有意或无意的状态下展

① 郭雨祺. 前语言动作与早期语言发展关系刍议[J]. 唐山师范学院学报，2017，39(1)：53-55.
② 罗丹. 前言语阶段婴儿手势对语言发展的预测[J]. 学前教育研究，2020(9)：39-47.
③ 周兢，李传江，张义宾. 早期儿童语言发展与脑发育研究的进展[J]. 教育生物学杂志，2016，4(4)：159-168.
④ 尹静. 家庭社会经济地位对儿童语言发展的影响[J]. 学前教育研究，2019(4)：66-80.
⑤ 张洁. 国外贫困与儿童语言发展研究的回顾与展望[J]. 语言战略研究，2019，4(1)：44-55.

现出语言态度、观念、使用习惯，儿童在家长的影响之下选择学习的语言和学习语言的方法。然而，家长的语言态度、观念和使用习惯也受到其自身的教育水平、职业、经济收入、社会地位等方面的影响。抛开客观条件的影响，家长为儿童创设积极的语言环境，让儿童多听多说对学习语言会有积极的影响。

在进行语言教育的时候，也要注意现代技术产品对儿童语言的影响。研究发现，长时间的屏幕暴露会影响家庭语言环境和儿童睡眠，不利于儿童的语言发育[①]。这也提醒家长和教师应该减少此类产品的使用时间。

## 五、言语残疾的定义和分类

### （一）言语残疾的定义

在 2011 年颁布实施的《残疾人残疾分类和分级》国家标准(GB/T26341—2010)中，将言语残疾界定为由各种原因导致的不同程度的言语障碍，经治疗一年以上不愈或病程超过两年，而不能或难以进行正常的言语交流活动，以致影响其日常生活和社会参与，包括失语、运动性构音障碍、器质性构音障碍、发声障碍、儿童言语发育迟滞、听力障碍所致的言语障碍、口吃等(注：3 岁以下不定残)。

通常情况下，言语障碍是指言语发音困难，嗓音产生困难，气流中断或者言语韵律出现困难[②]。

美国言语语言听力学会(American Speech-Language-Hearing Association，ASHA)对言语障碍的定义是"说话时，出现语音取代、省略、赘加或扭曲等情形，导致言语清晰度受到干扰，如构音障碍、语畅障碍及嗓音障碍等"；语言障碍则是"指在口语、书写或其他符号系统的了解与使用中有缺损，其异常包含了语言形式(音韵、构词及语法)、语言内容(语义)及沟通中的语言功能(语用)的缺损"，沟通障碍则指"在接收、传送、处理及理解观念或口语、非口语及图像符号系统上的缺损，包括言语障碍、语言障碍、听觉障碍及中枢听觉障碍"。[③]

从上述标准和定义中可以看出，言语残疾和言语障碍是两个紧密相关的概念，实际使用时常常通用。

### （二）言语残疾的分类

在我国的残疾标准中，至少包含了两种言语残疾的分类方式：第一种是按伴随言语残疾的障碍类别进行划分，第二种是按言语发育的偏差进行划分。

按照伴随言语残疾的障碍类别划分，听力障碍、智力障碍、脑性瘫痪、孤独症

---

① 肖丹夏，李宏．社区1～3岁儿童语言发育与屏幕暴露的相关性调查研究[J]．中国儿童保健杂志，2021，29(2)：186-189.

② 陈卓铭．语言治疗学[M]．3版．北京：人民卫生出版社，2018：46.

③ 陈小娟，张婷．特殊儿童语言与言语治疗[M]．南京：南京师范大学出版社，2015：6.

等对言语有不同程度的影响，这些障碍类别的儿童会伴有不同程度的言语残疾。一般来说，听力障碍儿童的发音器官没有生理结构异常，其言语问题主要由听觉通道的阻塞而致。但是，长时间不用发音器官也会造成发音的问题。听力障碍儿童的言语问题包括构音障碍、嗓音异常、语畅问题等。智力障碍儿童在注意力、记忆力、思维、对发音器官的控制方面均落后于普通儿童，但在言语的发展阶段、发展特征、发展趋势方面与普通儿童相似，出现各阶段的生理年龄要远大于普通儿童的现象，同时出现语音的清晰度、语畅等问题。脑性瘫痪儿童由于有非进行性脑损伤，会出现肌张力过高或过低及不随意运动，会影响言语过程中的机构运动和协调性，导致出现发音中断、音调异常、语音错误、鼻功能异常等问题。几乎所有孤独症儿童在言语感知、理解和表达方面都存在问题，对声音反应的延迟或定位差、声音辨别差等。另外，孤独症儿童对语言的理解限于字面意思，不能理解和使用人称代词、多步指令。

言语发育的偏差通常指与同龄人相比，儿童在嗓音、构音、语畅方面出现的障碍。嗓音是音高、音长、音强、音质的综合，会受到声带和呼吸、发声、共鸣功能的影响。对言语残疾儿童来说，要想顺畅说话，先要学会生理腹式呼吸，在生理腹式呼吸的基础上过渡到言语腹式呼吸，同时注意避免产生软起音和硬起音现象。发声功能需要声带肌运动和气流呼出的协调，如果发声功能存在障碍，需要改善颈部、发声器官的紧张状态，并矫治音调、响度、音质异常的状态。共鸣障碍主要表现为鼻音功能低下和鼻音功能亢进。构音障碍主要指没有生理结构和功能的异常，出现语音不完全正确、清晰度降低的现象。构音障碍在残疾儿童中更为常见，包括语音的替代、遗漏、增加和变形。正常的言语发音是流畅的，讲话不需要费力，但是有语畅障碍的儿童讲话时节奏或速度异常，即我们通常所说的口吃，这类儿童在讲话过程中会出现停顿、插入语、重复、延长等现象。所有人讲话都偶尔会有迟疑、停顿、重复或讲话时添加"嗯""啊"等音节，这不算口吃。只有频率较高或延迟时间很长的情况才考虑为口吃。很多儿童会经历阶段性的口吃，经过引导后可能会自愈。

## 六、言语残疾的诊断标准和发生率

2006 年第二次全国残疾人抽样调查将言语残疾划分为四个等级：一级，无任何言语功能或语音清晰度≤10%，言语表达能力未达到一级测验水平，不能进行任何言语交流；二级，具有一定的发声及言语能力，语音清晰度在 11%～25%，言语表达能力未达到二级测验水平；三级，可以进行部分言语交流，语音清晰度在 26%～45%，言语表达能力未达到三级测试水平；四级，能进行简单会话，但用较长句或长篇表达困难，语音清晰度在 46%～65%，言语表达能力未达到四级测验水平。[①] 学龄前儿童言

---

① 朴永馨. 特殊教育辞典[M]. 3 版. 北京：华夏出版社，2014：260.

语障碍的发生率为 10％～15％，学龄儿童约为 6％。[①]

在进行言语残疾评定时，会依据言语使用(表达和理解)的困难程度：0 度：不能用言语进行实际的思想交流，或言语使人无法理解；1 度：仅能用极少量的词或短句作片段发展，对经多次重复的单词和短文仍不能理解；2 度：言语中存在语法错误，但尚能用单词及短句表达意思，对听到的常用话语基本可以理解；3 度：能领会有关日常缩减事物词语的意义，但对不熟悉的事物或经历不能表明态度；4 度：在多数场合不发生言语障碍，与他人交际时，经考虑后说出的话基本正常，但言语欠流畅，有轻度的理解障碍，出现答非所问的现象；5 度：言语障碍很少，一旦出现只有本人知道，他人无法察觉[②]。言语残疾分级的具体内容见表 4-1。

表 4-1　言语残疾分级[③]

| 因素分级 | 脑和(或)发音器官的结构、功能 | 言语功能 | 语音清晰度 | 言语表达能力等级测试 | 社会生活 |
|---|---|---|---|---|---|
| 言语残疾一级 | 极重度损伤 | 无 | ≤10％ | 未达到一级测试水平 | 极严重障碍 |
| 言语残疾二级 | 重度损伤 | 具有一定的发声及言语能力 | 11％～25％ | 未达到二级测试水平 | 严重障碍 |
| 言语残疾三级 | 中度损伤 | 可以进行部分言语交流 | 26％～45％ | 未达到三级测试水平 | 中度障碍 |
| 言语残疾四级 | 轻度损伤 | 能进行简单会话，但用较长句表达困难 | 46％～65％ | 未达到四级测试水平 | 轻度障碍 |

在发生率方面，中国残联 2013 年调查数据显示，言语残疾人有 49.7 万人，占残疾人人口的 1.9％，包含多重残疾在内的言语残疾人有 123.1 万人，听力障碍是主要致残原因，占 37.5％，其他和原因不明占 18.3％和 17.3％[④]。而国外的调查数据显示，加拿大、英国、澳大利亚的全国或部分地区的重度沟通障碍人士占总人口的 1％以上[⑤]。

**巩固与思考** ……▶

1. 言语、语言和沟通之间的关系是怎样的？

---

① 章依文. 语言与言语障碍的发病机理、诊断与防治[J]. 中国儿童保健杂志，2011，19(10)：878-880.
② 朴永馨. 特殊教育辞典[M]. 3 版. 北京：华夏出版社，2014：279.
③ 陈卓铭. 语言治疗学[M]. 3 版. 北京：人民卫生出版社，2018：37.
④ 张钧. 全国残疾人人口基础数据库数据分析[J]. 残疾人研究，2013(3)：76-79.
⑤ [美]大卫·R. 比克尔曼，帕特·米伦达. 扩大和替代沟通：支持有复杂沟通需求的儿童与成人[M]. 4 版. 陈墨，彭燕，译. 北京：华夏出版社有限公司，2020：4.

2. 言语的生理发生基础是什么？

3. 儿童言语发展的过程和阶段是怎样的？

4. 言语残疾的定义和分类是什么？

5. 你还能查到其他国家、地区、组织对言语残疾的定义吗？

# ▶任务二
## 言语残疾儿童的教育

**问题情境 ……▶**

在了解儿童的言语和语言发展情况后，综合社会和家庭的语言环境进行总体规划和合作。针对不同障碍类型儿童的言语问题进行教育干预和教学调整。

### 一、专业人员合作

普通教育教师、特殊教育教师和言语语言治疗师在促进言语残疾儿童的语言发展和沟通上有共同的责任和目标。教师与言语语言治疗师的合作可以让言语残疾儿童的发展目标融入日常教学和活动中，这样言语残疾儿童可以在自然语境中得到练习的机会，在轻松、自然的环境中学习语言。

同时，家长也是专业合作中不可缺少的重要角色，与其他专业工作者是一种平等合作的关系。专业合作的前提是相互理解。家长在面对儿童的障碍时，可能会出现焦虑、难以接受等多种不同的心态，教师和言语治疗师对家长的心态要有充分的接纳和理解。之前，治疗师会在机构中让言语残疾儿童进行长期、大量的语音、词汇、短句等练习，让儿童反复读、反复说，同时让家长配合在家中练习。但是，这些练习脱离言语残疾儿童的真实生活和兴趣经验，儿童机械练习后学会了字音，却不能在生活场景中灵活表达。因此，教师、治疗师与家长要共同营造一种自然轻松的氛围，降低言语残疾儿童的心理压力，激发儿童的动机和兴趣。另外，家长在自然轻松的氛围中不断运用一些交流策略，如及时而具体的表扬、对儿童表达的扩展、交流时的恰当等待、提问技术等，也能激发言语残疾儿童的表达兴趣，提高他们的表达能力。

### 二、言语残疾儿童的教育评估

对言语残疾儿童进行教育评估主要有以下几个目的：判断儿童的言语残疾原因、言语问题涉及哪些方面，以及根据言语残疾原因和问题设计教学目标和内容。通常在学校教育中，我们可以对家长和教师及言语残疾儿童的其他照料者进行问卷调查和访谈，了解儿童的言语发展情况，问卷和访谈的内容包括儿童的交际兴趣和手段，儿童的疾病史、发育史、教育史、抚养史；我们还要对言语残疾儿童在不同场所的言语状况进行观察，如家中、学校中、语言训练室中、社区中，以了解儿童现在的言语发展水平。在进行观察时，我们要着重了解言语残疾儿童以下情况：言语能力和生理年龄是否匹配；是否有其他障碍(如听力障碍、智力障碍等)；发音状况(是否清楚，哪些发不清楚)；是否有呼吸、共鸣障碍；是否有词汇、语法、语用方面的问题；是否伴随行为问题、注意力问题、其他感知觉问题；沟通方式(哭闹、用手指、口语、手语或手势)；家长、教师、同伴的回应方式(说了什么，如何说的)；他人的回应对言语残疾儿童的影响；言语残疾儿童的兴趣、兴趣持续时间、兴趣的表达方式。了解了言语残疾儿童的言语水平和擅长的沟通策略，后续的教育教学才会更有针对性。

## 三、言语残疾儿童教育的实施

通过教育评估，我们可以了解儿童现在的言语水平、发音特点、表达方式和习惯，在教育教学中结合言语治疗的内容和方法，使言语治疗的内容融入课程中。

### (一)言语教育活动过程

#### 1. 设计言语教育活动

言语教育活动在设计时要围绕教育目标进行。教学内容的选择和设计关系到言语残疾儿童各领域的发展目标如何在一段时间的教学中实现。通常情况下，我们会分析言语残疾儿童个体的言语发展目标，将目标分解、融合在整体的教学计划和内容中。同时，如果班上有多位言语残疾儿童，教师要根据儿童的实际情况来确定他们各自的教学重难点。

#### 2. 进行课程和教学调整

教育是一个变化活动的过程，我们需要运用教学机智抓住教育机会，也需要针对不符合预设的情境进行教学调整。教学是充满挑战的，教学中出现的新情况、新问题看起来让人紧张，但同时也是一个发展儿童能力的契机。依据我国对课程要素的常见划分，即将课程目标、课程内容、课程实施、课程评价作为课程调整的四个要素，构成课程调整的内容，教师可以从特殊儿童的需要出发，选择调整一个要素或多个要素[①]。在言语残疾儿童的教育过程中，教师也可以从一个或多个要素着手，结合个别化教育计划进行调整。

#### 3. 实施言语教育活动

在实施言语教育活动的过程中，尽管我们的目标主要是进行发音的矫正，但实际上言语不可能单独存在，它必然与词汇、语法、语用等方面联系在一起，因此，我们应该着眼于言语残疾儿童语言的整体发展，侧重儿童在真实生活中运用语言的能力。在实施言语教育的时候，应根据言语残疾儿童的具体障碍进行相应的教育训练。

---

① 韩文娟，邓猛. 融合教育课程调整的内涵及实施研究[J]. 残疾人研究，2019(2)：70-76.

### （二）精心选用教学方式

#### 1.运用辅助沟通系统

辅助沟通（Augmentative and Alternative Communication，AAC），直译为扩大性和替代性沟通，根据其含义一般采用辅助沟通系统作为这一领域的代名词。辅助沟通系统广义上来说，包括了任何能帮助障碍人士的沟通方式。ASHA 对辅助沟通的定义是：辅助沟通是一个研究临床和教育实践的领域，使用辅助沟通的目的是通过提供一个有效且便利的沟通方法给有严重沟通困难的人，使其身心得到发展，对未来环境能有更好的适应能力。辅助沟通系统能在一定程度上提升、改善存在口语表达及口语理解障碍的儿童的沟通表达能力。

AAC 由沟通符号、沟通辅具、沟通技术和沟通策略四大要素组成。沟通符号指利用图片、手势、表情、文字等来表达概念的符号，包括非辅助性沟通符号和辅助性沟通符号。其中，通过身体本身完成沟通目的的，如肢体动作、面部表情及手势等，被归为非辅助性沟通符号；而由身体以外的方式来进行沟通的方式为辅助性沟通符号，包括实物、图片及模型等介质。沟通辅具是利用装置传输或接收沟通信息。沟通技术是指描述沟通障碍者使用沟通辅具的方法。沟通策略是指沟通符号、辅具及技术，组合成一个沟通障碍者所需要的沟通交流方案，以协助言语语言障碍者更加有效地完成沟通。

言语残疾儿童，如果无法通过发音表达自己的想法，同时身体又极度受限，无法通过肢体来表达，就需要有 AAC 来支持。

#### 2.运用绘本和教育戏剧

绘本图主文辅，甚至"以图叙事"，用丰富多元的艺术手法、美术造型、色彩等视觉符号来凝聚情感、塑造张力。[①] 因此，绘本非常容易引起儿童的兴趣，根据绘本制定的言语语言活动也会在听、讲绘本的过程中悄然发生。绘本故事趣味性强，能够赢得听力残疾儿童的喜爱，另外，一些认知类绘本，因其形象地描绘了儿童身边的现实生活，能为智力残疾儿童所理解和享受[②]。可以说，绘本契合了儿童的生理、心理特点，灵活运用绘本，是促进言语残疾儿童言语发展的优良素材。比如，绘本《一园青菜成了精》的句长只有七八个字，又很押韵，儿童读起来朗朗上口；故事用拟人的手法，抓住各种蔬菜的特点，读起来生动有趣，非常适合儿童进行言语训练。再如，绘本《六十六头牛》的语言来自民间歌谣，歌谣数字层层叠加，句末押韵，朗朗上口，是极好的言语训练材料；画面富有童真童稚的美感，结构潇洒不羁，细节有条不紊，角色精彩动人[③]。朗朗上口的素材配合写意动感、节奏抓人

---

① 邓猛.让残疾儿童在阅读绘本中快乐成长[J].现代特殊教育，2020(15)：16-18.
② 刘殿波，邓猛.绘本应用于特殊教育的思考[J].现代特殊教育，2016(16)：3-8.
③ 彭懿.图画书这样读[M].南宁：接力出版社，2018：76.

的画面，十分吸引儿童的注意。

教师和家长可以选择合适的绘本故事，和言语残疾儿童进行朗读、分角色读，或者以说关键词的方式让儿童练习，让儿童在有趣的故事中发展语言，加强沟通表达能力。

绘本故事还可以和教育戏剧结合起来，让言语残疾儿童把故事表演出来。有些绘本符合儿童当前的认知发展水平，有一定的教育意义，比较适合改编成教育戏剧，让言语残疾儿童在用语言和动作展现故事的过程中锻炼口语能力。

### 3. 运用歌曲

把歌曲当作课程的一部分，配合教学的其他活动和言语学习，会让言语残疾儿童在不知不觉中学习语音、词汇、语法、语用，同时也会锻炼儿童的发音器官和功能。选用合适的歌曲进行言语训练，可以矫治儿童的言语问题，促进其言语发展。

当然，在配合言语残疾儿童的教育时，选择的歌曲要符合儿童当下的认知、言语能力，按照年龄和残疾程度、类别，歌曲的选择一般是由易到难、由简单到复杂，还要同时考虑到词汇、发音和音乐旋律。选择旋律和节奏比较简单的歌曲，歌词要包含儿童需要重点练习的词汇，内容要是儿童比较感兴趣的或者熟悉的。

**巩固与思考** ……▶

1. 家长和专业人员怎样更好地进行合作？
2. 言语残疾儿童的教学需要在哪些方面进行调整？请举例说明。
3. 设计一个针对言语残疾儿童的绘本教学。

# ▶任务三
## 言语残疾儿童的支持与服务

**问题情境** ……▶

言语残疾儿童在其康复和教育过程中，需要多方面的支持和多种服务。儿童的语言存在发展的关键期，发现言语残疾后要尽快进行干预。另外要为言语残疾儿童及其家庭提供相应的教育、心理支持，在这方面家校合作起着重要作用。

### 一、早期干预

关键期理论认为，儿童的语言发展存在关键期，母语的习得发生在关键期内，一般而言，语言的关键期是 6 岁以前。我们一定要抓住言语残疾儿童语言发展的关键期，尽早进行干预。2017 年修订的《残疾人教育条例》指出，卫生保健机构、残疾幼儿的学前教育机构和家庭，应当注重对残疾幼儿的早期发现、早期康复和早期教育。在进行早期干预的时候，康复人员和教师应为言语残疾儿童创设环境，提供有利的学习条件，加强语言发展。第一，可以为言语残疾儿童进行良好的示范，以利于言语残疾儿童的模仿学习。如听障儿童、脑瘫儿童需要模仿教师的口形、舌位来模仿言语发声进行练习和矫正发音。第二，很多言语残疾儿童伴有其他类型的障碍，认知和思维发展受限，因此在进行语言训练的同时，要加强言语残疾儿童的认知能力、思维能力的培养。第三，在进行言语和语言训练的时候，一定让言语残疾儿童多参与社会交往活动，避免只在教室中进行语言训练的情况，因为教室中的语言学习是有限的，生活中的语言学习是无限的，儿童需要在真实的交流中学习，才能获得生动的、丰富的语言。

在具体的干预方法上，要注意一些技巧。第一，要注意教学材料的适切性。语言学家斯蒂芬·克拉申(Stephen Krashen)在语言教学上提出"可理解性语言输入"这一假说，认为要先给言语残疾儿童提供可以充分理解的语言量和语言水平，再在此基础上给予一些增加或提高，其公式为 $i+1$[①]。在此过程中，运用肢体动作、例子、图解、个人经验、儿语化语言等方式在大量使用语言的情况下保障儿童能明白语言的意思。第二，要注重言语残疾儿童对语言的整体感知，而不是仅注重发音的正确性。在言语残疾儿童的语言训练中，常常有教师过于关注儿童的发音，在听到儿童发音不正确时打断儿童说话，这样儿童的注意力就转移到了语音上，久而久之，儿童语言表达的流畅性和思维的连贯性就会受到影响。

## 二、家校合作

家长是儿童语言教育的主要力量，但在教导言语残疾儿童时，父母的身心面临着巨大的压力。这种压力一方面是由儿童的残疾带来的经济、人际关系的压力，另一方面则来自面对残疾儿童的不知所措。因此，应进行家校合作，家长和教师之间相互支持，共同促进残疾儿童发展。

家校合作中，目前应用最广泛的是交叠影响域理论。交叠影响域理论由美国霍普金斯大学的爱普斯坦(Epstein)提出。作为家校合作研究和实践的基础性理论，交叠影响域理论认为，家庭、学校和社区这三个影响学生成长的主体，实际上对学生及三者的状况、相互关系发生了交互叠加的影响，即学校、家庭和社区单独或共同地影响着学生的学习和发展，其关系如图 4-2 所示[②]。

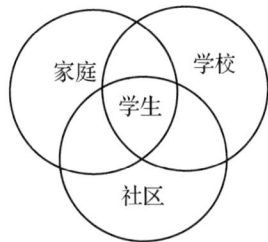

图 4-2　交叠影响域
理论示意图

交叠影响域理论的外部模式中，学生学习和成长有三个

---

① [美]柯顿，达尔伯格．语言与儿童：美国中小学外语课堂教学指南[M]．4 版．唐睿，等译．北京：外语教学与研究出版社，2011：3.

② 张俊，吴重涵，王梅雾，等．面向实践的家校合作指导理论——交叠影响域理论综述[J]．教育学术月刊，2019(5)：3-12.

主要环境——家庭、学校和社区，有些教育是学校、家庭和社区单独进行的，有些则是联合进行的，目的都是促进学生的学习和发展。学校、家庭和社区伙伴关系模式以学生为中心，合作活动的设计可能是为了吸引、引导、激励学生自己获取成功。家庭、学校和社区相互作用的内部模型显示了这三个环境中个人的人际关系、影响模式发生在哪里，以及如何发生。制定和研究这些社会关系可以发生在机构层面(学校邀请所有家庭参加活动或向所有家庭发送相同的通信)和个人层面(家长和教师在会议上或通过电话交谈)。学校或家长与社区团体、机构和服务之间的联系也可以在该模型中表示和研究。有六种家校合作途径与框架模式：加强亲职教育、拓展沟通渠道、组织家长自愿服务、协助家庭辅导、参与学校决策、加强与社区合作[①]。

根据这个理论，在加强言语残疾儿童家长的亲职教育方面，教师和康复师应动员并教会家长参与儿童的语言训练。将言语残疾儿童的课堂语言学习延伸至课堂之外，会大大加快儿童语言学习的进程。此外，要营造良好的家校合作氛围。家校合作是家长、教师和社区在平等、互相尊重基础上的合作，要发挥各方优势，给言语残疾儿童以最好的发展。同时，良好的家校氛围，能形成合作的良性循环，参与的各方都会因此而受益。

在进行家校合作时，家长和学校尤其要注重做好家庭语言规划。家庭语言规划指家长对语言的不同定位，决定了他们的语言态度；作为管理者，家长可以决定家庭成员，特别是子女的语言学习目标、态度和动机；家长通过语言选择、同伴选择、输入控制和环境控制等策略，直接影响儿童的语言习得和语言使用[②]。家庭对语言的态度和观念、家庭的语言使用对儿童的语言学习有决定性作用。将家庭语言规划与学校的语言教学目标和内容结合起来，学校和家庭互相支持，更加有利于言语残疾儿童的语言学习。

## 三、信息和技术支持

随着网络技术的发展进步，出现了越来越多以言语治疗为主题的网站、微信公众号、短视频，这些网络信息短小、实用，且学习起来不受时间、地点的限制，对忙于照顾儿童的家长和教师而言，其中权威机构和专家发布的一些内容可以作为言语残疾儿童干预教育的重要参考。

科学技术的进步为言语残疾儿童带来了更多学习言语和语言的机会。助听器和人工耳蜗技术越来越成熟，成为很多家长为儿童选择听力补偿的方式。此外，随着网络技术的进步，使用手语的听障言语残疾儿童可以远程请手语翻译员为自己进行手语翻译服务，解决部分沟通问题。同时，手语的语言学研究也取得了一定的进步，机器对

---

① 杨启光.重叠影响阈：美国学校与家庭伙伴关系的一种理论解释框架[J].外国教育研究，2006(2)：76-80.
② 倪兰.重视听力障碍儿童的家庭语言规划[N].中国社会科学报，2020-11-10(4).

手语的识别也在发展，手语翻译软件也在慢慢成熟。对具有听障的言语残疾儿童来说，未来选择口语或手语都可以达到与别人沟通交流的目的。一些电子产品的无障碍设计也为有需要的人带来了便捷。

## 巩固与思考 ......▶

1. 言语残疾儿童的早期干预有哪些需要注意的地方？

2. 在言语残疾儿童的家校合作中，如何更好地发挥家长的作用？

3. 你还知道哪些能帮助言语残疾儿童的科技手段？

# 模块五　肢体残疾儿童教育指导

**模块导入**

　　我最忘不了的就是中学时候的体育课，我只上过一次，就是七年级的第一次体育课，然后我就再也没有在体育课上出现过……有时候我觉得我并不算学校的边缘人，因为我学业表现很好，在老师眼里是优秀学生，在同学眼里是学霸，我性格也挺好的，能跟大家打成一片，甚至因为学业良好还会成为焦点。可是有时候，我又是那么孤独，觉得和大家的距离是那么远，而且这种差距是那么明显和扎眼……这种孤独感在上体育课的时候达到了巅峰，虽然每周只有一次，但每周的这一次体育课都像一个巨大的喇叭，在向全校人广播："××，你就算学业再好，你还是和大家不一样。"这样的体会让我在很长的时间里无法释怀，也许这只是我自艾自怜，大家并没这么想，但这确实是我最真实的感觉，难道我的感觉会是完全无缘由的吗？

——摘自一个肢体残疾学生的个人日记

**学习目标**

　　1. 理解肢体残疾的概念及类别。

　　2. 掌握肢体残疾儿童的主要身心特点，并在此基础上理解相应的支持与服务。

　　3. 了解肢体残疾儿童的社会融合与转衔服务，了解残疾身份的基本内涵。

## 案例故事

安安是某特殊教育学校中年级的一名学生，因出生时缺氧导致脑性瘫痪，安安的下肢运动能力受到了影响，短距离移动需要助行器，长距离移动则需要轮椅。同时，安安的上肢精细动作也受到了影响，拿不稳笔和筷子，写字速度比较慢。安安的言语能力并未受到影响，但可能是身体原因，安安的性格比较内向，平时不怎么说话，回答问题时声音很小，也很少与别人对视，很容易害羞。安安的学业表现好，智力正常，不能到普通学校去读书主要是因为安安的行动能力受到限制，特殊教育学校可以为他提供必要的无障碍设施与一定的康复服务。

## 模块思维导图

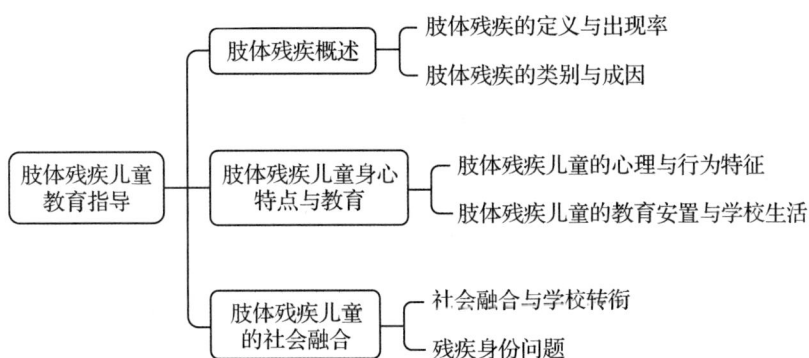

```
                           ┌─ 肢体残疾概述 ─┬─ 肢体残疾的定义与出现率
                           │                └─ 肢体残疾的类别与成因
                           │
肢体残疾儿童 ──────────────┼─ 肢体残疾儿童身心 ─┬─ 肢体残疾儿童的心理与行为特征
教育指导                   │   特点与教育       └─ 肢体残疾儿童的教育安置与学校生活
                           │
                           └─ 肢体残疾儿童 ─┬─ 社会融合与学校转衔
                               的社会融合    └─ 残疾身份问题
```

# ▶任务一
## 肢体残疾概述

**问题情境** ⋯⋯▶

　　肢体残疾是人数最多的残障类型，肢体残疾人也是日常生活中最常见到的一类残疾人。相应地，肢体残疾儿童也是学校接受的各类残疾儿童中数量最多的，那么到底什么是肢体残疾？导致肢体残疾的原因都有哪些呢？

### 一、肢体残疾的定义与出现率

#### （一）肢体残疾的定义

　　肢体残疾，也被称为肢体障碍或肢体残障，在日常生活和公共媒体中，这三个术语常常被混合使用，本书将它们视为同一含义。2006年第二次全国残疾人抽样调查中的残疾标准将肢体残疾定义为：人体运动系统的结构、功能损伤造成的四肢残缺或肢躯麻痹(瘫痪)、畸形等，导致人体运动功能不同程度地丧失，以及活动或参与受到限制。[①] 类似地，美国《残疾人教育法》(IDEA)规定：重度的肢体损伤对儿童的教育表现有负面的影响。这一术语所描述的状况包括先天性异常(如畸形足、四肢部分缺失等)引起的损伤，疾病(如小儿麻痹症、骨结核病等)引起的损伤，以及其他原因(如脑性瘫痪、截肢手术和造成挛缩的骨折或烧伤)引起的损伤[②]。

　　需要指出，肢体残疾有可能是先天的(指出生时即有肢体缺损或功能损伤)，也有可能是后天的(如无先天残疾的儿童在出生后某个时段遭受了外伤或疾病等而导致肢体残疾)。

　　由于身体限制或健康问题，肢体残疾儿童在学校的出勤或学习生活等会受到不同程度的影响，学校应该考虑肢体残疾儿童的实际需求：物理康复、无障碍环境，以及一些专门设计的教育教学计划等，这些内容会在任务二中进行详细讲解。

#### （二）出现率

　　2006年第二次全国残疾人抽样调查显示，6～14岁年龄段残疾儿童总数为246万人，其中肢体残疾儿童为48万人。截至2020年年末，肢体残疾人口总数达2 660万人，占残疾人总数的29.08%，是所有残疾类别中占比最大的。

---

① 雷江华，方俊明.特殊教育学[M].北京：北京大学出版社，2011：52.
② [美]休厄德.特殊需要儿童教育导论[M].8版.肖非，等译.北京：中国轻工业出版社，2007：363.

## 二、肢体残疾的类别与成因

多数肢体残疾人的身体特征十分明显，包括但不限于截肢、瘫痪、跛行、肌肉僵直、慢性病等。实际上，肢体残疾的表现方式非常多，原因或为先天导致，或为后天事故或疾病导致。尽管目前医疗技术不断发展，肢体残疾的病因却并未全部为人类所认清和理解，学界已知的病因也未能将肢体残疾尽数覆盖。本模块所列肢体残疾类别，主要从运动神经障碍、肌肉与骨骼障碍，以及其他肢体残疾三个维度来讨论。

### （一）运动神经障碍

顾名思义，该类障碍是由运动神经系统损伤导致的肢体残疾。人的运动功能通常由大脑发出指令，通过脊髓神经传输，将指令传导至身体的各个部分，最后由相应的肌肉等组织来执行。大脑和脊髓（人体神经系统）受到损伤，就会导致人体活动的功能陷入瘫痪。神经系统损伤可以发生在妊娠期间、分娩期间和婴儿出生后的任意时间。运动神经系统损伤导致的肢体残疾有各种不同的表现形式，但大多会表现出肌肉失力、局部或全部瘫痪。常见的运动神经障碍有：脑性瘫痪、脊髓灰质炎、脊髓损伤、癫痫等。

#### 1. 脑性瘫痪

脑性瘫痪是指由儿童大脑发育成熟前的损伤造成的瘫痪、无力、协调不足或其他运动机能障碍[1]。很多人会认为，脑性瘫痪的病因是新生儿在出生时因头部在产道内停留时间过长或其他原因导致的脑部缺氧。实际上，在大脑发育进程的任何阶段，大脑受到损伤，都有可能引致脑性瘫痪。在妊娠期间，母亲感染病毒或其他疾病、接触有害辐射或其他有毒物质、过量饮酒或吸毒等，都可能对胎儿的大脑发育造成损害；在生产过程中，难产、产中出血或感染、中毒等也都会造成新生儿的脑部损伤。简单来说，所有可能引起脑部缺氧、中毒、脑出血或直接大脑损伤的因素，都有可能造成脑性瘫痪[2]。

大脑作为控制人体所有运动机能的总枢纽，一旦受到损伤，将会对运动功能产生严重的影响。脑性瘫痪的原理在于大脑损伤会影响身体正常的力量，进而妨碍人体运动身体各部分的能力，具体体现包括但不限于肢体运动障碍、面部表情控制障碍、语言控制障碍、肌肉控制障碍等，因此脑性瘫痪患者可能会出现移动和言语困难、因肌肉僵直或紧张而动作不准、难以维持身体平衡、肌肉缺力或松软、面部扭曲或者流涎等。

需要指出的是，脑性瘫痪与智力残疾并没有直接关联。很多人会认为脑性瘫痪就

---

[1] ［美］丹尼尔·P. 哈拉汉，詹姆士·M. 考夫曼，佩吉·C. 普伦. 特殊教育导论［M］. 11 版. 肖非，等译. 北京：中国人民大学出版社，2010：458-459.

[2] ［美］丹尼尔·P. 哈拉汉，詹姆士·M. 考夫曼，佩吉·C. 普伦. 特殊教育导论［M］. 11 版. 肖非，等译. 北京：中国人民大学出版社，2010：458-459.

是"脑子瘫了"，肯定智商也会很差。实际上脑性瘫痪和智力残疾是两个不同的概念，然而，由于损伤部位在大脑，所以脑性瘫痪患者的真实情况可能会更加复杂。很多脑性瘫痪儿童会伴随感知觉障碍和语言问题，认知能力及控制情绪的能力也会受到影响。不排除有一些脑性瘫痪的儿童会拥有正常甚至高于平均水平的智商，但大部分脑性瘫痪儿童的智力水平是低于普通儿童的。

### 2. 脊髓灰质炎后遗症

脊髓灰质炎(以下简称"脊灰")有一个更为人所熟知的名字——小儿麻痹症，是一种肠道感染疾病。脊灰病毒主要攻击 10 岁以下的儿童，但也有成年人感染的案例(如下文提到的美国前总统罗斯福)。病毒通过口—粪接触实现人与人之间的传播，具体包括没洗干净的手、共用的物品、被污染的食物和水等。

脊灰伴随人类的历史可能非常久远，最早疑似脊灰病例的记录出现在公元前 1 500 年的古埃及。一块竖着的石柱上刻画着一位右腿萎缩的年轻男性，挂着一根手杖以保持平衡。尽管石柱上的图画与现实中脊灰感染者的外部特征十分相似，这幅雕像的研究人员也只表示其"可能是一位小儿麻痹症患者"[1]。后来，在中世纪文献中零星可见一些有关脊灰的记录，但真正让这种古老的病毒"浮出水面"的，是 20 世纪前叶肆虐美国的小儿麻痹症大流行，甚至于罗斯福总统都未能幸免——这种通常被认为只在贫民窟传染的疾病，让 39 岁正当年的罗斯福终身瘫痪，尽管他体格健壮、精力充沛[2]。

脊灰的麻痹后遗症发作范围及持续时间极难预测，因为大部分感染儿童呈现的是隐性症状，类似于感冒发烧，烧退之后症状消失，是所谓"顿挫感染"[3]。严重情况下，脊灰可造成不可逆转的瘫痪，通常出现在腿部[4]。脊灰病毒侵入的是人类脊髓前角的运动细胞，造成瘫痪的严重程度则视病毒侵犯的脊髓位置而定，如果是腰椎部分，则导致下肢瘫痪，如果位置偏高，则会影响到上肢运动功能，最严重的情况是被病毒侵入延髓——支配人体横膈膜、呼吸的中枢——造成横膈膜麻痹，使人无法自主呼吸。美国 20 世纪前叶诞生了大量辅助脊灰病人呼吸的医疗器械：铁肺。但这种沉重且昂贵的机器让无法自主呼吸的脊灰病人虽能维持生存，但生命意义却大打折扣，甚至有人认为每天躺在铁肺中的病人"与死人无异"[5]。脊灰后遗症并不会影响智力和其他认知与情感能力，脊灰后遗症儿童除了在肢体功能和体能上受到限制之外，在其他方面与普通儿童并无异处。

① Oshinsky，D. M.．Polio：An American Story[M]. New York：Oxford University Press，Inc，2005：11.
② 奥辛斯基．他们应当行走：美国往事之小儿麻痹症[M]. 阳曦，译．北京：清华大学出版社，2015：32-49.
③ 顾方舟口述，范瑞婷访问整理．一生一事：顾方舟口述史[M]. 北京：商务印书馆，2018：56-62.
④ Oshinsky，D. M.．Polio：An American Story[M]. New York：Oxford University Press，Inc，2005：9.
⑤ Hawkins，L.．The Man in the Iron Lung：The Frederick B. Snite，Jr.，Story[M]. New York：Doubleday，1956：174.

在与脊灰搏斗的过程中，人类真正占据上风是在 1955 年，经过四年的疫苗研制，约纳斯·索克(Jonas Salk)成功制出脊灰灭活疫苗。然而，在众多发展中国家，脊灰疫苗之路才刚刚开始。

在我国，从开始研制脊灰疫苗到本土野生病毒毒株绝迹，也即从 1960 年顾方舟先生带队在云南建立脊灰疫苗研究所到 2000 年《中华人民共和国消灭脊髓灰质炎证实报告》发布，前后共经历了 40 年时间。[①] 1988 年 5 月 4 日，世界卫生大会确定了 2000 年在全球"消灭脊髓灰质炎"的目标。然而，2000 年以后，我国依然零星可见因感染脊灰而致残的儿童，尤其在与中亚等尚未完全消灭脊灰的国家接壤的我国西部地区。

### 3. 脊髓损伤

脊髓损伤可以发生在个体一生的任何时段，先天性的脊髓损伤最常见的是脊柱裂。脊柱裂是指先天性的中线缺损[②]导致胎儿在发育过程中脊柱骨骼不能完全闭合，是一种神经管缺损，缺损的部位并不固定，从头部到脊髓末端任何部位都有可能缺损。由于脊柱未能闭合，脊柱内部的神经纤维(脊髓)会突出，从而导致神经出现器质或功能层面的损伤，其后果便是脊髓损伤。脊柱裂会导致患儿双腿瘫痪，因为肛门及膀胱括约肌无法正常工作，也常常伴随着两便失禁。脊柱裂的缺口可以通过外科手术进行修补，但已经损害的神经并不能修复。需要指出的是，脊柱裂的病因目前依然没有定论。

后天脊髓损伤多由意外伤害，如车祸、高空坠落、重物击打等造成，一些疾病也可能会导致脊髓损伤，如脊髓瘤压迫脊髓神经。脊髓损伤的直接后果就是相应的肢体或躯干瘫痪，这取决于脊髓损伤的部位和损伤严重程度。有的脊髓损伤患者可能只是下肢末端的运动控制受到影响，可以独立行走或借助辅助支具来行走；严重的脊髓损伤患者脖子以下身体完全失去知觉，即"高位截瘫"。大部分脊髓损伤患者需要终身依靠轮椅来实现移动。一些脊髓损伤的并发症，如间歇性身体疼痛、瘫痪肢体血液循环不畅、褥疮等也是患者常常要花费大量精力和时间去面对的。

### 4. 癫痫

癫痫同样由大脑损伤引起，癫痫发作时会出现意识丧失、无法控制的身体运动(如抽搐)、异常的感知觉等。癫痫患者同时也常常伴随着其他的慢性神经系统疾病，并会反复发作。很多发展性障碍儿童，如脑性瘫痪、智力障碍、情绪障碍等儿童会有癫痫的症状，因为这些儿童的大脑异常活动较普通儿童更加常见。

随着现代医学及脑科学等领域的进步，癫痫的病因正在越来越清晰地呈现出来，

---

① 顾方舟口述，范瑞婷访问整理．一生一事：顾方舟口述史[M]．北京：商务印书馆，2018：101-104.

② 在人体胚胎发育早期，胚胎的两半长到一起或者在中线处闭合，如果闭合不全会导致先天性的中线缺损，如唇腭裂。

最直接的病因包括大脑缺氧、低血糖、感染和身体创伤①等。癫痫的发作频率并不固定，每次发作都可能对大脑造成损伤或破坏大脑功能，但是，癫痫发作时可以通过药物实现一定程度的控制。

### （二）肌肉与骨骼障碍

肌肉与骨骼障碍是因肌肉或骨骼组织的缺陷或病症而导致的肢体残疾，这类障碍会影响患者的四肢、躯干甚至脊柱，从而影响患者日常行走、站立、坐立及上肢动作等。肌肉与骨骼障碍的成因既有遗传层面的，也有后天获得性的。遗传层面的成因主要有进行性肌萎缩（又称肌肉萎缩）、成骨不全（俗称"瓷娃娃"，一种罕见病）、先天肢体畸形（如先天四肢缺失，又称海豹肢症）等遗传性疾病。后天成因包括类风湿性关节炎、截肢等。

### （三）其他肢体残疾

以上两大类别已经能够覆盖大部分常见的肢体残疾，但仍然有一些例外的情况。一些我们认为与肢体功能似乎并没有直接关联的广泛性疾病，实际上也会导致一定程度的肢体残疾：有些疾病的并发症会直接伤害运动神经或肌肉组织，进而影响人体的运动能力和健康状况；有些慢性病会导致体弱或肢体能力障碍，包括哮喘，免疫系统疾病（获得性免疫缺陷综合征、系统性红斑狼疮等），肥胖等。

哮喘是一种比较常见的呼吸道疾病，原因系人体气道发生炎症或其他阻塞，进而出现呼吸困难。哮喘症状严重时，当事人可能无法进行任何活动。

免疫系统疾病主要破坏人体的免疫系统，导致人体抵抗病菌的能力减弱，继发各种病症，如肺结核、恶性肿瘤、关节炎、肌无力、器官衰竭等②③。

病理性肥胖并非惯常意义上的肥胖，而是指因某种疾病而引起的肥胖，如甲状腺机能减退性肥胖、肝炎后肥胖等。单纯性肥胖出现较严重的并发症时，也意味着肥胖成为病理性。严重的肥胖会加重人体各种脏器的负担，也会让人体的移动变得困难，损害关节和肌肉组织。由于脂肪在体内的堆积，会使人体的代谢系统发生紊乱，导致血脂异常、肝功能损伤、血管疾病等。肥胖常常伴随着容易气喘、关节痛、肌肉酸痛等症状。

### 巩固与思考 ⋯⋯▶

1. 肢体残疾与导致肢体残疾的原因有什么区别？
2. 请列举至少三类肢体残疾的原因，并简要描述。

---

① ［美］丹尼尔·P. 哈拉汉，詹姆士·M. 考夫曼，佩吉·C. 普伦. 特殊教育导论［M］.11 版. 肖非，等译. 北京：中国人民大学出版社，2010：460.

② 林丹华，方晓义，李晓铭，等. 中国流动人口艾滋病问题及预防干预［J］. 中国艾滋病性病，2005（2）：158-160.

③ 中华医学会风湿病学分会. 系统性红斑狼疮诊治指南（草案）［J］. 中华风湿病学杂志，2003（8）：508-513.

# ▶任务二
## 肢体残疾儿童身心特点与教育

**问题情境 ⋯⋯▶**

肢体残疾儿童往往有着比较外显的身体损伤特征，能够很明显地意识到自己与他人的区别，而这种区别更多时候表现为"劣势"或"弱势"，成为肢体残疾儿童在教育环境中遭遇障碍的主要原因。那么，肢体残疾儿童的心理与行为有何典型特征？教育部门应该做好哪些准备来接纳可能出现的肢体残疾儿童？

### 一、肢体残疾儿童的心理与行为特征

由于造成肢体残疾的原因，时间，细节及残疾的表现特征、严重程度等各不相同，肢体残疾儿童成长的环境也充满了差异性。在学校环境中，决定儿童发展的环境与心理因素也非常多样，因此，肢体残疾儿童的特征是高度个性化的、多种多样的。

#### （一）学业表现特征

总体上，肢体残疾儿童的学业表现水平是低于同龄普通儿童的，其原因是复杂的。一方面，一些中度和重度肢体残疾儿童在求学期间需要比较频繁的医学康复、病休调养等，无法和同龄普通儿童一样保证充分的课堂出勤率，在学习时间与精力上无法达到相应的要求；另一方面，肢体残疾儿童需要额外付出大量的精力来应对由于身体上的损伤或病弱带来的生理性疼痛与不适感，这无疑也会影响到其学习过程。在课堂上，一部分肢体残疾儿童可能只需要常规的教育就能够学得很好，而另一部分儿童则可能无法实现同样的学习效果。这部分儿童可能伴随感官或心智层面的障碍，加上学习节奏经常性地被各种康复与其他变故打断，很难取得良好的学业成就。一些移动困难或重度体弱的儿童很可能只能在家里休养，连进入教育机构的机会都没有。

此外，一部分轻度的或暂时性的肢体残疾儿童极有可能在学业上没有任何缺陷，甚至有可能会在学业表现上非常优异。同样地，一些残疾程度很重，但智商水平很高、学习动机强烈的肢体残疾儿童，如果能够得到教师与家庭的充分支持，同样能够在学业表现上非常优秀。

#### （二）情绪行为特征

通常来说，肢体残疾儿童并没有特别的情绪行为障碍，在性格特征上也与普通儿童没有太大差别。但也有研究表明，肢体残疾儿童在社会性行为方面的技能表现低于

整体的平均水平①，这意味着，相比没有残疾的儿童，肢体残疾儿童群体整体上可能更加需要情绪行为层面的关注。正如哈拉汉等人所言：肢体残疾儿童最大的教育问题并非高度专业化的教学，他们中的大多数能够适应和接受普通的教育教学方法；对这部分儿童来说，最大的教育问题是教会没有残疾的人知道残疾是什么，以及如何与残疾儿童相处②。

肢体残疾儿童所处的环境对其心理有着重要的影响与感染作用，来自外界的看法会时刻左右这些儿童的情绪及心态。公众的态度对肢体残疾儿童自我理解及心理调适、行为举止及社会适应等都有着极大的影响。如果公众害怕、拒绝或者歧视这部分肢体残疾儿童，他们就必须用大量的精力隐藏自己的残疾特征来缓解耻辱感。如果公众公开怜悯肢体残疾儿童或者给他们贴上无用的标签，这些儿童很可能会慢慢形成依赖的性格。不固定的"上学—缺勤—上学"模式可能会让他们产生焦虑情绪，身体上明显的残疾特征也可能会给他们带来情绪障碍。

对肢体残疾儿童来说，学校里教师和同学对待残疾的态度和做法与残疾本身几乎是同等重要的。实际上，包括肢体残疾儿童在内的所有个体，都应该学会尊重自己，好的教师能够将有残疾的儿童视为人类多样性的体现而非累赘。如果周围的人能够把肢体残疾儿童看作独立的人——只是受到了某种限制，而不是依赖者，他们在其他方面与普通人都并无差别，这会更有利于残疾儿童独立性的培养，并能够增强他们的自信与责任感。

## 二、肢体残疾儿童的教育安置与学校生活

### （一）安置方式

对于肢体残疾儿童而言，最好的教育安置方式是普通学校。因为他们受损伤的部分主要在身体组织和功能层面，只要学校提供足够的支持服务，他们就能取得和普通儿童一样的学业成就和发展水平。

正如前文所述，相比其他类型的残疾儿童所需要的特殊化教学设计，肢体残疾儿童更需要学校在人文环境层面做出革新与进步。很多肢体残疾儿童的身体状况会稳定在某种功能受限状态(如脊髓损伤的儿童需长期使用轮椅)，这意味着医疗康复对于他们来说，短时间内无法提供更进一步的突破性支持，此时，被接纳就成为这些儿童最基本的需要。儿童对于自己外显的残疾特征的反应基本可以折射出周围人对待他们的方式。因残疾而感到的羞愧与内疚显然并不单纯由残疾儿童自己萌生，而是其与环境互动、建构的结果。当普通儿童羞辱或者责备残疾儿童的时候，他们就会产生基于残疾的消极感受。

---

① ［美］休厄德. 特殊需要儿童教育导论［M］. 8 版. 肖非，等译. 北京：中国轻工业出版社，2007：380.
② ［美］丹尼尔·P. 哈拉汉，詹姆士·M. 考夫曼，佩吉·C. 普伦. 特殊教育导论［M］. 11 版. 肖非，等译. 北京：中国人民大学出版社，2010：454.

普通学校应该做好接纳肢体残疾儿童的准备，这种准备包括至少两个方面：其一，在入学环节接纳有肢体残疾的儿童；其二，做好儿童在读期间遭遇变故从而成为肢体残疾的准备。充满接纳、宽容和融合的校园环境，是肢体残疾儿童能够充分享有公平受教育权的重要保障。学校融合的价值理念框架在于，融合应该围绕"公平""权利""参与""共享""可持续"五个核心价值来展开[①]。针对肢体残疾儿童的学校调整也应围绕融合来进行。融合的学校文化并不是美好的价值空谈，而是实实在在的教育实践过程。"一切为了孩子、为了孩子的一切、为了一切孩子"的办学理念是我们的学校发出过的最响亮和鲜明的融合教育口号。

**（二）环境调整**

对肢体残疾儿童来说，"无障碍"几乎是他们进入学校的第一步。肢体残疾儿童往往存在移动障碍，因此物理层面的无障碍环境对肢体残疾儿童就显得尤为重要。不管是借助轮椅、拐杖、助行器，还是依靠剩余器官功能，自由移动对于肢体残疾儿童来说都是一件需要付出更多时间和精力的事。学校应当考虑到这种学生需求，配备坡道、电梯和有效防滑的道路铺设。目前一种流行的建筑与设施设计理念是"通用设计"，其核心是一种普适性的设计理念，在考虑产品或建筑设计的使用对象时不局限于普通人群，同时考虑到老人、儿童，以及各类残疾人。简言之，就是在产品、环境或建筑设计之初即以"全体大众"为出发点，考虑到所有的人，无论其身体状况、年龄、障碍的程度，让设计的环境、空间与设备产品能适合所有人使用[②]。一种台阶与坡道相结合的通用设计案例如图 5-1 所示。

**图 5-1　包含"通用设计"理念的台阶—斜坡结合体**

---

① Collins，M. . Index for inclusion developing learning and participation in schools[J]. *Educational Psycholgy in Fractise*，2012，28（4）：445.

② 李斌，万莉君 . 从无障碍设计迈向通用设计[J]. 包装工程，2007(8)：186-188，255.

教师及学生经常使用的学校建筑与设施，要尽量设计为适合轮椅、拐杖等使用者的方案。例如，教室的门口不应该设置台阶，卫生间应该符合无障碍的相关标准，课桌与座椅的高度应该是可调整的——以适合个子矮小的学生等。

物理空间的无障碍只是环境调整的一方面，另一方面的环境调整主要在于营造一种接纳氛围的人文环境。前文中已经有所涉及，在学校环境中，肢体残疾儿童的遭遇常常是类似的：不是受到过多的怜悯、同情和保护，就是被拒绝、凝视甚至嘲笑，并因此而被排除在学校集体活动之外。肢体残疾儿童因为外显的特征，很容易成为校园欺凌和歧视的对象，而健康的校园文化不应该有任何基于残疾的歧视。在哈拉汉等人看来，公众的态度对肢体残疾儿童的自我概念，以及心理适应、教育和就业的机会都会产生极大的影响。如果"公众害怕、拒绝或者歧视肢体残疾儿童，那么这些儿童就必须用大量的精力来隐藏让他们感到耻辱的异常"[①]。这段话很准确地描述了肢体残疾儿童，尤其适用于轻度肢体残疾儿童。他们之所以想办法掩盖自己的残疾，甚至明明知道掩盖不掉仍然坚持这一举动，正是因为公众对他们的残疾并没有真正接纳。公众害怕、拒绝甚至歧视他们，而他们又需要在普通人为多数的社会环境中生活，于是他们不得不选择改变自身去适应环境，而很少或放弃去考虑自己在这样的社会环境中拥有哪些权利。

肢体残疾或具有其他外显残疾特征的儿童如何适应他们的物理限制，以及如何应对社会人际关系，在很大程度上取决于周围人及公众对其的反应。前文提到的残疾儿童对自身残疾的"掩盖"，对一些自身权利的拒绝等，根源来自主流社会对残疾的态度。在快速发展的人类社会当中，并不是所有的进步都要以牺牲为前提，我们庆幸自己已经意识到多元的存在并不是错误，而是一种必要。当我们对残疾群体越来越持开放和包容的态度，越来越多地发现他们的潜力和特长，而不是残缺和短板的时候，就会越愿意以平等的态度去和他们相处。这种意义上的平等，意味着没有歧视，没有同情，没有任何倾斜性质的特别关注，每个个体在人格和尊严上平等。但平等对待并不意味着拒绝承认残疾的存在，正因为残疾存在的事实，才使得我们为了平等去提供适合他们的环境和帮助，让包括残疾人在内的所有人一起，平等共享人类文明的成果。

### （三）教学调整

尽管相对于其他残疾类型的儿童而言，肢体残疾儿童并不需要高度专业化的特殊教育教学设计，但是中重度的肢体残疾儿童仍然需要教学与课程设计上的一些调整。这种调整常常不在于课程内容与难度，而在于教学方式与媒介。

比较常见的教学调整是合作教学，因为肢体残疾儿童在求学期间很可能也在进行

---

① ［美］丹尼尔·P. 哈拉汉，詹姆士·M. 考夫曼，佩吉·C. 普伦. 特殊教育导论［M］. 11 版. 肖非，等译. 北京：中国人民大学出版社，2010：468.

医疗康复，教育、治疗、社会性行为等活动之间会相互影响，最终体现在儿童的行为表现上。因此学校教师与医疗康复人员之间的合作成为针对肢体残疾儿童的合作教学中最常见的模式。与教师进行合作的康复人员最常见的就是物理治疗师和作业治疗师。

物理治疗师负责肢体残疾儿童的物理康复，尤其对于患有脑性瘫痪、脊髓损伤导致的截瘫、进行性肌肉萎缩(渐冻症)等儿童来说，物理康复几乎是必需的护理，可以缓解他们的肌肉萎缩与血液循环，改善他们的体力状况等。具体的康复举措可能会非常多样：矫形器使用、按摩、适应性体育锻炼等。这些康复治疗需要肢体残疾儿童长期坚持。在肢体残疾儿童的日常生活与学习中还有很多需要注意的事情。例如，截瘫的儿童如果长期保持同一坐姿会导致褥疮，尤其在炎热的夏天。因此，残疾儿童的教育方案必须由治疗师与教师共同来完成，以达到更好的教育效果。

作业治疗师关注的是肢体残疾儿童在学习和其他活动中的参与，有助于儿童自理、就业、休闲娱乐、沟通交流及日常生活技能等活动的完成。通过在各种"作业"过程中获得引导、训练、帮助等，如准确握笔、快速扣扣子、盲打键盘等，肢体残疾儿童逐步建立自信和独立的意识，形成自我概念与职业潜力。

除此之外，还有一些其他的专业人员，如言语治疗师、适应性体育教师、学校医护人员、假肢制作人员等，都有可能参与到肢体残疾儿童的教育教学方案中来。学校教师要做好迎接肢体残疾儿童进入自己班级的准备，与这些专业人员合作，共同制定教育教学实施方案。在合作的过程中，教师与专业人员之间应慢慢建立默契，有哪方面需求、何时需求、需求频率与程度等应成为合作教学的中轴。

### （四）辅助技术

用于支持特殊需要群体的技术通常被称为"辅助技术"。特殊需要群体在某些方面的障碍或缺陷导致其参与日常生活活动受限，因此需要特殊的支持和服务。辅助技术并不一定是一个高深的词汇，尤其对于肢体残疾儿童来说，任何可以辅助他们达到某一实际任务或目标的科学方法，都可以称为辅助技术。简易的木制拐杖是辅助技术，具备各种传感器的智能电动轮椅也是辅助技术。所有指向辅助技术的选择都基于肢体残疾儿童的需求，且使用技术的目的也在于增强肢体残疾儿童生活和学习的便利性。实际上，这是一种赋能行为，因为辅助技术的介入可以让肢体残疾儿童只需要很少的帮助，甚至不需要别人的帮助就能实现独立生活。

在目前的学校环境中，计算机辅助设备已经非常普遍。基于计算机的辅助技术也已十分高端和复杂，如语音转换技术、人脸识别技术等。一些肢体残疾儿童由于运动控制神经系统受损，可能会存在言语问题，此时，语音辅助技术就成为很好的学习辅助工具。例如，一个无法说话的脑性瘫痪儿童可以通过语音辅助设备将自己的想法报告出来，实现与同伴和教师的沟通。与此同时，由于身体机能的特点，肢体残疾儿童的身体受损部位常常需要不间断的护理，如血液循环、保温、气流交换等，一些具备按摩、发热、透气等功能的设备就可以帮助实现这类功能。例如，一个截瘫的儿童可以使用带有透气坐垫的轮椅来缓解臀部的气流状况，防止褥疮；在需要长时间保持坐姿的学习任务中，按摩椅会是非常友好的辅助技术。

需要指出的是，辅助技术并非全能，很少有现成的某种技术可以为残疾儿童提供最大效能的帮助，因此，在购买辅助技术设备或服务时，要结合儿童的现实特征与真实需求，且儿童的需求有可能是动态变化的。此外，还要考虑设备的易用性和使用过程中的经济花费等。

### 巩固与思考 ·····▶

1. 简要描述肢体残疾儿童的心理及行为特征。

2. 简要描述肢体残疾儿童的教育安置方式。

3. 肢体残疾儿童教育的难点是什么？对他们而言，高度专业化的教育教学设计与融合的教育环境分别有什么意义？

4. 脑性瘫痪儿童的个别化教育重点是什么？

5. 尝试设计一个针对肢体残疾儿童的教学调整方案。

## ▶任务三
# 肢体残疾儿童的社会融合

### 问题情境 ·····▶

肢体残疾儿童受到的限制主要在于运动能力及社会大众的观念，以及由此延伸出的社会大众的歧视。学校教育应当为肢体残疾儿童步入社会做好准备。那么，肢体残疾人在进入社会后一般会面临哪些问题？学校教育具体应该做好哪些准备？

### 一、社会融合与学校转衔

西方有很多学者对"融合"的含义进行了探讨，学者认为，融合包含两层含义：其一在于教育层面，即残疾儿童应在正常环境中（普通学校）与普通儿童一起接受平等、适当的教育；其二在于社会参与层面，即残疾人应当平等、全面地参与社区生活[①]。社会融合即意味着，在所有社会成员参与社会生活的过程中贯彻融合的价值理念，每个社会成员都能够平等、全面、可持续地参与各种社会生活，不因种族、性别、残疾、

---

① Villa，Thousand，J. S. . Creating an Inclusive School[M]. US：Association for Supervision and Curriculum Development，1995：1-13.

文化背景等差异而受到排斥。

现实中，肢体残疾儿童的社会融合是学校教育无法避开的一个话题，因为这涉及儿童从学校到社会的过渡，在特殊教育中又称转衔：从一种环境或状况向另一种环境或状况转变。如何让走出校门的残疾人能够实现顺利转衔，涉及的并不是简单的环境变化问题，而是复杂的适应性问题。肢体残疾儿童从学校进入社会面临的最主要的两个问题是就业与社会适应。这是他们人生的第一个重要的转折点，他们需要真正严肃地思考独立性问题、工作问题和人际交往问题，而残疾的身体让这些问题变得更加复杂。

学校在针对肢体残疾儿童的转衔中需要考虑的是，在他们进入社会之前，要有充足的职业教育与社会适应性教育。职业教育对于肢体残疾儿童而言尤为重要，因为这直接关系到他们的生存。由于社会整体观念对残疾人的排斥，残疾人找工作一直是一个社会性问题。如果他们在接受学校教育的过程中掌握了某项过硬的职业技能，会是一个良好的就业基础。社会适应性教育与肢体残疾儿童的身份和人格高度相关，这将在下一部分"残疾身份问题"中进行介绍。

## 二、残疾身份问题

如前文所述，残疾身份问题是残疾人社会适应过程中无法避开的问题，因为他们的所有社会性行为都是带着残疾身份进行的，残疾身份也会影响他们理解自己与周围环境的方式。

残疾身份发展的概念可以追溯到美国心理学家埃里克森的心理社会发展理论[①]。该理论认为个体的身份发展是一个社会、历史综合建构的过程，涉及性别、社会阶层、年龄、性取向、种族、能力等诸多方面，为此他构建了"八阶段模型"来解释个体的身份发展过程。该模型认为个体通过特定阶段的困境事件(涉及情感、价值及概念建构等)，在矛盾中进行抉择，最终找到一个最佳的平衡点，才能顺利走出该阶段并获得相应的品德。残疾身份与该模型的第五阶段"身份与角色困惑"相关联。在"残疾"语境下，关于个体差异的任何一个新的诊断(如脑性瘫痪伴随的癫痫)或认识(如公众对孤独症的误解)都会触发残疾人对自身角色和身份产生混淆乃至困惑。

残疾身份的独特之处在于，它为残疾人认识自我、认识自己的身体、与周围环境互动，以及适应自身残疾提供了相应的路径。与性别身份、种族身份等亚文化身份类似，残疾身份发展不仅涉及社会分类及意义建构的问题，而且涉及生理和生物学问题。残疾人必须同时与自己的生理损伤及残疾的社会意义进行协商，共同形成一种身份认同。种族身份、性别身份等方面的研究已经表明，积极的身份认同对个体的健康(生理＋心理)具有积极意义，如提升自信、改善自尊感、显著减少抑郁及自杀倾向等，残疾身

---

① Erikson，E. H.. *Identity：Youth and Crisis*[M]. New York：Norton，1968：216-221.

份发展与健康之间可能也存在某种关联。身份发展作为一项基本的社会化过程，通过残疾人对周边重要他人，如教师、康复人员、治疗师、护理人员等的观察、认识和模仿来实现其身份整合。对于从事残疾相关服务的人员来说，理解残疾身份的发展过程可以提供更好、更适合的教学、干预、治疗及护理等。这意味着，残疾身份研究是支撑包括特殊教育在内的残疾服务事业的基础研究之一，对开展随班就读的普通学校工作人员、医疗康复机构人员、社会工作者、残疾儿童家长，以及残疾儿童本身都具有重要意义。①

值得声明的是，肢体残疾儿童是对自我身份最为敏感和看中的残疾群体之一，他们能够敏锐地觉察到外界对自己的态度与做法，并在自己的性格发展过程中留下烙印。教师应该具备一定的与残疾身份有关的知识，否则无法判断残疾儿童的行为背后的原因，也就无法给出合理的解决方案与教育措施。肢体残疾儿童自己也应当对身份问题高度重视，这是他们顺利融入主流社会并实现自我价值的关键。

## 巩固与思考 ⋯⋯▶

结合本部分内容，自行查找有关"残疾身份"的文献资料，并论述你对"残疾身份"的理解。

---

① 赵勇帅，邓猛，汪斯斯. 西方残障身份发展理论述评及本土化思考[J]. 残疾人研究，2020(1)：33-40.

# 模块六　多重残疾儿童教育指导

## 模块导入

"最后一公里"是近年来国内各种新闻媒体上的一个热词，最初仅仅是指从城市轨道交通或公交站点到居民家中的一段路程，因其缩减难度之大和意义之大而成为各个城市完善公共交通体系的瓶颈之一，后被引申为在完成某件事的过程中最后且最关键的环节或步骤，进而被广泛运用在物流管理、行政管理、公共服务、民生保障等领域。

何谓特殊教育的"最后一公里"？

在特殊教育领域，多重残疾和重度、极重度残疾儿童的教育及相关服务问题无疑就是整个特殊教育事业未来发展和服务供给的"最后一公里"，尽管这类儿童在特殊儿童当中所占的比例并不高。

## 学习目标

1. 掌握多重残疾的基础知识。
2. 掌握多重残疾儿童教育的原则和方法。
3. 了解针对多重残疾儿童的相关支持和服务。

他全身瘫痪，不能言语，只有手部三根手指可以活动，却始终以坚强的意志和乐观的态度面对生活。他智慧非凡，堪称天才，23 岁即取得剑桥大学博士学位并留校从事研究工作，先后出版《时间简史》《宇宙简史》等多部科学巨著，被誉为现代伟大的物理学家、20 世纪享有国际盛誉的伟人之一。他就是斯蒂芬·霍金（Stephen Hawking）。霍金的情况在古今中外都是极为罕见的，从某种意义上讲，他是不幸的，也是幸运的，因为并非所有的多重残疾人士都能拥有他那样的受教育条件，像他那样获得全面的支持服务。

**模块思维导图**

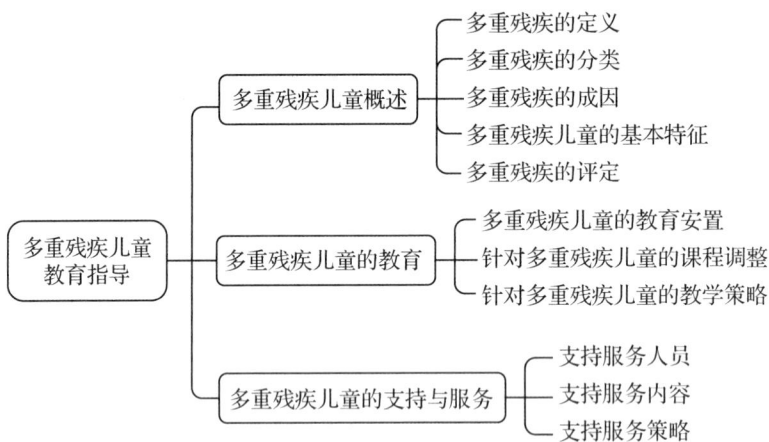

```
                                          ┌── 多重残疾的定义
                                          ├── 多重残疾的分类
                        多重残疾儿童概述 ──┤── 多重残疾的成因
                                          ├── 多重残疾儿童的基本特征
                                          └── 多重残疾的评定

  多重残疾儿童                              ┌── 多重残疾儿童的教育安置
  教育指导      ── 多重残疾儿童的教育 ──────┤── 针对多重残疾儿童的课程调整
                                          └── 针对多重残疾儿童的教学策略

                                          ┌── 支持服务人员
                  多重残疾儿童的支持与服务 ┤── 支持服务内容
                                          └── 支持服务策略
```

# ▶任务一
## 多重残疾儿童概述

**问题情境 ·····▶**

多重残疾是什么？包括哪些类型？病因有哪些？多重残疾儿童有哪些基本特征？如何开展评估与鉴定？在这部分我们将逐一对上述问题进行说明。搞清这些基本问题是我们更加深入地思考和理解如何为多重残疾儿童提供适合的教育和支持服务的前提。

### 一、多重残疾的定义

#### （一）多重残疾的概念

在整个特殊教育界，相比于其他残疾类别而言，多重残疾是一个出现较晚的概念。直到 1977 年，该术语才首次出现在美国联邦特殊教育法案中。[①] 我国 1987 年全国残疾人抽样调查中使用"综合残疾"的名称，1990 年颁布的《残疾人保障法》(2008 年修订)当中改称"多重残疾"，2006 年第二次全国残疾人抽样调查中沿用"多重残疾"的名称，并将其定义为：存在两种或两种以上残疾。无论是国家质量监督检验检疫总局和国家标准化管理委员会 2011 年联合发布的《残疾人残疾分类和分级》国家标准(GB/T 26341—2010)，还是中国残疾人联合会和卫生部[②] 2013 年组织编写的《多重残疾评定手册》，均将残疾按照性质划分为视力残疾、听力残疾、言语残疾、肢体残疾、智力残疾、精神残疾六类，并且规定同时存在两种或两种以上残疾情形的即为"多重残疾"。[③]

✐ |想一想|

在美国对残疾的分类标准当中，多重残疾并不包括盲聋。请大家思考一下为什么美国特殊教育界要把盲聋单列为一种残疾，而不归入多重残疾？

---

① 方俊明．特殊教育学[M]．北京：人民教育出版社，2005：308．

② 2013 年 3 月，根据第十二届全国人民代表大会第一次会议审议的《国务院关于提请审议国务院机构改革和职能转变方案》的议案，将卫生部的职责、国家人口和计划生育委员会的计划生育管理和服务职责整合，组建国家卫生和计划生育委员会，不再保留卫生部。

③ 叶奇，熊妮娜，牛媛媛．多重残疾评定手册[M]．北京：华夏出版社，2013：4．

### （二）多重残疾的出现率

由于在概念界定和分类标准方面存在差异，不同国家和地区统计出的多重残疾的出现率存在较大差异。我国第二次全国残疾人抽样调查主要数据公报显示，截至 2006 年 4 月 1 日零时，全国各类残疾人的总数为 8 296 万人，其中多重残疾 1 352 万人（占 16.30%），[①] 排在全部的七个残疾类型当中的第三位[②]。然而，在 246 万 6～14 岁学龄残疾儿童当中，多重残疾儿童数量高达 75 万人（占 30.49%），仅次于智力残疾（76 万人，30.89%，排在第二位）。[③]

美国 1987—1988 年的相关统计报告显示，多重残疾在 0～20 岁儿童当中的发生率为 0.17%，在各类残疾儿童当中占 2.20%。[④] 美国教育部 2012 年的统计数据显示，美国 6～21 岁儿童当中多重残疾的出现率为 0.20%。[⑤]

## 二、多重残疾的分类

分类从来就不是一件简单的事情，尤其是当我们面对较为复杂的事物或现象时，分类的维度往往是多元的。如果仅仅是从多重残疾的定义出发，按照单一残疾类型之间的不同组合，可以把多重残疾分为很多种类别，但该方法在现实当中缺乏实际意义，因为这种单一类型之间机械组合的分法包含了很多并不常见（出现率很低）甚至并不存在的情况。

多重残疾本身具有很强的复杂性，想要准确地对其进行分类并不是一件容易的事。从国内外的相关研究和实践来看，主要有以下几种分类维度和方法。

### （一）按照主要残疾划分

尽管多重残疾儿童身上同时存在两种或多种残疾，但是不同残疾之间在程度、影响等方面往往并不均衡，有明显的主次关系。依据多重残疾儿童存在的主要残疾进行分类是多数国家和地区采取的方法，据此可以将多重残疾划分为以智力残疾为主的多重残疾、以听觉残疾为主的多重残疾、以视觉残疾为主的多重残疾、以肢体残疾为主的多重残疾、以行为残疾为主的多重残疾和以其他某一显著残疾为主的多重残疾。

### （二）按照残疾数量划分

这种方法是以儿童存在的残疾数量来对多重残疾进行分类。我国 1987 年全国残疾人抽样调查中采用这种方法将多重残疾分为二重残疾（占 88.13%）、三重残疾（占 10.57%）、四重残疾（占 1.19%）和五重残疾（占 0.11%）。[⑥] 2006 年，第二次全国残疾

---

① 第二次全国残疾人抽样调查发布主要数据公报 全国残疾人总数已达 8 296 万[J]. 中国残疾人，2006(12)：5.
② 前两位分别是：肢体残疾 2 412 万人（占 29.07%），听力残疾 2 004 万人（占 24.16%）。
③ 纪钢. 第二次全国残疾人抽样调查主要数据公报（第二号）[J]. 中国残疾人，2007(6)：12-13.
④ 方俊明. 特殊教育学[M]. 北京：人民教育出版社，2005：310.
⑤ 刘春玲，江琴娣. 特殊教育概论[M]. 2 版. 上海：华东师范大学出版社，2015：239.
⑥ 朴永馨. 特殊教育辞典[M]. 3 版. 北京：华夏出版社，2014：469.

人抽样调查调整为二种残疾类别组合(占 81.05%)、三种残疾类别组合(占 15.42%)、四种残疾类别组合(占 3.01%)、五种残疾类别组合(占 0.44%),以及六种残疾类别组合(占 0.08%)。[①]

### (三)按照残疾程度划分

尽管多重残疾往往和重度残疾联系在一起,但实际上多重残疾也包含着不同的程度,按照这个维度可以将多重残疾分为不同的级别。《多重残疾评定手册》中规定,各类残疾按照程度均分为四级:残疾一级(极重度)、残疾二级(重度)、残疾三级(中度)和残疾四级(轻度)。视力残疾、听力残疾、言语残疾、肢体残疾、智力残疾、精神残疾都有专门的分级细则,而多重残疾分级的依据是"按所属残疾中残疾程度最重类别的分级确定其残疾等级"[②]。例如,若某儿童为二级视力残疾、三级听力残疾,则其多重残疾程度为二级;若某儿童为一级智力残疾、三级言语残疾和四级肢体残疾,则其多重残疾程度为一级。

## 三、多重残疾的成因

想要找到导致多重残疾的确切原因并不是一件容易的事。有研究认为,多重残疾当中 30%~40%缺乏可确认的致残原因[③]。事实上,造成各类儿童出生缺陷的生物医学机理相当复杂,不同类型残疾的成因存在差异,同一类型残疾的不同个体之间在成因上也不尽相同,目前有关这方面的研究还不充分。已知的主要因素包括遗传因素和环境因素两大类(见表 6-1)。一般来说,单纯由遗传因素引起的缺陷比例比较小,大多数缺陷是由环境因素或环境因素和遗传因素相互作用的结果。[④]

表 6-1　多重残疾影响因素

| 一级因素 | 二级因素 | 三级因素 |
| --- | --- | --- |
| 遗传因素 | 基因突变 | 单基因突变 |
| | | 多基因突变 |
| | 染色体异常 | 染色体数目异常 |
| | | 染色体结构畸变 |

①　第二次全国残疾人抽样调查办公室.第二次全国残疾人抽样调查资料(上)[M].北京:中国统计出版社,2007:173-174.

②　叶奇,熊妮娜,牛媛媛.多重残疾评定手册[M].北京:华夏出版社,2013:17.

③　[美]特恩布尔,等.今日学校中的特殊教育(上册)[M].3 版.方俊明,译.上海:华东师范大学出版社,2004:438.

④　方俊明.特殊教育学[M].北京:人民教育出版社,2005:314.

续表

| 一级因素 | 二级因素 | 三级因素 |
|---|---|---|
| 环境因素 | 自然环境因素 | 物理因素 |
| | 人为因素 | 化学因素 |
| | | 微生物因素 |
| | | 妊娠者机体的生理代谢调节和应激反应能力 |
| | | 生活习惯(如是否吸烟或酗酒) |
| | | 疾病 |
| | | 临产期和产程的监护与辅助技术 |

《多重残疾评定手册》当中指出，多重残疾人的残疾多重性反映了致残原因的交叉性。该手册以 2006 年第二次全国残疾人抽样调查当中对残疾样本致残原因的统计数据为基础，分析出导致各类多重残疾的主要原因及其构成(见表 6-2)。

表 6-2　各类多重残疾的主要致残原因及其构成[①]

| 多重残疾类别 | 前 5 位的致残原因及占比 | | | | |
|---|---|---|---|---|---|
| 多重视力残疾 | 白内障<br>(59.6%) | 视网膜<br>病变(10.2%) | 角膜炎<br>(7.0%) | 青光眼<br>(4.6%) | 视神经病变<br>(4.1%) |
| 多重听力残疾 | 老年性耳聋<br>(44.6%) | 原因不明<br>(18.1%) | 遗传<br>(7.0%) | 中耳炎<br>(6.1%) | 药物中毒<br>(6.0%) |
| 多重言语残疾 | 听力障碍<br>(27.9%) | 脑梗死<br>(12.2%) | 原因不明<br>(12.0%) | 智力低下<br>(11.8%) | 其他<br>(9.3%) |
| 多重肢体残疾 | 脑血管疾病<br>(29.3%) | 骨关节病<br>(17.7%) | 其他外伤<br>(11.3%) | 其他<br>(9.5%) | 脑性瘫痪<br>(9.4%) |
| 多重智力残疾 | 脑疾病<br>(36.8%) | 原因不明<br>(21.7%) | 遗传<br>(10.5%) | 其他<br>(7.5%) | 惊厥性疾病<br>(5.4%) |
| 多重精神残疾 | 痴呆<br>(33.3%) | 精神分裂症<br>(19.8%) | 其他器质性精神障碍(15.3%) | 癫痫<br>(9.3%) | 其他<br>(5.7%) |

此外，近年来多重、重度残疾儿童数量的日益增多也与当代医学的发展进步密切相关。对于残疾现象而言，医学的发展是一把双刃剑：在预防和治疗残疾的同时也可能会增加某些残疾的数量。一些原本很难存活的异常胎儿由于医疗技术的进步而得以存活，但这些胎儿出生后也不可避免地伴有一系列的健康问题。比如，作为现代医学的一项显

---

① 叶奇，熊妮娜，牛媛媛. 多重残疾评定手册[M]. 北京：华夏出版社，2013：36-52.

著成果，临床研究和助产技术提高了早产儿的存活率，但也导致多重、重度残疾的出现。

## 四、多重残疾儿童的基本特征

由于多重残疾之间的异质性高于同质性，想要精确描述不同多重残疾儿童的所有特征如同探究其病因一样困难。尽管如此，我们还是能够从极大的差异性中概括出一些较为普遍的特征，以便更好地认识和服务于这类儿童。以下从身体、心理和社会适应三大方面进行介绍(见表6-3)。需要说明的是，下列这些特征只是多重残疾儿童群体当中比较常见的，而非每个多重残疾儿童都同时具备。

表6-3　多重残疾儿童基本特征

| 一级特征 | 二级特征 | 典型表现 |
| --- | --- | --- |
| 身体方面 | 健康 | 基本健康状况不佳，心肺、消化等功能差，身材较同龄儿童单薄瘦小，体质欠佳，易患病等 |
| | 运动 | 动作发展迟缓、不协调或严重运动残疾，行动受到不同程度的限制 |
| 心理方面 | 认知 | ①视觉、听觉等感觉通道受阻或不畅<br>②观察、比较、分析、综合、概括、判断、推理等抽象思维能力差<br>③语言发育迟缓，只能讲有限的几个字句甚至无法进行言语沟通 |
| | 智力 | 智力存在缺陷或智力功能不佳，严重的无法用现有的智力测验工具测量 |
| | 学习 | 知识、技能学习的速度慢，学习效率低，知识、技能的保持和迁移能力差 |
| 社会适应 | 生活 | 衣、食、住、行、个人卫生和安全防护等多个方面基本生活自理能力差，需要他人照料，甚至终身不能获得相应的能力 |
| | 人际 | 沟通交流、人际交往能力不佳 |
| | 行为 | ①无社会意义的刻板行为<br>②行为过激、不文明或缺乏互动意愿<br>③自残或攻击行为 |

### 拓展延伸

"整体大于部分之和"是古希腊哲学家亚里士多德的一句名言，也是现代系统科学中的一条著名定理。这句话强调的是事物整体的性质并非其各个组成部分在孤立状态下性质的简单加和。这里的"大于"并不能被简单地理解成一种数学上的比较，而是指一种"质的超越"或"新质的生成"。

同样的道理，由两种或两种以上不同类型残疾构成的多重残疾，其性质也绝非几种单纯残疾特征的简单相加，对儿童身心发展造成的影响和对教育提出的挑战也是倍增的。

## 五、多重残疾的评定

一般来讲，多重残疾儿童的残疾程度往往较重，显性特征更为突出，因而更容易被辨识。但由于残疾自身的复杂性及群体内不同个体之间存在很大的异质性，对多重残疾儿童的评估和鉴定，难以用一个相对统一的工具和方法进行，评定的程序也更为复杂。

### （一）评定的原则

#### 1. 多方参与

多重残疾的评定需要多个学科人员的参与，包括多重残疾儿童的父母或其他照料者，医生(可能涉及多科)，特殊教育教师，心理学家，治疗师(物理、言语和作业治疗师等)，以及社会工作者等。这些人员均需经过严格的专业训练，有评定多重残疾儿童的相关经历。

#### 2. 多轮评估

任何一名疑似多重残疾儿童的确诊，往往需要经过多次诊断评估才能得出比较可靠的结论。

### （二）评定的方法

#### 1. 观察法

评定人员根据事先拟定的测评提纲，在自然环境下对疑似多重残疾儿童进行观察，或将评定的项目和方法传授给家长或其他照料者由其代行，也可由家长录制音像资料，然后多方人员共同分析。[①]

#### 2. 实验法

在人为控制的环境下，利用量表、医疗器械等特定的评定工具对疑似多重残疾儿童进行指令性测试。

#### 3. 访谈法

评定人员通过走访疑似多重残疾儿童的家人、邻居、教师或同伴等，了解和掌握有关该儿童的各类信息。

#### 4. 推断法

假如上述方法由于种种原因均无法进行，评定人员可通过查阅医疗机构的相关记录，结合疑似多重残疾儿童的实际表现，参照其他残疾儿童的诊断标准进行推断，并在后期的教育安置和康复训练中不断修正和完善推断。

### （三）评定的程序

对疑似多重残疾儿童进行评定需按照一定的程序，具体参照图 6-1。

---

① 方俊明. 特殊教育学［M］. 北京：人民教育出版社，2005：317.

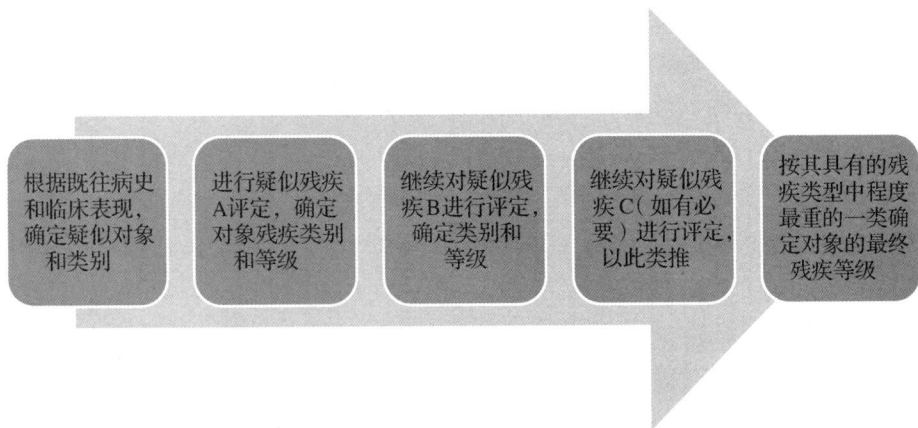

图 6-1　多重残疾儿童评定程序

**巩固与思考** ·····▶

1. 海伦·凯勒在我国和美国的残疾分类标准当中所属的残疾类型是否一致？若不一致，分别属于哪种类型？

2. 在一些新闻报道和学术文献当中，有些作者喜欢用"双重残疾"这一名词来形容某些特定对象，请根据所学知识谈谈你对这个名称的看法。

3. 若小明先后被鉴定为"听力残疾三级""肢体残疾二级""智力残疾四级"，那么按照我国现行的残疾分级标准，小明的残疾级别应为几级？

# ▶任务二
# 多重残疾儿童的教育

**问题情境** ·····▶

如何对多重残疾儿童进行教育安置？既然不同多重残疾儿童的具体情况可能是千差万别的，那么在为这些儿童开展教学活动时有没有一些相对普遍的课程调整策略和基本的教学原则？在任务二中我们将逐一对上述问题进行说明。

## 一、多重残疾儿童的教育安置

多重残疾儿童大多是严重残疾儿童，他们的发展问题确实是人类社会面临的一个特大难题。[①] 但随着社会文明程度的不断提高、相关法律法规的不断完善，以及医疗

---

① 方俊明. 特殊教育学[M]. 北京：人民教育出版社，2005：317.

康复技术的不断进步，对于多重残疾儿童哪怕是残疾程度最重的儿童，教育领域所考虑的问题早已从"是否应当教育"或"能否教育"转变为"在何种场所教育"及"如何教育"，因此，如何进行恰当的教育安置则是我们面临的首要问题。

### （一）教育安置需要考虑的因素

总体而言，所有特殊儿童的教育安置都应遵循"最少受限制"这一基本原则，但多重残疾儿童的情况确实更为复杂，在进行教育安置时需要考虑的各种因素和条件也相对更多。

#### 1. 个体因素

教育安置需要考虑的首要因素是多重残疾儿童自身的具体情况，特别是具体残疾类型的组合特点，每种残疾的严重程度、出现时间和发展变化等。除此之外，多重残疾儿童自身残存的各项能力不仅是进行教育教学和康复训练的重要资源，而且是在进行安置之初就需要给予充分考虑的。

#### 2. 环境因素

一方面，教育安置需考虑多重残疾儿童的家庭因素，包括家庭经济条件、家庭结构、父母的受教育水平及照料能力、时间因素等。多重残疾的复杂性和挑战性决定了家长充分参与儿童教育、积极配合学校教育的必要性和重要性。另一方面，教育安置还应考虑当地的教育发展水平和可选择的教育条件。教育安置不能脱离现实情境，特别在硬件设施方面，相比于单一类型的残疾儿童，多重残疾儿童往往对无障碍和康复训练设施设备的要求更高。

### （二）主要的安置形式

在教育安置这个问题上，多重残疾儿童与其他单一类型残疾儿童并不存在本质区别，特殊教育领域经典的"瀑布式安置体系"同样适用于多重残疾儿童，但是，个体间极大的差异性也决定了多重残疾儿童对安置形式需求的多样性。具体的安置方式包括以下几种。

#### 1. 特殊教育学校

相比于普通学校，特殊教育学校往往在无障碍环境、康复训练硬件设施、教师专业化水平、课程弹性，以及教学策略等方面具有明显的优势，因此，对于无法适应普通学校环境的多重残疾儿童而言，如果能在特殊教育学校中接受专业的教育教学和康复训练无疑是一个最佳的选择。

在英国、芬兰、美国等国家，融合教育的发展水平相对较高，隔离式的特殊教育体系已近崩溃，绝大多数的残疾儿童就读于普通学校，政策最激进的意大利，其融合教育更是超过 99％[①]。但近年来，为了充分尊重多重或重度残疾儿童家长对特殊教育

---

① 贾利帅. 激进的改革：意大利全纳教育发展历程评析[J]. 中国特殊教育，2017(6)：25-32.

安置环境的选择权，这些国家普遍出现将一些曾经关闭的特殊教育学校重新开放或者新特殊教育学校数量缓慢增加的情况。这说明尽管传统的隔离式特殊教育学校的绝对数量很少，但其在多重或重度残疾儿童的教育中仍扮演着一个不可或缺的角色，甚至发挥着重要的作用。

在我国，随着医学诊断和康复技术的发展进步，以及融合教育理念不断深入人心，越来越多的各类残疾儿童有机会到普通学校的普通班随班就读或在特殊班接受教育。在此背景下，生源结构的巨大变化促使我国各地的特殊教育学校纷纷面临转型：一方面，特殊教育学校需要承担当地随班就读区域支持中心的职责；另一方面，特殊教育学校需要承担教育多重或重度残疾儿童的主要职责，积极进行课程调整和教学改革，主动迎接自身发展当中无法回避的巨大挑战。

---

📖 | **拓展延伸** |

斯蒂芬·霍金学校（Stephen Hawking School）是英国一所主要招收多重、重度残疾儿童的特殊教育学校。该校还承担着所在社区全体残疾儿童融合教育的指导任务，以及少量存在极重度残疾而无法到校儿童的学习指导任务。

---

2. 普通学校

(1)普通班

就理想状态而言，多重残疾儿童与普通儿童一起在普通学校的普通班学习，能够获得更多互动和交流的机会，非常有利于双方(尤其是前者)的身心发展。因此，无论是从融合教育的理念出发，还是从儿童长远发展的实际需要来看，最少受限制的普通班无疑是多重残疾儿童最佳的安置场所。

但实际上，并非每个多重残疾儿童都能适应普通班的环境，因为这种安置方式的前提是儿童的残疾程度不影响儿童参加普通班的大部分日常学习活动。因此，应根据每个多重残疾儿童的实际情况来判定其是否适合在普通班就读，一味追求"最少受限制"环境而不顾儿童和班级双方的实际，反而可能耽误了儿童的发展。另外，多重残疾儿童在普通班能否取得比在其他安置环境中更好的学习和康复效果本身也是存在争议的，争议的焦点在教师的特殊教育素养和普通儿童的接纳程度两个方面。

(2)特殊班

如果多重残疾儿童的残疾程度相对较重，无法适应普通班的学习而又不至于严重到必须在特殊教育学校就读时，普通学校的特殊班就成为更好的选择。在特殊班当中，多重残疾儿童可以接受更多时间的针对性康复训练，尽管不像在普通班那样可以与普通儿童长时间共处，但毕竟拥有比特殊教育学校或其他隔离式安置环境更多与同龄普通儿童接触的机会。

（3）资源教室

资源教室是为在普通学校就读的残疾儿童集中提供专业支持与服务的重要场所，也算是一种与普通班或特殊班相互补充的安置方式。尽管特殊儿童在资源教室的时间相对较短，但这里是为其提供补救式教学、知识巩固和各项康复服务的必备场所，对于支持多重残疾儿童有效融入普通学校环境发挥着无可替代的作用。

尽管目前我国随班就读的多重残疾儿童还未见报道[①]，但2017年修订并施行的《残疾人教育条例》明确规定，普通学校不仅和特殊教育学校一样需要共同承担各类残疾儿童教育的职责，而且还是应当"优先采取"的安置方式，这意味着未来残疾儿童在普通学校接受教育不再是普通学校"献爱心"和完成"任务"，而是其应该承担的法律责任和义务[②]。

### 3. 其他形式

对部分重度或极重度的多重残疾儿童而言，普通学校和特殊教育学校的环境可能都不适合他们，那么家庭就成为他们的安置场所。近年来日益受到我国特殊教育界重视的"送教上门"，其服务对象当中除了重度或极重度的单一类型残疾儿童之外，也有不少属于多重残疾。除此之外，还有一些多重残疾儿童因为种种原因被安置于社会福利机构或医疗康复机构。

从发展的眼光和实践经验来看，多重残疾儿童的安置方式并不是一成不变的。随着儿童的身心发展变化和整体教育环境的改善，多重残疾儿童可能需要在上述几种具体安置方式之间流动，这对安置方式的多元性和系统性提出了更高的挑战。就我国而言，当前对于多重残疾儿童教育的实践和研究尚处于起步阶段，可供儿童及家长选择的安置方式还很有限，不同地区由于经济社会发展水平的差异更是存在很大的差距，今后在多重残疾儿童的教育安置问题上还有很大的探索和提升空间。

## 二、针对多重残疾儿童的课程调整

解决完"在哪里教"，即如何对多重残疾儿童进行安置这一基本问题之后，我们重点探讨"教什么"和"怎么教"这两个问题。这个部分我们先讨论"教什么"，即课程内容设置与调整的问题。

如何针对多重残疾儿童的实际需求为其提供有效的教育与教学，这在各国特殊教育界都是一个非常棘手且研究相对较少的问题，与此同时，随着特殊教育的深入发展，这也成为一个亟待研究和深入探索的领域。尽管在多重残疾儿童的教育研究和实践层

---

① 盛永进，周佳欣. 我国多重障碍学生教育现状述评[J]. 昆明学院学报，2020，42(5)：46-53.

② 彭霞光. 美国视障多重残疾学生的教育与启示[J]. 中国特殊教育，2018(8)：24-27，35.

面，我国尚处于起步阶段[①]，学界和一线对多重残疾儿童身心发展特征及其特殊教育需要的了解还很有限，但也有不少学者已经在关注这一领域。这部分内容我们将在梳理已有研究成果及实践经验的基础上进行一些总结。

### （一）多重残疾儿童课程设置的原则

依据教育部 2016 年实施的盲、聋和培智三类特殊教育学校义务教育课程标准的相关规定，结合多重残疾儿童的特殊需要，针对这类儿童的课程设置应坚持以下几项原则。

#### 1. 实用性原则

多重残疾儿童大多是严重残疾儿童，实现日常生活自理是其最基本的和最迫切的需要，因此，课程的目标或定位应该是让儿童掌握各种实用的生活技能，课程的内容应贴近儿童真实的日常生活。对于大多数多重残疾儿童来说，这是课程设置应当遵循的首要原则。

#### 2. 个别性原则

不同多重残疾儿童之间的具体残疾类型组合及每种残疾的残疾程度差别很大，决定着特殊教育需要的多样化和课程设置的多元性。比如，以重度感官残疾为主的多重残疾儿童与以中度肢体残疾为主的多重残疾儿童的教育需要和教育重点可能完全不同。因此，坚持个别化原则，针对不同儿童的具体需要进行课程的设置与调整也是一项应当遵循的重要原则。

#### 3. 综合性原则

坚持综合性原则，摒弃传统以认知发展为重心，过分侧重基础文化知识和相关技能教学的做法，加强学科间的联系，以多重残疾儿童的生活经验为基础，重视学科知识和儿童经验的整合，转变课程过于强调学科本位和学科课程的思路，积极探索基于不同主题的综合性课程。

### （二）多重残疾儿童课程内容的选择

基于以上几项原则，针对多重残疾儿童的课程设置在进行课程内容选择与调整时应当侧重于以下几个方面。

#### 1. 生活自理方面

帮助多重残疾儿童减少对他人的依赖，尽可能地实现生活自理，是多重残疾儿童教育追求的重要目标。因此，衣食住行等方面的日常实用性知识和技能对于多重残疾儿童而言是最需要、最实用的。比如，自己穿衣、吃饭、乘车出行、到超市或在自助售货机器上购买商品等，这些内容与多重残疾儿童每天的生活息息相关，是进行相关课程设置时应优先考虑的内容。

---

① 盛永进，秦奕，陈琳. 多重障碍：概念、内涵及其特征[J]. 现代特殊教育，2017(9)：7-10.

### 2. 沟通交流方面

具备一定的沟通交流能力对于每个人的生存和发展而言都至关重要，而对于多重残疾儿童来说，与他人进行沟通是其在日常生活中必然面对的，也是其有效参与各项教学活动的重要保障。用恰当的语言或文字准确地表达自己的想法或愿望，同时懂得如何获取和理解他人传递的信息，是多重残疾儿童与他人建立和保持社会关系的前提。此外，一定的沟通交流能力(如应急求助、及时识别环境中的危险因素等)也是保证多重残疾儿童人身安全的重要条件。

具体而言，口头言语能力的发展对于多重残疾儿童来说是较迫切的任务，毕竟这是社会当中绝大多数成员依赖的重要沟通方式，因此，言语能力的补偿和开发应当成为课程设计的重点。但是对于存在严重言语残疾的多重残疾儿童，进行大量的口语训练之后可能也收效甚微，在这种情况下，AAC能够发挥积极的作用，如图示交际板、手势符号系统或电子交际助手等工具，而且其效果已经被很多实践验证。

### 3. 休闲娱乐方面

在生活和工作节奏日益加快、竞争压力不断增大的当今社会，学会以有益的方式进行休闲娱乐对于维持人的身心健康、促进人的社会化都非常重要。多重残疾儿童由于存在认知、运动等方面的残疾，容易把过多的闲暇时间用来看电视、刷网剧或玩游戏等，既不利于自身的康复，也无益于社会交往的发展。因此，课程的设置与开发也应当考虑到多重残疾儿童这方面的需求，帮助儿童增强休闲意识，培养他们的休闲技能，以便促进其更充分地参与社区活动，促进其社会化发展。

### （三）多重残疾儿童课程形式的选择

在确定基本的课程设置原则及主要的内容范围之后，选择以何种课程形式将特定的教学内容组织呈现出来也是需要考虑的重要问题。同样的教学内容以不同的课程形式展现，产生的教学效果可能会相差甚远。在课程形式方面，历来存在着以学科领域为依据的学科(分科)课程、以儿童生活活动为中心的活动课程与以学科融合为目标的综合课程等不同类型的分野。以上这些课程形式在特殊教育领域也都存在，至于哪种形式更符合特殊儿童，尤其是多重残疾儿童的实际需要并没有定论，但总体而言，综合性、活动性的课程相较于传统的分科课程具有更大的优势。有研究者调查发现，在多重和重度残疾生源已占据主体的培智学校，目前综合课程与分科课程的比重分别是53.91%和33.59%，另有12.5%为两种课程模式兼有①。

从国内一些发达地区的特殊教育学校近年来的实践探索来看，综合性主题课程日益成为教育多重残疾儿童的优先选择。综合主题课程是指在多重残疾儿童教育中，围绕特定的、与儿童日常生活密切相关的主题，从每个儿童的智力、能力水平出发，开

---

① 穆颖，朱志勇. 培智低年级段三科教材的整体建构[J]. 现代特殊教育，2019(21)：28-33.

展有计划、有组织的教学活动，从而发展儿童认知、技能水平及适应能力的课程。[①]这种课程打破学科之间的界限，将主题、活动和生活融合在一起，很好地契合了我们提到的实用性、个别性和综合性原则，有利于满足多重残疾儿童的特殊需要。此外，从西方特殊教育发达国家的实践来看，注重国家课程的校本化，根据学校实际和儿童需求积极开发校本课程甚至生本课程，也是特殊学校应对多重残疾儿童教育难题的重要举措。当然，不同儿童之间存在着很大的差异性，同一儿童自身也是不断发展变化的，因此，在实践当中综合主题课程需要结合其他形式的课程，共同满足多重残疾儿童的教育需求。

📖 | 拓展延伸 |

海伦·凯勒活到 88 岁，却有超过 86 年的时间生活在黑暗且无声的世界；

她凭着超强的意志力坚持学习，成为著名的作家、教育家和社会活动家；

她被美国《时代周刊》评为"人类意志力的伟大偶像"并荣获美国"总统自由勋章"；

她的成功是人类教育史上的奇迹，值得所有特殊教育工作者骄傲和铭记。

### 三、针对多重残疾儿童的教学策略

作为课程实施的基本途径，教学活动关系到教师能否将课程设定的内容有效地转化为学生个体素质的全面发展。对于多重残疾儿童的教学，我们首先还是要强调几条需要遵循的基本原则，然后再总结一些具体的教学组织或实施策略。当然，这些原则、策略并不是多重残疾儿童教学所独有的，而是整个特殊教育乃至普通教育所共享的，只不过有些需要着重强调或者重点运用。

#### （一）针对多重残疾儿童的教学原则

**1. 直观性原则**

直观性原则强调知识内容的感性和形象化，有助于激发学生特别是低年级学生的学习兴趣。除了传统的言语直观、实物直观、模像直观外，融合声光电等媒介的多媒体技术也发挥着重要作用，能够最大限度地弥补多重残疾儿童身心发展存在的各种缺陷。

**2. 个别化原则**

个别化是一个古老而年轻的教学原则，从我国古代孔子提出的"因材施教"思想到美国近现代出现的个别化教学理论，都体现出这一理念的价值。同时，这一原则也契合着让每个儿童都实现个性发展的美好教育愿景。个别化教育计划是特殊教育

---

① 郭小牧. 多重残疾儿童综合性主题课程研究[J]. 中国特殊教育，2001(1)：39-41，58.

领域对个别化原则的充分遵循和应用，且多重残疾尤为突出地体现了特殊儿童群体内的异质性，因此，坚持个别化原则对于此类儿童的教学而言具有更加突出的必要性。

### 3. 发展性原则

发展性原则强调教学的内容、进度和方法等要在符合学生现有发展水平的基础上增加一点难度，让学生通过努力才能掌握，这样能够更好地激励和促进其身心发展。对于多重残疾儿童来讲，实用性的生活化知识、技能固然是重要的，但不能仅限于此。尽管多重残疾儿童有着各种各样的残疾，但始终都是可以而且应当学习的，教师和家长不能不给他们学习某些知识或者参加某项活动的机会。

---

**📖 |拓展延伸|**

#### 不朽传奇海伦·凯勒背后的英雄——安妮·莎莉文

安妮1887年3月来到海伦·凯勒家做家庭教师，用极大的爱心、耐心和毅力，在没有任何教育经验可以遵循的情况下，从尊重孩子的天性，引导孩子的兴趣出发，在摸索中成功地将海伦从一个心智未开、任性无知的小女孩逐渐培养成一个知书达理、才华横溢的少女，直至进入大学。

---

### （二）针对多重残疾儿童的具体教学策略

在我国教育整体转向质量提升发展阶段的时代大背景下，在特殊教育学校生源当中多重和重度残疾儿童比重不断增大的现实条件下，多重残疾儿童的教育教学问题势必成为今后特殊教育界关注的重点，因为这不仅影响着特殊教育的均衡发展，而且关系到整个教育质量的提升。

#### 1. 采取多种教学组织形式

（1）个别化教学

一对一的个别化教学契合了前文强调的个别化原则，能较大限度地减少环境干扰。在个别化教学中，教师可根据每个学生的独特需求设计更具针对性和操作性的教学活动，师生之间更容易建立良好的信任关系，因而被认为是教育多重残疾儿童的有效方式。一人一案、一人一课表的个别化教学特别适合于注意缺陷、情绪障碍或行为问题较严重而急需结构化个别训练的多重残疾儿童，同时也能为儿童进入小组教学或集体教学环境奠定基础。

（2）小组教学

小组教学是学生由一对一个别化教学走向班级集体教学的过渡方式，分组的标准一般是学生相近的能力水平或相同的学习目标，也可以跨越班级进行，把不同班级中需求相同或相近的学生编排成组。小组教学通常适用于语文、数学、艺术等学科课程。

尽管在系统性、针对性、密集性等方面不及一对一的教学形式，但是小组教学也具有一些独特的或潜在的优势。比如，能为不同的学生创造共同探究与互动的机会，也能一定程度地减轻教师开展教学的负担。

(3)集体教学

传统班级授课制下的集体教学方式适合于个体差异相对较小且具备一定学习能力的学生，这种形式的教学耗时较少且为学生提供了较多的互动机会，适合那些师资力量较为薄弱的特殊教育学校。但是多重残疾儿童间的个体差异往往很大，很多教学活动无法通过集体教学有效开展，只有音乐、体育、游戏等侧重集体活动的课程适合采用集体教学的方式。

总体来看，每种教学组织形式都有其优势与不足。教师在不同的教学活动中甚至在一节课的教学过程中，要根据多重残疾儿童的特殊需要及学校的实际条件，灵活采用多种形式相结合的策略，适时进行个别化教学、小组教学和集体教学之间的切换，才能够更有效地促进每个儿童的个性化发展。

### 2. 充分利用多种教学环境

由于残疾的重叠性和复杂性，多重残疾儿童在学习知识和技能时不仅需要更长的时间，而且对所学知识和技能的泛化迁移能力普遍较弱，难以利用先前习得的知识和技能解决不同环境中的类似问题。在开展日常教学活动时，充分利用校园中的各种真实情景和物品，在自然的环境中进行教学，不仅能够吸引儿童的注意力，激发学习兴趣，增强学习动机，提高记忆效果，而且也便于儿童对知识和技能的直接应用，帮助他们更好地学会各项知识和技能，进而提高他们的生活和社会适应能力。因此，为多重残疾儿童开展的教学活动不能局限于教室，餐厅、宿舍、操场和各类功能活动室等都是多重残疾儿童学习各种实用知识和技能的有利场所。

### 巩固与思考 ⋯⋯▶

1. 想一想，随着聋校多重残疾儿童的增多，聋校的教育教学将面临哪些挑战？

2. 针对多重残疾儿童的课程和教学需要坚持哪些原则？

3. 作为一名特殊教育专业的大学生和未来的一线特教教师，海伦·凯勒及其背后的"功臣"——安妮·莎莉文的事迹，对你目前学习和从事特殊儿童教育教学有什么启示？

4. 请通过查找文献或者检索网络的方式了解其他多重残疾人的事迹。

# ▶任务三
## 多重残疾儿童的支持与服务

**问题情境……▶**

　　如何为残疾儿童提供恰当的支持与服务始终是特殊教育中的一个根本性问题。相较于单一残疾类型的儿童，多重残疾儿童所需要的支持是广泛而持续的，那么，应该由谁来提供支持呢？有哪些支持对于这些儿童的教育和发展是不可或缺的呢？如何更好地提供支持？在这个部分我们将对这些问题进行集中阐释。搞清这些问题对于保障多重残疾儿童的受教育权益和未来发展是至关重要的。

## 一、支持服务人员

　　相关服务指的是学生在学校中从教师和行政人员之外的其他专业人员那里获得的各项服务。作为一个正式术语，相关服务首先出现在美国 1975 年颁布的具有里程碑意义的联邦法律：《全体残障儿童教育法案》中。此后，相关服务作为一种先进的教育理念获得了各国特殊教育领域的认可，成为支持各类残疾儿童顺利接受特殊教育的必备内容。

　　残疾儿童的教育教学内容不仅包括一般性的基础知识和基本技能，而且包括感觉统合、听力言语、物理治疗、运动训练等很多针对性的康复训练。因此，特殊教育学校的专业人员除了特殊教育教师之外，还应配备言语治疗师、物理治疗师、作业治疗师、听力师、医生等人员，并且建设有配置相应设施设备的功能治疗室。

　　对于多重残疾儿童来说，残疾的重叠性和复杂性会导致教学难度成倍增加，因此，课堂教学活动的顺利开展尤其需要支持人员提供辅助服务，主要包括辅助教师、儿童家长、志愿者等。相关支持人员的参与能在一定程度上减轻教学的阻力。要根据不同多重残疾儿童的残疾程度、具体教学任务的难度，以及班级可供利用资源的数量来决定多重残疾儿童和教师所需的有针对性的支持服务。除此之外，多重残疾儿童的同伴也能相互成为"助学伙伴"，进而互相提供一定的支持。相比于师生关系，同伴之间有着更多的共同经验，互动交流的压力较小。如果班里有学习能力和帮助意愿兼备的同伴，那么无论是对于教师，还是对于多重残疾儿童的学习和身心发展而言，都不失为一种宝贵的资源。

### |拓展延伸|

　　相关服务是指帮助残疾儿童从特殊教育中受益而提供的矫正性、发展性、支持性的服务，包括学校社会工作服务、学校健康服务，以及为残疾儿童家长提供的咨询与培训，如早期鉴定与评估、听力言语康复、物理治疗、作业治疗、心理健康咨询等。

## 二、支持服务内容

　　多重残疾儿童所需要的支持和服务涉及教育和生活的方方面面，有些是跨学段和跨年龄的，甚至会超越教育的范畴。鉴于篇幅有限，这里只列举三种相对而言较重要的服务。

### （一）早期干预

　　早期干预作为医学术语，指的是对于发育(可能)偏离正常的婴幼儿采取的预防性治疗手段，目的是提高婴幼儿的运动或者智力水平，进而提高婴幼儿的生存和生活适应能力。早期干预包含两个层面：早期和干预。前者指的是婴幼儿生命或症状出现的早期，特别是出生后的第一年，就应当开始接受干预。后者指的是促进婴幼儿运动和智力的发育及针对各种发育落后情况的康复。

　　在特殊教育领域，早期干预指的是专门针对学龄前残疾儿童提供的医疗和教育服务，目的是帮助儿童充分实现身体、认知和社会等方面的发展，使其能够为进入正常的教育系统做好准备或者尽可能少地接受特殊教育。早期干预基于三早(EEE)原则，即早发现(early discovery)、早矫治(early rectification)和早教育(early education)[1]。

　　多重残疾婴幼儿的需要是多方面的，针对这个群体的早期干预需要多领域专家实现跨学科合作。来自不同领域的专家承担不同的角色，协同(而非独立)工作是早期干预成功的关键。

　　在发达国家，得益于先进的医疗水平和高素质的医护人员，儿童的多重残疾一般能够在出生后被迅速鉴定出来，一些需要多方面医疗服务的多重和重度残疾新生儿通常被放置于集中治疗危重新生儿的新生儿重症监护室[2]，这里的工作人员包括医学专家、高素质的护士、呼吸治疗师和社会工作者等。美国《全体残障儿童教育法案》针对3～21岁残疾人接受免费公立学校教育做出了明确规定，进而把残疾儿童的义务教育由学龄期前移至学前期。该法案的后续修正版又规定要为残疾婴幼儿提供个别化家庭服务计划。其他一些国家(如日本)也普遍通过在普通幼儿园附设特教班的形式为特殊儿童提供早期干预。

---

　　① 亦有人解释为早期发现、早期诊断、早期训练。
　　② 类似于为年龄较大的儿童或成人设立的重症监护室。

尽管我国目前很多地区也普遍通过设立特殊幼儿园、在普通幼儿园附设特殊班和医疗康复机构等方式开展一定的早期干预工作，但与发达国家相比还有很大的差距。此外，由于多重残疾本身的复杂性及现有诊断技术、人员的限制，及时准确地对多重残疾做出诊断还存在很大的困难。从现实情况来看，大部分多重残疾儿童在出生的最初几年内都是被父母带着到处求医问药，虽然接受了一定的治疗和康复训练，但是也耗费了大量的时间，过晚地接受特殊教育。随着我国特殊教育发展由义务教育不断向两头延伸，以及学前教育立法对于残疾儿童的关注，今后多重残疾儿童的早期干预将得到更多的关注。

**（二）家庭支持**

家庭支持是针对残疾儿童家庭提供的各项支持服务，主要包括早期干预服务、学龄期家庭支持，以及来自社区的发展支持等。这些支持服务依据儿童年龄和需求的变化而变化，但始终以儿童家庭为中心开展。

在特殊教育发展过程中，残疾儿童父母和家庭的作用曾经被忽视，甚至一度被误认为会对残疾儿童产生消极的影响，因此在早期为残疾儿童制订教育和干预计划时，父母虽然被包括在内，但并不被认为能对儿童的教育和康复提供什么帮助，因而也没有专门用于训练和提升父母照料和教育技能的部分，更谈不上针对残疾儿童家长的家庭支持。随着教育和社会的发展，人们逐渐认识到残疾儿童的父母、兄弟姐妹等家庭成员是其教育过程中必要且非常有价值的组成部分，甚至处于儿童早期教育的核心地位。事实上，面对残疾儿童，大部分的父母的确需要学习如何扮演更称职的角色。

当前，家庭在儿童学校教育中的价值已经得到充分肯定，家校合作、家园共育等形式也成为特殊教育发展的重要理念，具体而言，一方面，学校在为残疾儿童开展教学活动时需要家长的辅助和配合，另一方面，家长也需要得到学校的专业支持，尤其是多重残疾儿童的家长。多重残疾不仅仅是对儿童发展造成了多种限制，给学校教育带来了多种难题，还给父母提出了多个方面的挑战。首先，经济方面压力大。多重残疾儿童的治疗和康复需要大量甚至巨额的费用，这种花费很可能是持续多年的。在我国现有的医疗保健制度下，即使国家和部分地区有一些特殊的支持政策，多重残疾儿童的家庭也往往承担着很大压力，并可能出现一系列的连锁反应。其次，由于残疾的严重性和复杂性，父母一方甚至双方需要在日常照料上投入大量的时间和精力，这必然影响到工作，进一步加剧家庭的经济危机，同时也限制了父母正常的社会活动。最后，心理上承受很大的压力。经济、职业、社交、子女康复教育等方面的重重困难给家长带来了沉重的心理负担，如果得不到及时的疏导，家长很容易出现绝望、挣扎、逃避等心理危机。

家庭是儿童生活的主要场所，家长是照料和养育儿童的主要责任人。对于多重残疾儿童的发展和教育而言，保持与家长的良好沟通，了解家长的心理困境与需求，为其提供专业的指导和支持，对于提高家长的抗逆力和家庭复原力具有重要的价值。学校除了直接为儿童家长提供心理咨询、专业指导等支持服务之外，组织和协调不同多重残疾儿童家长成立家长委员会也是很好的做法。不同的家长可以借助这个平台诉说各自的苦衷，交流有益的经验，相互支持，共同提高心理韧性，这对于多重残疾儿童的教育和发展而言将是非常有利的。

### （三）转衔服务

转衔指的是特殊儿童两个关键发展阶段之间的衔接，一是从早期干预阶段到学校教育阶段的过渡，二是从学校生活的低学段到高学段的过渡或者从学校环境到职业生涯的过渡。由于自身存在残疾和社会支持保障不完善，残疾儿童往往比普通儿童更难实现从儿童到成年、从学校到职场的过渡。使残疾儿童习得一技之长和实现自力更生是特殊教育的重要目标，也是减轻家庭和社会负担的重要途径，因此，能否获取转衔服务及转衔服务的质量，对于每个残疾儿童尤其是多重残疾儿童而言至关重要。

尽管多重残疾儿童往往伴有严重的残疾，有些可能需要持续不断的各种支持服务，但转衔尤其是成年期转衔仍具有重要的意义。无论残疾有几种、有多重，儿童最终都要走出校园，走向和融入社会生活。在有些国家的特殊教育领域中，为多重残疾儿童的转衔服务已经相当完善，有些残疾人不仅能在庇护性的工厂就业，甚至能与普通人一起参与竞争性就业。

我国当前在残疾人士转衔服务方面整体发展还比较滞后，残疾人的就业率和就业质量都还有待提高，未来相关工作还有很大的改进和提升空间。一方面，教育人员和家长要充分意识到转衔对于儿童长远发展的重要性，认识到多重残疾儿童身上的发展潜能，相信儿童能够取得发展进步并为儿童设定适当的发展目标；另一方面，教育人员和家长要通过具体的规划和阶段性的训练目标来支撑多重残疾儿童发展的长远目标，尽可能地提前着手准备，如在小学阶段即开始训练儿童的言语表达和理解能力，独立自主穿衣、就餐的能力，与同伴合作的能力，以及守纪律、守时等基本素养。到了中学阶段，随着残疾儿童年龄和生活阅历的增加，学校可以开设一些职业培训类的课程，让多重残疾儿童掌握一定的职业知识，习得基本的职业技能，为此后顺利实现就业和独立生活奠定良好的教育基础。当然，多重残疾人顺利就业目标的实现不仅需要学校和家庭的努力，还需要社区、社会乃至国家政策的配合，提供一个完善的支持保障体系。

### 三、支持服务策略

近年来，积极行为支持[①]越来越多地被应用在多重残疾儿童的教育教学当中，对教师应对多重残疾儿童表现出的很多颇具挑战性的问题行为具有良好的效果。出现于

---

① 亦称正向行为支持。

20 世纪 80 年代的积极行为支持属于应用行为分析方法的一种，可用于应对由自我伤害、攻击、破坏、异食等异常行为导致的各种问题，以功能行为评估为基础，依据评估的结果选择具体的干预方法，进而发展出具有正向性、预防性、教育性的行为处理策略。①

积极行为支持以"功能性干预模式"取代"消除式干预模式"，作为儿童问题行为干预的主要模式，强调儿童在自然状态下的表现，通过提供物理、社会、教育、生物医学等方面的支持，减少儿童的问题行为，增加良好行为，从而提高个体和重要他人的生活质量②，在改善多重残疾儿童问题行为方面具有较大的应用价值。积极行为支持一般包含四个步骤：确定儿童行为的意义，教给儿童一个积极的替代性行为，通过环境的优化减少儿童的问题行为，采用适合在学校、家庭或社区环境中使用的干预策略。积极行为支持通常包括三个基本环节：首先，与熟悉儿童情况的教师或家长进行充分的沟通，以确定儿童发生问题行为的典型场景；其次，系统地对儿童进行观察，以了解其问题行为发生的环境、频率、持续时间，以及与问题行为相伴随的事件等；最后，综合分析上述两个步骤中存在变量的功能，确定其在问题行为引发或保持方面的作用。

除此之外，还有很多其他的支持服务策略可以应用于服务多重残疾儿童，如针对伴有言语残疾儿童的 AAC，针对伴有肢体残疾儿童的智能假肢、科技辅助和无障碍环境建设，针对伴有感官残疾儿童的人工耳蜗植入、白内障手术等。随着信息网络技术的迅速发展和不断完善，一些新的科技手段也为更好地支持和服务于多重残疾儿童提供了便利。比如，可以利用远程技术为多重残疾儿童提供在线教育，为家长提供在线咨询；可以通过建立网络数据库的方式改进多重残疾儿童信息登记、康复检测和送教上门等工作。

## 巩固与思考 ……▶

1. 能够为多重残疾儿童提供支持服务的群体或人员有哪些？
2. 为多重残疾儿童提供的支持服务主要包括哪些内容？
3. 想一想支持服务在霍金的生活和工作当中发挥着怎样的作用。
4. 为多重残疾儿童提供的支持服务包括哪些策略？

---

① 熊欢，申仁洪，黄儒军. 积极行为支持干预多重障碍儿童自伤行为的个案研究[J]. 现代特殊教育，2019（10）：22-29.

② 余燕，谭和平. 积极行为支持对儿童攻击行为干预的研究综述[J]. 现代特殊教育，2019（22）：13-19.

# 模块七　精神残疾儿童教育指导

**模块导入**

　　说起精神残疾，常使人联想到行为古怪的形象。事实上严重精神残疾儿童在精神残疾人中所占的比例很少，更常见的是外表正常或者接近正常但内心痛苦的精神残疾儿童。精神残疾不仅导致精神残疾儿童不能正常工作、学习，而且大大加重了其家庭的经济负担和精神负担。

　　究竟什么是精神残疾呢？精神残疾儿童如何接受教育，以及应该享受哪些服务呢？通过本模块的学习，我们将会对以上内容有一定的了解。

**学习目标**

1. 知道精神残疾的基本概念、成因、评定方式和特征。
2. 了解精神残疾儿童的教育。
3. 能够说出精神残疾的相关服务有哪些。

　　精神分裂症是精神残疾的一种，它对儿童会造成很多的危害，导致儿童不能正常学习，不能正常生活，而且还需要家人的陪伴照顾。精神残疾儿童需要到正规的医院精神科就诊，明确诊断，对症治疗。那么在教育方面，该采取哪些措施支持精神残疾儿童的学习呢？

**模块思维导图**

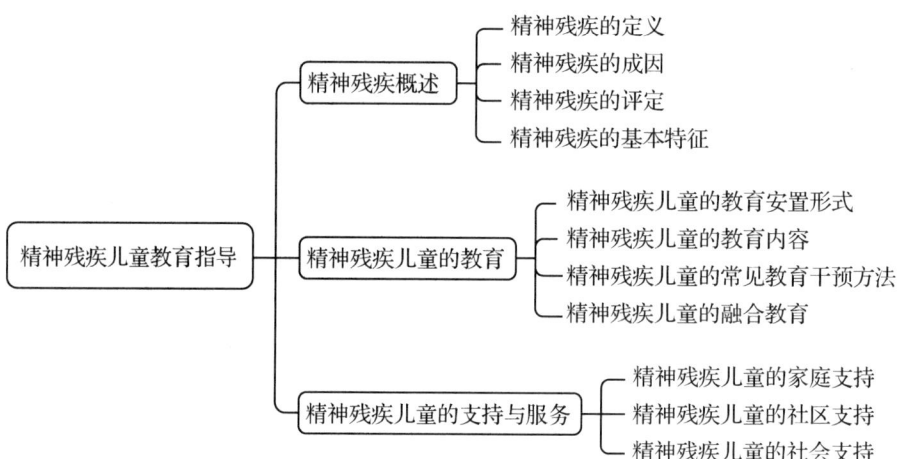

精神残疾儿童教育指导

- 精神残疾概述
  - 精神残疾的定义
  - 精神残疾的成因
  - 精神残疾的评定
  - 精神残疾的基本特征
- 精神残疾儿童的教育
  - 精神残疾儿童的教育安置形式
  - 精神残疾儿童的教育内容
  - 精神残疾儿童的常见教育干预方法
  - 精神残疾儿童的融合教育
- 精神残疾儿童的支持与服务
  - 精神残疾儿童的家庭支持
  - 精神残疾儿童的社区支持
  - 精神残疾儿童的社会支持

# ▶任务一
## 精神残疾概述

**问题情境 ·····▶**

2019 年，中国残联第七届主席团副主席、北京大学第六医院社会精神病学与行为医学研究室主任黄悦勤以"精神残疾的疾病负担"为题做了主题报告，她带领团队利用中国精神卫生调查数据，对我国目前残疾人总量和结构进行分析，发现精神残疾的比例高、种类多，指出应该重视精神残疾，广泛动员各种社会力量促进精神残疾康复。

同学们在生活中有没有关注过精神残疾儿童？你理解的精神残疾是什么？如何进行科学鉴定？任务一的学习内容将为我们回答以上问题。

### 一、精神残疾的定义

精神残疾是对所有病理性精神活动的一种总称，是个体在生物、心理和社会等多种因素的影响下，大脑功能活动紊乱，产生认识、情感、意志行为及智力等不同程度的异常，有些还可伴有生理功能障碍。精神残疾不仅包括传统的、临床症状明显的、社会功能受损严重的精神残疾，也包括临床症状和社会功能受损轻微的神经症、人格障碍和适应性障碍。

📎 **|温馨提示|**

因为某些特殊原因（如压力太大、亲人的离世等）而产生的可以预见的、文化认知所理解的反应，并不属于精神残疾。一些政治、宗教等社会偏差行为也不属于精神残疾。

### 二、精神残疾的成因

与一般疾病不太一样，大多数的精神残疾，目前还没有确切的病因和发病机制，也没有敏感特异的体征和实验室异常指标。但是，我们可以确定的是，精神残疾是生理、心理和社会（文化）因素共同作用的结果。

#### （一）生物学因素

生物学因素大致包括遗传、化学物质和神经发育异常等。

#### 1. 遗传

遗传因素决定了个体的生物学特征，是一个已经明确的精神残疾成因。研究者从精神残疾相关研究中得到一个共同的结论：精神残疾具有遗传性，是基因将疾病的易感性由上一代传给了下一代。

首先是染色体畸变。染色体是遗传信息的承载者，染色体形态结构和数目的改变常常导致遗传信息的变化，在临床上表现为严重的躯体和精神残疾，甚至还会引起人格异常、违法犯罪倾向等。例如，常染色体数目异常所导致的 21 三体综合征(先天愚型)；性染色体数目异常导致的超雌综合征；染色体结构异常导致的猫叫综合征等。脆性 X 染色体不仅可以导致精神发育迟滞，而且与儿童学习困难、儿童行为障碍和儿童精神残疾等有关。

其次是单基因病。单基因病是单个基因突变引发的精神残疾或者行为异常，多与酶的缺陷病有关，大部分为隐性遗传，如苯丙酮尿症、半乳糖血症等。

最后是多基因病，也叫复杂性遗传病，常由多个基因共同作用。多数多基因病的致病基因尚未明确。

目前绝大多数的精神残疾都不能用单个基因遗传来解释，而是多个基因的相互作用，再加上环境因素的参与。基因与环境的相互作用产生疾病或行为问题已经成为共识。从这一意义来说，基因的相互作用使得疾病的风险性增加，但每个基因的作用有限，而发现与疾病发生关系较密切的环境相对容易。因此，改变导致疾病的环境因素，是当前预防精神残疾的重点。

**2. 化学物质**

各种对中枢神经系统有害的物质都可以引起精神残疾，常见的有：冬季用煤炉或者木炭取暖时产生的高浓度一氧化碳，酒精，有机磷农药，海洛因、大麻等成瘾性物质，苯、有机汞等易挥发性物质和重金属，还有阿托品、异烟肼、利血平等医用药物。

**3. 神经发育异常**

科学家认为神经发育异常可能是重大精神残疾的共同发病机制。这些精神疾病的共同表现为脑结构和功能的可塑性改变，临床共同表现出发育迟滞、认知功能损害等。在个体发育的早期，遗传和环境因素的相互作用影响了特定脑区(或回路)的发育，导致精神发育异常，而不同脑区发育异常则分化为不同的精神疾病，表现出不同的临床特征。

**（二）心理因素**

心理因素主要包括心理素质和心理应激两个方面。心理素质往往是条件因素，心理应激常为致病诱因。

人格是个体心理素质的体现，特别是气质常反映个体的先天素质。性格是在气质的基础上个体活动与社会环境相互作用的结果。一般而言，一个开朗乐观的人对他人坦率，更容易与他人交流并得到他人的帮助，愿意去理解他人也能被他人更好地理解，在人际关系中误会和矛盾比较少。这种人通常外向，追求刺激与挑战，在心理应激的过程中对挫折表现出比较强的耐受性。与之相反，一个比较拘谨，性格抑郁的人，更容易悲观丧气，对心理应激的耐受性相对较差，易患神经症、心身疾病，酒精依赖与药物滥用等。

心理应激一般指某个事件或处境对个人心理产生压力或不利影响。任何个体都不可避免地会遇到各种各样的生活事件，恋爱、婚姻、家庭问题，平时的人际关系，战争、洪水、地震、交通事故等，以及个人的某种特殊遭遇，这些都会成为个体产生应激反应的应激源。

急性应激和慢性应激致病情况不尽相同：一些突发的意外事件，如亲人的意外亡故、突如其来的婚变、体格检查发现恶性肿瘤等，在当事人事先毫无思想准备的情况下，有可能导致当事人产生心因性休克或分离反应；而一些持久的工作或生活压力，如经济极度困难、长期承受暴力威胁等，常引起当事人抑郁焦虑和物质滥用。

## （三）社会（文化）因素

每个人都处于时常变动的社会环境中，不同时期接受的社会影响不同，如幼年主要受家庭环境影响，入学后受学校环境、教师、同学影响，进入社会后受到的社会影响更为复杂多变。

### 1. 生活环境

空气污染、声音嘈杂、居室拥挤、交通杂乱、环境关系不良、人际关系出现问题等增加了心理和躯体的应激，会对精神健康产生不良影响。人们长期处于厌烦、紧张状态，易患心身疾病、神经症和某些精神疾病。

### 2. 文化环境

文化环境指的是不同民族、不同文化、不同社会风气及宗教信仰、生活习惯等，与精神疾病的发生有着密切的关系。

---

✎ |温馨提示|

**如何理解这些病因?**

精神残疾往往并非由单一因素导致，而是多种因素共同作用的结果。在某些精神残疾中某种因素起主导作用，而在另一些精神疾病中某些因素起决定性影响，但最终精神残疾的发病一定是生理、心理和社会（文化）因素共同作用的结果。我们通常把影响精神残疾发生的各种因素分为三类：个体素质因素、诱发因素和附加因素（见图7-1）。

图 7-1　精神残疾发生的三种因素

---

### 三、精神残疾的评定

进行精神残疾诊断时，需根据筛查对象的年龄阶段，选择相应的诊断工具。ICD-10 的诊断标准可用于 2～17 岁人群精神残疾(含广泛性发育障碍)的诊断；ICD-10-AM 精神残疾症状检查表可用于 18 岁及以上人群精神残疾的诊断；WHO 残疾评定量表(WHO-DAS Ⅱ)可用于精神残疾的分级评定，适用于 18 岁及以上人群。

#### (一)评定工具

1. ICD-10

ICD-10 是 WHO 制定的疾病分类，在科研版中，有关于儿童精神残疾、Rett 综合征和其他童年瓦解性精神障碍诊断标准。

2. ICD-10-AM 精神残疾症状检查表

ICD-10-AM 精神残疾症状检查表是一个半定式的工具，是由 ICD-10-AM 精神残疾症状检查表 1.1 版改编而成，包括首页、筛查表和下列模块。

F00～F19 模块：器质性精神残疾和使用精神活性物质所致的障碍。

F20～F39 模块：精神病性障碍和情感性障碍。

F40～F59 模块：神经症性障碍和行为综合征。

F60～F69 模块：人格障碍。

每个模块包括一个症状列表，同时附有说明，用来帮助使用者考虑其他可能的综合征，进而采用检查表中的其他模块。

3. WHO-DAS Ⅱ

WHO-DAS Ⅱ是一个用于全面评价精神残疾(特别是精神病性障碍)儿童社会功能的半定式他评量表。

(1)评定方法

临床医生使用 WHO-DAS Ⅱ依据从病人口述、家庭成员评价、病历或其他书面记录，以及对病人的观察中获取的资料进行判断。在面谈过程中，应询问恰当的问题以便能够评定相关的残疾程度。检查者应该说明残疾的严重程度、持续时间。

(2)分级评定

WHO-DAS Ⅱ为五级评分。检查者要在所列的五个分级(①无残疾，②轻度残疾，③中度残疾，④重度残疾，⑤严重残疾)中圈出恰当的数值来完成残疾分级。一般原则为"就低不就高"。

(3)评定过程

WHO-DAS Ⅱ面谈所需时间大约为 20 分钟，可以作为整体一次完成，亦可以在必要时拆成多个部分。如果被检查者在语言上有问题，如文盲、很健谈或存在健康状况问题，需要时间可能会延长。如果一个亲近的家庭成员或朋友被允许在场，应该确保记录下来的信息只来自被检查者本人的回答。

(4)量表组成

第一部分要在检查之前填写,主要有编号、检查日期、样本来源、居住情况。

第二部分为一般资料,主要内容为阅读提示语,作用是取得被检查者的合作。

第三部分向被检查者解释回答问题的思路,检查者提前准备好提示卡1和提示卡2。一定要在被检查者理解后再继续,并主要强调是最近30天的情况。

第四部分是检查的重点部分,共分为理解和交流、四处走动、自我照料、与他人相处、生活活动、社会参与六个领域。

(5)注意事项

为提高准确性,让被检查者更好地配合,检查者应注意:

①让被检查者知道你是专业医师;

②让被检查者明白,他/她的回答对评定结果很重要;

③让被检查者知道,你对这项评定很专注;

④检查者要有自信,询问时要严谨,不要显得紧张,否则会让被检查者不自然;

⑤尽量读得清晰、慢一些;

⑥对被检查者的重要回答,给予复述,以得到进一步的确认;

⑦有时被检查者会询问检查者一些个人问题或无关问题,检查者要学会妥善处理;

⑧对被检查者提供的有用信息要积极反馈;

⑨当评分介于两个分之间时"就低不就高";

⑩因为是半定式量表,可以选用当地通俗的语言来表达。

4.适应行为评定

适应行为主要从生活自理,交往能力,工作(学习、操持家务)能力等方面进行评定。

生活自理能力方面的评定主要与同龄人进行比较,包括饮食、更换衣物、个人卫生料理等方面是否需要人督促,以及在督促下能否自己完成。

交往能力方面主要评定被检查者能否与人建立亲密关系并维持一段时间,与人交谈能否表达自己的情绪和需求,能否在交谈中理解别人的感情,有无与人交往的意愿。

工作(学习、操持家务)能力方面的评定针对不同的人群要侧重不同的方面,对于学龄儿童参考普通儿童的学习情况进行判断。

(二)评定环境

评定要求在一个私密、安静的环境中进行。检查者对所有问题应该按照实事求是的原则进行提问,并且尊重被检查者的隐私。在得到被检查者的同意,或者被检查者需要他人的协助时,才可允许其配偶、朋友或亲属在场。

（三）评定人员

培训教师资质：省级医院精神科医师，具有 10 年及以上相关临床及教学工作经验，副主任医师及以上专业技术职称，大学本科及以上学历，有量表评定基础，并参加全国精神残疾评定师资培训且考核合格者。

精神残疾评定人员资质：县级及以上医院精神科医师，具有 5 年及以上相关临床工作经验，有量表评定基础，并参加省级精神残疾评定人员培训且考核合格者。

（四）评定方法

**1. 精神残疾的评定**

鉴于 0～2 岁儿童的精神残疾具有症状多变、可塑性强、在早期干预治疗后具有一定恢复能力的特点，针对 0～2 岁儿童的精神残疾评定存在一定的困难。为避免可能存在的争议，对于 2 岁以下的儿童不进行精神残疾评定。对于 2～17 岁疑似者，评定人员使用精神残疾相应等级的适应行为进行分级评定。

(1)精神残疾一级

适应行为极重度障碍，具体包括生活完全不能自理，忽视自己的生理、心理的基本要求，不与人交往，无法从事工作，不能学习新事物，需要环境提供全面、广泛的支持，生活长期、全部需他人监护。

(2)精神残疾二级

适应行为重度障碍，具体包括生活大部分不能自理，基本不与人交往，只与照料者简单交往，能理解照料者的简单指令，有一定学习能力，在监护下能从事简单劳动，能表达自己的基本需求，偶尔被动参与社交活动，需要环境提供广泛的支持，大部分生活需他人照料。

(3)精神残疾三级

适应行为中度障碍，具体包括生活上不能完全自理，可以与人进行简单交流，能表达自己的情感，能独立从事简单劳动，能学习新事物，但学习能力明显比一般人差，被动参与社交活动，偶尔能主动参与社交活动，需要环境提供部分的支持，即所需要的支持服务是经常性的、短时间的需求，部分生活需他人照料。

(4)精神残疾四级

适应行为轻度障碍，具体包括生活上基本自理，但自理能力比一般人差，有时忽略个人卫生，能与人交往，能表达自己的情感，体会他人情感的能力较差，能从事一般的工作，学习新事物的能力比一般人稍差，偶尔需要环境提供支持，一般情况下生活不需要他人照料。

针对 18 岁及以上疑似者，评定人员使用 WHO-DAS Ⅱ 进行残疾评定。

**2. 精神残疾的诊断**

只有评定为精神残疾并予以定级后，方可进入精神残疾诊断阶段。精神残疾的诊断，主要凭借可靠而全面的病史，仔细的神经系统和精神状态检查，以及必要的实验室辅助检查来确立。

(1)采集病史

精神障碍患者往往对自己的精神症状缺乏认识，否认有病，或者过分关注自身，夸大症状。因此，病史可由亲属或工作单位的知情人提供。但由于病史提供者接触患者的局限性和主观性，他们提供的病史可能是不完整和不准确的。因此，采集病史时，医生不单单是记录员，还应观察病史提供者的心理状态，善于引导，方可取得较为客观而全面的材料。针对有门诊或急诊病历及转诊记录的患者，医生在采集病史前，应仔细阅读，以便掌握重点，了解治疗过程，但也不应受上述资料的限制而影响独立思考。采集病史的项目包括一般资料、现病史、既往史、个人史及家族史。

(2)精神检查

精神检查是提供诊断依据的重要步骤之一。精神检查反映了检查者对精神残疾临床表现的掌握程度，也反映了检查者对患者的内心体验的理解程度。医师可以根据病史中提供的异常现象和可能的病因，有重点地进行检查。此外，检查者在检查时还应注意从认知、情感活动、意志和行为活动等方面较全面地了解患者精神状态。精神检查应体现对患者的尊重，不可让患者感觉是在接受医生的"审问"，从而产生抵触情绪。

## 四、精神残疾的基本特征

### （一）感知障碍

感觉过敏，指一般强度的刺激引起躯体的不适感。例如，感到阳光特别刺眼，汽车鸣笛的声音震耳欲聋，听见走廊里有人说话感觉像打在心上，触摸皮肤感觉到刺痛难以忍受，甚至碰到布料感到不适，故意穿宽松的衣服等。

感觉减退，与感觉过敏相反，是指对外界刺激感受性降低。例如，强烈的刺激只引起轻微的痛觉，看所有东西都是黑暗的，严重时对外界刺激不产生任何感觉。

内感性不适是躯体内部产生的各种不舒适的异样感觉，如牵拉、挤压、撕扯、游走、蚁爬感等。"浑身不舒服但是形容不出来""感觉发痒发酸，感觉心脏发沉"，精神残疾者常有类似表达，特点是性质难以描述，不能明确地指出不适的位置，通常引起精神残疾者的不安。

幻觉是指没有客观事物存在的情况下患者能感知到该事物的存在。幻觉是一种逼真的知觉体验，大多来自外部世界，不能随着意愿而改变。例如，患者听见门外有人在骂他，看见窗外有人盯着他。幻觉一般分为幻听和幻视。

### （二）思维障碍

1. 思维形式障碍

思维奔逸，是指思维速度加快、思维联想增多，表现为患者的思维特别快，一个想法接着一个想法涌现出来，以至于来不及表达，常常滔滔不绝、音调高、语速快，话题随环境转移快。

思维迟缓，表现为患者言语变短、变少，声音低，回答问题慢。患者说话费力，"时常不知道怎样说话""经常回答不上来问题，愣在那里""感觉脑子僵住了"。患者理解慢，严重时听不懂别人说话，看不懂电视、报纸。

病理性赘述，表现为患者不能简单地回答问题，不厌其烦地详尽描述每一个细节，最终能回答问题。例如，医生问患者平时几点上班时，患者回答："我7点钟起床，到卫生间洗脸，漱口，梳头发，每天早上都去家楼下的早餐店吃饭，店在我家楼下的路口右转不远就是了，我吃一碗粥和两块钱的咸菜，饭店的老板四十多岁了，她有一个孩子，孩子大概是七八岁的样子，孩子的爸爸也经常来店里，人很多，要排队，我吃完饭就走路去上班，不到8点开始工作。"

思维散漫，表现为患者回答问题时思维一次次转向，离要回答的内容越来越远，甚至记不清要回答什么问题。比如，患者说："我喜欢红色，红色代表快乐，我住在乡下，我房间的灯是红色，代表着火，我家楼下有一条河。有人要整我，就像我的耳朵在着火，我的衣服上有血，但是不是我的血，我不能这样不自理，有人跟踪我为了黑暗的交易。"

象征性思维，表现为患者把普通的词语解释成别人无法理解的意义。

### 2. 妄想

妄想是患者坚信的一种不符合个人背景的错误的想法。例如，患者说："电视机能录下我家里人的举动和声音。"当妄想成熟的时候，即使没有任何依据，患者对妄想也会坚定不移，甚至面对相反的证据依然不动摇。多数妄想内容与自己的利益相关，少数与亲属的利益有关。

被害妄想是患者无端地怀疑被人迫害。例如，患者说："有不明身份的人在追杀我，在我的饭里和水里投毒，我的床单上有毒，躺上去就像针扎一样疼，有人用微电波影响我的健康，为了得到我的遗产。"

关系妄想，是指把周围环境中一切与自己无关的事情都认为是有关联的。患者感觉到周围的一事一物都具有特殊的含义。比如，别人咳嗽和吐痰都是别有用心，手机上、电视上的内容都是在暗示自己。例如，"看见几个人在议论，我感觉是在议论我，虽然我听不清他们说什么，但是他们是在指桑骂槐地讽刺我。"

影响妄想，指患者坚信自己的精神和身体都被外界的某种力量控制。例如，患者感觉邻居用特殊的仪器发射电波影响他的健康，使他产生种种不舒适，消化、血压和睡眠都受到电波的操控。

自罪妄想，表现为患者毫无根据地认为自己犯下巨大的罪行。

### 3. 强迫观念

强迫思维，是指一些持续的、重复的想法出现于患者的思想中，并且伴有主观的被迫感和痛苦感。患者明知这一思想是不必要的，并且力图摆脱，但是这种思维纠缠不休，如害怕感染某种病毒或害怕把疾病传染给别人。

强迫性疑虑，表现为对自己做的事不停地担忧或者怀疑，如乘电梯害怕看错楼层、乘车害怕乘错车、担心门是否关好、担心电闸是否被切断等。患者会用跺脚、吐痰等行为作为印记来加深对已经做过的事情的记忆，但是这种印记会很快消失，患者还是不能确定自己做过的事情。

强迫性穷思竭虑，表现为患者不断地提出毫无意义又根本无法回答的问题。例如，宇宙为什么没有尽头？人类为什么有男有女？为什么字应该从左向右读？患者明知没有必要，却一遍一遍地思考。

强迫性回忆，表现为患者反复地回忆经历过的事情，明知没有实际的意义，但无法摆脱。例如，回忆以前听过的歌，但不知道为什么要回忆这首歌；害怕丢东西，反复检查自己的包、反复回忆自己把东西装进包里的动作。

### （三）情感障碍

情感高涨，表现为患者的情绪异常高涨，心情特别的愉快，兴高采烈、声音高亢并常常伴有夸大的色彩。例如，"感到像在云彩上一样"。这种情绪高涨并不稳定，患者易激惹，稍有不顺心则会勃然大怒，又迅速恢复原状。

情感低落，指患者感到没有希望，没有快乐，低自信，低承受力，表现为忧愁、言语自卑、有罪恶感，甚至出现自杀行为。例如，"看好笑的电视我都笑不出来""所有的努力都白费了，看透人生，活着没有意思""我一生中做错了很多决定，我为我伤害了那么多人感到内疚""如果能大哭一场，我心里会好受很多"。

焦虑，指病人在缺乏客观因素的情况下过度担心，有大祸临头的恐惧感，病人表现为坐立不安、精神紧张、顾虑重重，常常伴有口干、气短、怕热、出汗、震颤等。焦虑病人常依赖家人、同学，不希望自己在家，怕被家人抛弃，即使自己在家也希望家人早些回来。

恐惧，指患者过度害怕周围的某些事物，提心吊胆，极度害怕，惶惶不可终日。患者同时伴有心跳加速，呼吸困难，出汗，四肢发抖，严重者惊恐发作，常有心悸感、失控感、濒死感。

易激惹，指患者的情绪反应极易被诱发，即使是轻微的刺激。患者极易大发雷霆，与人争吵。发火后病人后悔，向家人道歉，心疼损坏的物品，但不能防止下次再发作。

情感淡漠，指患者对自身状况和周围事物漠不关心，缺乏应有的情感反应，不会有说有笑，表现为不关心学习，不关心前途，不关心亲人，不关心生活。例如，患者母亲摔倒受伤，患者对母亲的呼喊置之不理。

## （四）意志障碍

意志是指个体自觉确定目的并支配身体行动以实现预定目标的心理过程。意志是克服困难的心理过程，学习、工作、社交和生活都需要意志。

意志增强是克服困难的心理增强，表现为睡眠少，患者每晚睡 2～3 小时便足够，醒来精力充沛，能起床看书写作、整理东西，学习欲望增强，好结交朋友。非躁狂的意志增强目标固定不变，如因为猜忌妄想不断地跟踪配偶。

意志减退是克服困难的心理减退，表现为精力不足而工作力不从心，怕忙碌，怕社交，生活懒得自理。例如，"感觉到工作又累又紧张，真不想干，只是迫于生计硬撑着上班""别人给我打电话很烦，干脆关机了"。

意志缺乏指意志要求显著减退或消失，患者认为许多事情没有必要做，或是遇到困难就放弃并且认为这些都只是观念问题，不愿接受治疗。例如，患者不想高考，经过家人请求后才去考，没答完就交卷，原因是不想上大学；不努力找工作，理由是大学没学到什么东西；家里很脏乱，自己不收拾也不让别人收拾。

## （五）注意障碍

注意增强，指患者特别容易被某种事物吸引或者特别注意某些活动。比如，患者特别注意周围环境，对周围的一举一动格外关注。

注意减退，指患者不能长时间集中注意，会为了无关紧要的事情分心。例如，"记词时，记着记着就不知不觉地想看别的东西，回到主题又溜号，无法克制""每次看报纸只能看五六行，最多能看一页"。

注意转移，是指注意的转换过快，一个兴奋点很快被另一个兴奋点取代，典型表现是音联意联，如"高护士，高高在上，上有天，下有地，地大物博，博物馆，文化馆，体育馆"。

注意缓慢，是指注意的转换慢，一个兴奋点向另一个兴奋点转移慢，患者表现为理解别人的问题变慢，"脑子反应慢，要过十分钟才能懂人家说了什么""思维变慢，敲键盘经常卡住半天才知道要写什么"。

## （六）动作及行为异常

### 1. 精神运动性兴奋

协调性兴奋是指患者的行为动作与思维情感一致，是有目的的，可以理解的，身体各部分的动作和整个精神活动是协调的。例如，情绪激动时的兴奋，焦虑时的坐立不安，轻躁狂时的兴奋。不协调性兴奋则表现为动作单调，无动机，无目的，难以理解，或与所处环境不协调。例如，到处乱跑，撞到墙才停下。

### 2. 精神运动性抑制

木僵是指患者的动作和行为明显减少，并保持一种固定的姿势。一般木僵患者表现为：不言，不语，不动，不食，面部表情刻板，僵住不动，甚至大小便潴留。抑郁性木僵表现为："想整天睡觉，爬不起来，像蛇一样睡在那里"。心因性木僵表现为：患者与人发生激烈的争吵之后，坐着发呆，面色苍白，心跳加速，事后自己不能回忆。

蜡样屈曲指患者静卧着不动，但是身体可以按照他人指令摆成很不舒服的姿势，并维持很长时间才慢慢恢复。患者的意识清楚，但是当时不能抗拒。

违拗症指患者对要求他做的动作做出相反的行为。例如，让病人躺下他却站起来，让病人张口他却紧紧地咬住牙。被动性违拗症的患者对别人的要求一概会加以拒绝，不肯履行要求他做的事，甚至连口水都咽不下去。

### 3．刻板动作

患者持续地、单调地、重复地做一个动作，即使动作并没有什么指向性和意义。例如，患者重复解纽扣、扣纽扣，重复摇头晃脑、拍打膝盖。

### 4．持续言动

患者对一个有目的并且已经完成的言语进行无意义的重复。例如，问患者今年多少岁了，患者回答："36岁。"再问做什么工作时，患者仍回答36岁。

### 5．作态

患者用古怪的、愚蠢的、幼稚的动作或者是姿势来表达某一种有目的的行为。例如，挤眉弄眼，怪声怪气地与人说话，走路矫揉造作，学动物叫。

### 6．强迫性动作

患者明知不必要，但难以控制地去重复做一个动作，如果不能去做会产生严重的焦虑不安。常见的强迫动作有反复洗手，把手洗破了也不能控制；反复检查门锁，甚至离开家很远了打车回去检查。

### 7．冲动行为

冲动行为是患者突然产生的不加思考的行为。例如，患者和父亲聊天，一言不合就大发脾气，砸家里茶杯，砸玻璃，掀桌子，仅五分钟后又扶起桌子；患者失去耐心，一刻都不能等，等一会儿就要打人。

### （七）记忆障碍

记忆增强指患者对生病之前不重要的事都能回忆起来。例如，患者能回忆自己童年时期的某些事情，和谁表演过什么节目，做过什么游戏，回忆的情景非常细致。患者会反复回忆创伤事件，越记越牢，直至这些事件占据患者的精神生活。

记忆减退表现为患者对日期、专有名词、术语、概念等回忆困难。"做过的事情不记得了，要做的事很快就忘了，手机放哪里经常找不到""讲故事，讲了前半段忘了后半段""看书看很多遍才勉强记住，但很快忘了"。

遗忘是一种回忆的丧失，是一段时间内经历的遗忘。心因性遗忘是指患者由于不愉快的或者是强烈的愤怒情景引起的记忆丧失。顺行性遗忘是指患者不能回忆发病后经历的事情，如如何住院、如何受伤、如何抢救等。逆行性遗忘是指患者不能回忆发病以前的一段时间的事情。

错构指患者对曾经经历的事情说错时间和地点，但是仍旧坚信不疑。

虚构指患者将从未发生过的事情说成确有其事，用虚构的事情填补那一段时间的记忆。例如，阿尔茨海默病患者住院期间说自己前一天出差去了好几个城市，完成了好多工作。

似曾相识感或旧事如新感是指患者对从未见过的场景有熟悉的感觉，或者是对熟悉的事物有从未见过的生疏感。

### （八）智能障碍

引起智能障碍的原因比较多，一般由脑部疾病和缺乏学习、实践引起。比如，幼儿时期错过了学习语言的机会，长大后便很难学会说话。

假性痴呆是指大脑组织结构无任何器质性损害的患者产生一种类似痴呆的表现，与强烈的精神创伤有关，经过适当的治疗短期内可以完全恢复正常。患者可表现出类似于儿童的说话方式和动作等。

全面性痴呆是全面智能的衰退，记忆、理解、计算和判断等能力的下降，会影响患者全部的精神活动，常常引发人格改变。

### （九）意识障碍

嗜睡指在没有给予刺激时，患者表现为昏昏欲睡；但给予刺激可迅速清醒，回答简单问题；停止刺激后再次进入睡眠。

昏迷指患者对外界的刺激没有反应，无自发的运动。

谵妄指患者表现为记忆障碍和时间、地点的定向障碍，有昼轻夜重的特点，常常伴有幻觉和错觉，多数是视幻觉和视错觉。幻觉内容多是恐怖的且形象逼真，如可怕的毒蛇、猛兽，看见有黑影站在墙上、有人站在门口等。患者常常白天昏睡，晚上兴奋，行为冲动，言语不连贯，将梦境与现实混淆，可持续数小时或者数天。

### （十）自知力障碍

自知力完整的患者能认识到自己有病，能指出自己过去的或现在的哪些表现是病态的，能诉说自己的不适并要求治疗。自知力障碍是指患者缺乏对自己疾病的认识，即认为自己的精神状态不是病态，甚至拒绝治疗。自知力的丧失是判断精神病的指标之一，是判断病情好转或恶化的重要指标。有些缺乏自知力的患者会假装承认自己有病，以达到出院的目的。

### 巩固与思考 ……▶

1. 精神残疾是对所有_____的一种总称，是个体在_____、_____和社会等多种因素的影响下，大脑功能活动紊乱，产生_____、_____、_____及智力等不同程度的异常，有些可伴有生理功能障碍。

2. 精神残疾的成因有哪些？

3. 精神残疾的评定工具有哪几种？适用范围分别是什么？

4. 精神残疾有哪些特征？

# ▶任务二
# 精神残疾儿童的教育

**问题情境……▶**

《第二期特殊教育提升计划(2017—2020年)》的总体目标是，到2020年，各级各类特殊教育普及水平全面提高，残疾儿童少年义务教育入学率达到95%以上。

同学们有没有了解过精神残疾儿童如何接受教育？他们的教育内容有哪些？任务二将对以上内容进行阐述。

## 一、精神残疾儿童的教育安置形式

我国对精神残疾儿童教育安置，也逐渐根据儿童的年龄、智力、语言能力和社会行为能力等因素而分化，将中轻度、低龄的精神残疾儿童安置于幼儿园、普通学校，而将重度、大龄的精神残疾儿童安置于特殊教育学校或专门的精神残疾学校。总之，无论是何种教育安置形式，家校合作、积极行为管理策略的使用和满足个体需要的课程，以及一定的特殊教育服务对精神残疾儿童的发展都是必要的。只有对精神残疾儿童多一些了解，根据其实际需求选择合适的教育安置形式，才能对精神残疾儿童未来的发展产生积极的影响。

## 二、精神残疾儿童的教育内容

### （一）日常生活技能

日常生活技能训练重点是个人卫生与自理生活，如洗手、穿衣、饮食、排便等活动。训练以手把手督促的形式，且坚持每日数次，结合适当的奖励刺激，如运用代币制度。这种反复的奖励刺激，可促使精神残疾儿童学习和建立适当的行为模式。

### （二）文体娱乐活动

文体娱乐活动的训练重点是鼓励精神残疾儿童参与群体活动，扩大交往接触面，达到提高生活情趣、促进身心健康的目的。训练内容及安排应根据精神残疾儿童具体病情而选择，包括游乐与观赏活动，如音乐疗法；含有学习与竞技的参与性活动，如歌咏、舞蹈、绘画、乐器演奏、球类比赛及其他体育竞赛等。训练项目的安排遵循从易到难、循序渐进的原则。

### （三）社会交往技能

加强社会交往技能训练的目的在于阻止精神残疾儿童社交能力的下降或提高部分精神残疾儿童的社交能力。训练从如何正确表达自己的感受开始，直至如何正确地积极寻求帮助及掌握不同场合的社交礼节等技能。

### （四）学习行为技能

学习行为技能即为"教育疗法"，训练目的在于帮助长期住院、目前不能回归社会的精神残疾儿童学会善于处理、应对各种实际问题。

### （五）就业行为技能

各种功能障碍，包括精神残疾的康复期都必须开展作业疗法，也就是进行劳动作业方面的技能训练，又称"工疗"。目前包括三种主要的形式：简单作业训练、工艺制作训练和职业性劳动训练。

简单作业训练包括粘贴信封、分拣物品、折叠纸盒、抄写文书、整理文件等。

工艺制作训练指训练精神残疾儿童进行手工的艺术性操作，又称为"工艺疗法"。训练方式有各种编织、服装裁剪与缝制、工艺美术品制作、玩具及装饰品制造等。由于工艺制作训练可激发精神残疾儿童的创造力，具有增加才智、培养兴趣及稳定情绪的功能，因此常有精神残疾儿童主动参加，这对于精神残疾儿童的心理社会康复甚为有利。

职业性劳动训练旨在为精神残疾者提供机会增长技能，以保证其工作条件或经验方面尽可能接近实际情况。在训练期间，精神残疾者可继续接受治疗，以及社会适应或康复中心其他部门的服务。

## 三、精神残疾儿童的常见教育干预方法

随班就读的精神残疾儿童，或多或少地会在课堂上表现出一些扰乱行为，如离座、注意力不集中、发脾气、不按规定发言等。教师可以采取以下方法进行课堂行为管理：将此类儿童座位尽量安排在离门远、离位时有少许障碍物的位置，最好能靠近教师坐，便于及时提醒和做相应处理；保证此类儿童座位周围环境布置简单明了，教室墙面、桌面尽量少放与教学无关的东西。

教师要仔细观察精神残疾儿童发脾气的情况并认真分析原因，尤其是要分析儿童的需求，千万不要误解误导，要用宽容、理解的态度，营造和谐、平稳的班级气氛。师生共同接纳精神残疾儿童，避免环境压力致使精神残疾儿童发脾气。建立沟通模式，引导儿童按信号(如点名、眼神等方式)提示发言。

课前辅导时教导精神残疾儿童举手发言，一旦举手发言，立即给予正性强化。加强心理建设，改善精神残疾儿童固执、自我刺激等不适当行为。适当、适时发展精神残疾儿童的口语沟通能力和个人意愿表达能力，以减轻其心理负担。

## 四、精神残疾儿童的融合教育

融合教育可以使精神残疾儿童与普通儿童共同学习、共同成长，学会做人、求知、

创造等，使他们今后能够自然地融入社会，自立、平等地参与社会生活。同时，学校还会针对精神残疾儿童的特殊需求有针对性地提供特殊教育和服务，对他们进行必要的康复和补偿训练，努力使他们和其他儿童有平等的机会，共同发展。

**巩固与思考 ⋯⋯▶**

1. 精神残疾儿童的教育安置形式有哪些？
2. 精神残疾儿童的教育内容有哪些？

# ▶任务三
# 精神残疾儿童的支持与服务

**问题情境 ⋯⋯▶**

精神残疾儿童的成长不仅需要学校的教育服务，还需要家庭、社区的支持和帮助。那么，大家是否了解，在精神残疾儿童的成长过程中，家庭和社区应该扮演什么角色呢？任务三将为大家介绍家庭和社区为精神残疾儿童提供的相关服务。

## 一、精神残疾儿童的家庭支持

### （一）营造生活环境

家庭能够提供适合精神残疾儿童的生活环境，在医护人员的指导下为精神残疾儿童安排合理的作息时间，使其养成良好的生活习惯。

家庭成员了解疾病的性质，能配合医护人员共同制订治疗和康复计划，并督促儿童实施。家庭成员了解疾病的相关知识，能识别疾病复发的先兆，及时复诊。家庭成员了解药物治疗的注意事项，可以保管好药物，督促精神残疾儿童按时、按量服药，识别药物副作用。

精神残疾儿童的精神症状逐渐好转或维持稳定后，家庭与社会功能逐渐恢复，包括日常生活能力、学习工作能力和人际交往能力得到恢复，能承担必要的家庭角色。

### （二）生活护理

居室环境方面的护理。精神残疾儿童的居室要求安全、安静、简洁，室内不可放置可能造成自伤或伤人的危险物品，如电源、热水瓶、剪刀、铁锤、绳索、玻璃器具、药物等。病情稳定的精神残疾儿童最好与亲人住在一起，不宜独居。

个人卫生方面的护理。家庭成员可督促和协助精神残疾儿童料理个人卫生，但不可包办。应对精神残疾儿童进行教育和训练，指导康复期精神残疾儿童尽快摆脱精神残疾角色，调整心态，按时起床、梳洗、打扫卫生。必要时可采用一些行为强化手段来培养精神残疾儿童的健康生活习惯。

饮食护理。家庭成员要注意饮食卫生和营养搭配，监督精神残疾儿童不暴饮暴食、不随意进补、不饮酒、不饮浓茶、不吸烟。精神残疾儿童宜进食清淡易消化食物，忌油腻、辛辣、生冷及坚硬食物。对于吞咽困难的精神残疾儿童，家庭成员要在旁指导其缓慢进食，谨防窒息。

睡眠护理。家庭成员应为精神残疾儿童创造良好的睡眠环境，避免强光和噪声刺激，鼓励精神残疾儿童白天多参加一些有益的活动，睡前不饮茶和咖啡等兴奋性饮品，不观看引起强烈情绪变化的电视节目和活动，可做些放松训练，如热水泡脚、听催眠曲等。

生活自理能力训练。家庭成员要帮助精神残疾儿童制定适宜的作息时间，逐步开始有规律地生活，做到起居有节，饮食如常，睡眠良好，注意仪表；训练精神残疾儿童重新掌握家庭生活技能，参加力所能及的劳动，包括家庭清洁卫生、家庭布置、物品采购、食物烹调、钱财管理等。家庭成员要避免过分照顾，防止精神残疾儿童社会功能衰退。

### （三）观察病情

家庭成员要高度重视病情的观察，注意精神残疾儿童在家庭生活中的各种表现，包括精神残疾儿童的睡眠变化、情绪变化，生活和工作能力，有无幻觉、妄想和言行异常等精神症状复现，发现病情变化要及时就医。

### （四）心理社会功能训练与护理

家庭成员要尊重和关心精神残疾儿童。家庭成员的理解与支持，可使精神残疾儿童感受到亲情和温暖，获得精神上的安慰。指导家庭成员正确认识精神残疾，平等对待精神残疾儿童，不嫌弃、不讽刺、不歧视、不一味指责精神残疾儿童，也不要一味迁就精神残疾儿童。同时，家庭成员的期望值不宜过高，必须量力而行，不能操之过急，对精神残疾儿童的每一点进步都要给予肯定和表扬。

家庭成员应给予精神残疾儿童表达情感的机会。家属应经常与精神残疾儿童沟通，让精神残疾儿童有机会表达对疾病的恐惧不安及焦虑，耐心启发精神残疾儿童认识到自己疾病的现象和状态，缓解因症状缠绕而产生的焦虑情绪和自卑感，帮助其正视问题、克服困难。

家庭成员应教会精神残疾儿童应对应激的技巧，学会自我解脱，正确处理负面情绪，克服懒散性、依赖性及行为退缩，以及自身个性方面的弱点，培养乐观开朗的性格。家庭成员要鼓励精神残疾儿童主动地融入社会，及时帮助精神残疾儿童解决生活、工作和学习中遇到的问题，避免心理因素导致的各种心理压力，让精神残疾儿童感到自己是对社会和家庭有用的人。

家庭成员要鼓励精神残疾儿童参加社交活动，组织他们参加文体活动，活跃他们的情绪，促进他们人际关系的恢复和发展。精神残疾儿童病后存在不同程度的情感淡漠、行为退缩、依赖性强等不利于人际关系恢复的因素，周围人群也以不同的眼光看待精神残疾儿童，其中不乏偏见和误解，家庭成员应帮助精神残疾儿童正确对待社会偏见，恢复原有的人际关系，发展新的人际关系。

## 二、精神残疾儿童的社区支持

### （一）个案管理

个案管理是精神康复和干预的主要形式，指定某一个人或一组人为个案管理员，确保精神残疾儿童获得持续性及综合性的服务。例如，某个案管理员可陪同精神残疾儿童去福利机构；如果精神残疾儿童错过一次复诊，个案管理员可上门家访；或者针对精神残疾儿童的服务召开一次不同机构人员参加的会议，共同制定一项有精神科医生参与的完整的治疗方案。开展这一工作的特点是根据每个精神残疾儿童及其家属的需求制订治疗、护理、康复计划，并在实际运作过程不断调整，具体包括以下的连续过程：识别个案对象；评估服务需求(治疗和护理需求，康复训练等)；设计个案管理服务方案；协调与监控服务的内容和质量；再评估服务方案实施质量和效益；修改服务方案并重复运行。个案管理是由一组分工不同的人员进行的，其中包括精神科医生、护士，街道办事处工作者，有时也有志愿者参加。大部分医疗服务和康复训练工作深入精神残疾儿童的家庭，并且提供24小时的服务监控，其内容几乎涵盖了社区康复的所有项目。

### （二）职业技能康复

精神残疾儿童的职业康复可看作一个从医院康复到社区康复的连续康复服务过程，其中大部分在社区进行。当今社会残疾人的职业安置比普通人困难得多，而精神残疾人的职业安置尤为困难。因此，除了针对性的职业康复设施外，还需要必要的政策和法规作为保障。需要注意，并非所有精神残疾儿童都必须通过职业技能康复的全过程。例如，较严重的精神残疾儿童可能停滞在康复步骤的中段，而有良好技能的精神残疾儿童可能一开始就较快进入康复步骤的最后阶段。这个连续的康复服务过程可分为：工作技能评估、工作适应训练、职业技能训练、庇护性就业、过渡性就业、工作安置和职业保持七个步骤。

---

📎 **｜温馨提示｜**

精神残疾者因为缺乏工作机会而不能融入社会，功能退化严重，给家庭带来沉重的照料负担，降低了家庭整体生活品质。例如，2018年针对北京319户成年精神、智力残疾人家庭的一项调研结果显示："受访者中，只有不足9%确认家中心智障碍者有固定收入，并且收入能大致满足自身需要。在无固定收入的心智障碍者中，有接近两成家庭经济状况十分拮据。"因此，精神残疾儿童的职业技能康复具有重要的作用。

### （三）主动式社区康复程序（PACT）

PACT 是专门为那些适应及功能较差的精神残疾儿童而设计的，以利于预防复发、增强社会及职业功能，主要针对精神残疾儿童的技能缺陷、资源能力，以及社区生活需要不同，采用不同的社区治疗。治疗由团队实施，多在精神残疾儿童家中、邻舍及工作场所进行。这是一个综合性的过程，要帮助精神残疾儿童进行日常生活训练，如洗衣、购物、烹饪、梳洗、理财及使用交通工具等；还应尽量支持和帮助精神残疾人继续学业、寻找工作，或在一个庇护性工厂内工作。工作人员继续与精神残疾儿童保持接触，指导精神残疾儿童合理地利用闲暇时间，运用社会技能。

PACT 强调增强精神残疾儿童社区生活适应，为精神残疾儿童的家庭、雇主、朋友、熟人及社区机构等自然支持系统提供支持及咨询，主动延伸服务以确保精神残疾儿童处在 PACT 治疗程序中。PACT 还强调精神残疾儿童服药的依从性，及时与精神科医生取得联系。一些对照研究表明，依从性较差的重度精神残疾儿童(如精神分裂症儿童)在 PACT 中受益匪浅，而其他社会功能尚好或依从性较好的精神残疾儿童，则不需要这类高强度的服务。[①]

### （四）技能训练

社会技能训练的基本策略与人类的学习原理一致，都是通过矫正错误的假设和消极的动机来建立正性期待。也就是说，恰当的行为如果在自然生存环境中受到了正性强化，那么这一行为将会长期保持。联合使用各种信息传递的教学方法，包括对角色扮演者的某一特异性行为予以鼓励的办法和布置家庭作业在现实生活中练习的方式，不断使精神残疾儿童将习得的技能从一种环境向另一种环境转化或应用，达到行为改变的目的。

药物治疗的自我管理技能训练使精神残疾儿童了解药物治疗对预防病情复发、恶化的重要意义，自觉接受药物治疗，直至达到掌握安全用药的技巧、不良反应的监测处理、向医生正确有效地描述自己的问题和症状等方面的自我管理。

症状自我控制技能教会精神残疾儿童识别和处置病情复发的先兆症状，并较好地对待持续症状，同时能够将所学的技能应用到社会工作中。

人际交往技能训练教会精神残疾儿童交谈技巧，包括交谈时的目光对视、体态、姿势动作、面部表情、语调变化、声音大小、语速快慢及精力是否充沛等。

### （五）过渡性康复站

过渡性康复站是由费尔韦瑟（Fairweather）等人在 1960 年提出的。他们从住院机构中挑选那些能和睦相处或在症状及社会功能上彼此互补的精神残疾儿童，先在医院内

---

① 张晶晶，李云，陈园，等．基于社区康复服务现状调查分析的发展策略研究［J］．中国康复医学杂志，2017，32（1）：78-81.

接受训练，然后转到监护下过渡性康复站继续恢复性治疗，最终达到自治自理的目的。这种方式强调精神残疾儿童的自理能力，并对其临床情况微小的进步、体现的内聚力和相互支持进行鼓励。通常这些康复站都与医院保持着密切联系。

### （六）自助团队

#### 1. 治疗性自助团体

治疗性自助团体较少依赖专业人员，扩大精神残疾儿童及其家庭在治疗计划和实施方面的影响，并致力于为治疗和研究精神残疾获得充分的支持。这类组织主要分为三种形式。

一是精神残疾儿童组织，是由精神残疾儿童自己创建的独立社团，主要目标是倡议并致力于维护精神残疾儿童在治疗上的选择权，包括不做任何治疗的可能性。

二是治疗性自助组织，基本属于教育和认知性质的。

三是家属组织，多由分裂症精神残疾儿童家属组成，主要通过教育及倡议，使精神科的综合性服务有所改善。应注意治疗性自助团体可能造成分裂症精神残疾儿童拒绝某些有效防止复发的专科治疗，并排斥一些维持和改善其功能的处理。这些排斥行为包括拒绝服药或反对躯体治疗。

#### 2. 心理社会俱乐部

这种社区照顾模式的主要功能在于积极推动精神残疾儿童自助和体现反偏见价值。在俱乐部中有专职人员负责管理及做出临床判断，同时鼓励成员自己做出决策并参与治疗。俱乐部的活动集中在休闲、职业及履行住所的功能。这种俱乐部模式的关键在于是一种过渡形式，精神残疾儿童依靠俱乐部的成员，在娱乐、工作及居所监管范围内，逐渐承担越来越多的责任，拥有更多的权利。

## 三、精神残疾儿童的社会支持

我国当前社会的竞争愈加激烈，人与人之间的距离由于越来越快的生活节奏，在慢慢地增加。由于社会上大部分人的一些习惯已经根深蒂固，并没有根本性的改变，因此，由其他因素导致精神残疾的儿童数量仍然在逐年增加。

在医疗技术不断提高的背景之下，精神疾病的治愈率还是没有很大的提升。除此之外，有些人对精神残疾儿童有一种错误认识及歧视。这种错误认识及歧视导致精神残疾儿童不能够正常地与社会上的其他人进行交流，不能在社会上进行正常的活动与生活。

以上两种因素导致了精神残疾儿童的社会支持总分、客观支持和主观支持得分均低于普通儿童群体。即使我国已经出台了很多相关政策，对精神残疾儿童的社会支持予以协助，但还是不能够缓解当前这种情况。照料者除了需要自己正常的生活以外，还要分出大量的时间和精力用于照顾儿童，而精神残疾儿童在社会上所处的不良地位，导致他们未能得到类似于普通病患所得到的照顾。大部分精神残疾儿童还普遍存在着病耻感。病耻感会给精神残疾儿童的生活带来消极的影响。精神残疾儿童不能获得充分、良好的社会支持，自然而然病耻感还会继续，自尊水平也会受到影响。在这种情况下，医护人员更要密切关注家庭成员的心理健康状况，加强与家庭成员的沟通和交流，更加详细、更加有效地指导精神残疾儿童获得更多的社会支持。与此同时，还要指导家庭成员有效地利用社会支持，提高生活质量，更好地照顾精神残疾儿童。

研究表明，利用社会网络结构上的各种社会关系对个体的影响力，个体才能够很好地获得社会支持，并且精神残疾儿童的身心健康在一定程度上会受到社会支持的影响。[①] 这是因为在人文关怀和实际物质的社会支持下，精神残疾儿童能够得到愉快的情感体验，同时也能够有相对稳定的收入来保障其进行正常的基本生活。但非常令人遗憾的是，精神残疾儿童常常因为多种原因，如病耻感及其他的一些因素，拒绝来自社会上的支持。

## 温馨提示

全国政协常委、中国残联第七届主席团主席张海迪强调，精神疾病是看不见的痛苦，精神心理问题是全球性的重大公共卫生问题和突出的社会问题，需要全社会的特别关心。中国残联和相关部委共同为防治精神残疾做了大量卓有成效的工作，探索形成了"社会化、综合性、开放式"的精神病防治康复工作模式，为经济困难精神病患者提供住院和服药医疗救助，帮助稳定期精神病患者开展社区家庭康复训练，积极推动完善精神残疾防治与康复服务体系。

### 巩固与思考 ┈┈┈▶

1. 精神残疾儿童的家庭支持分为哪几个方面？
2. 精神残疾儿童的社区支持表现在哪几个方面？

---

① 窦娜娜，哈特，范翠玲，等. 精神分裂症患者精神残疾相关因素分析[J]. 中国医学创新，2022，19(12)：164-168.

# 模块八　孤独症儿童教育指导

## 模块导入

电影《自闭历程》是根据自幼患有孤独症的美国动物科学家、畜牧学博士——天宝·葛兰汀的个人自传改编而成，讲述天宝与众不同的成长经历。

天宝4岁时被医生诊断为孤独症，母亲尝试用多种方法让天宝开口说话。为了让天宝拥有正常人的生活，妈妈忍痛送她去一所寄宿学校念书。在这里，天宝认识了开启她天赋大门的恩师卡洛克博士。在恩师的帮助下，天宝顺利考入了大学。临上大学前的暑假，天宝来到姨妈家的农场度假。自此，天宝对牲畜产生了浓厚的兴趣。在大学里，天宝制作"挤压机器"来平复紧张情绪。毕业后，天宝继续从事畜牧业的研究学习，设计出大大提高屠宰率且更为人道的屠宰方式。天宝以她独有的方式去认知世界，"像牲畜一样地思考"，在孤独症研讨会上大声地讲出自己的亲身经历。

## 学习目标

1. 了解孤独症儿童的特征。
2. 掌握孤独症儿童的评估方法。
3. 了解孤独症儿童的教育内容。
4. 掌握孤独症儿童常见的教育方法。
5. 了解孤独症儿童社区及社会支持的问题与策略。
6. 掌握孤独症儿童家庭及学校支持的问题与策略。

## 案例故事

### "天才化"和"污名化"，孤独症孩子面临的两个极端①

文艺作品和一些媒体对某些孤独症患者的特殊才能的追捧，让不少人有"孤独症就是天才"的误区。经常有"热心"人士建议孤独症儿童的父母应该好好培养自己的孩子。

电影《雨人》就曾受到不少批评。电影中塑造的"天才孤独症患者"的形象，实际上传播了一系列关于孤独症的错误信息。类似的宣传会让观众认为，孤独症患者的康复目的应该是施展自己的"特殊才能"，从事相关工作，却忽视了这样一个前提事实——并非所有孤独症患者都具备特殊能力。极少数孤独症儿童会有"天才"特质，也有不少孤独症儿童符合智力残疾的特征，有的孤独症儿童没有口语交流能力，但也有孤独症儿童吐字清晰。无论是在智力、语言能力方面，还是社会交往方面，孤独症儿童个体之间存在着很大的差异，这也正是命名"谱系"的意义所在。

"天才的想象"之外，孤独症儿童的污名化，才是最大的难题。

父母倾尽全家之力为孤独症儿童做康复训练，并希望其融合进幼儿园，孤独症儿童却在幼儿园出现问题行为，引发其他家长的声讨。不少家长认为"问题儿童"应该退学。

对于孤独症儿童的家长而言，无论是排队抢号、高额加价获得医疗资源，还是省吃俭用攒康复费用、为了防骗担惊受怕，都可以承受。但社会大众对孤独症的不了解、不理解，孩子在家门口、学校里和社会生活中遭受到的歧视，往往给孤独症儿童的家长带来更大的痛苦。

## 模块思维导图

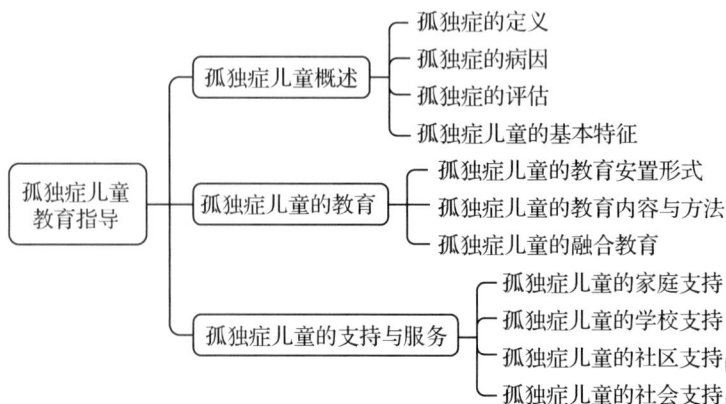

```
                              ┌─ 孤独症的定义
                ┌─ 孤独症儿童概述 ┼─ 孤独症的病因
                │              ├─ 孤独症的评估
                │              └─ 孤独症儿童的基本特征
                │
 孤独症儿童      │              ┌─ 孤独症儿童的教育安置形式
 教育指导 ──────┼─ 孤独症儿童的教育 ┼─ 孤独症儿童的教育内容与方法
                │              └─ 孤独症儿童的融合教育
                │
                │                  ┌─ 孤独症儿童的家庭支持
                └─ 孤独症儿童的支持与服务 ┼─ 孤独症儿童的学校支持
                                   ├─ 孤独症儿童的社区支持
                                   └─ 孤独症儿童的社会支持
```

---

① 涂芮."天才化"和"污名化"，自闭症孩子面临的两个极端．澎湃新闻，2021-04-03.

# ▶任务一
## 孤独症儿童概述

**问题情境 ·····▶**

　　近年来，孤独症儿童数量不断增加，孤独症也越来越多地受到大众关注，然而，什么是孤独症？哪些因素导致孤独症儿童不断增加？孤独症儿童有何异于普通儿童的特点？如何判断儿童是否患有孤独症呢？带着这些问题我们一起开始任务一的学习。

### 一、孤独症的定义

　　凯纳教授于1943年提出了孤独症的概念，描述了11位表现有异常情绪和行为问题的儿童，并明确指出孤独症儿童具有一组特征：极端的孤立、强迫性要求、机械记忆能力出色、模仿言语的迟误、对刺激过度敏感、自发性活动类型局限等[①]。此后，关于孤独症典型症状的讨论一直持续着。2013年，《精神障碍诊断与统计手册(第五版)》(DSM-5)用"孤独症谱系障碍"代替了"广泛性发育障碍"，具体包括孤独障碍、阿斯伯格综合征、童年瓦解性障碍，以及其他未注明之广泛性发展疾病。同时，发病时间由原来定义的3岁前起病，放宽到"在发育早期就有显示"，特别提出"有可能在社会互动中的挑战超过其有限的能力时才完全呈现"。DSM-4症状标准中3个维度，现在合并成2个维度，且需同时具有①持续、广泛性的社交沟通及社会互动损害；②局限、重复的行为模式、兴趣和活动。

　　另外，DSM-5除了增加感知觉的判断外，还按照有没有智能损伤和(或)相关的身体疾病，将孤独症谱系障碍严重程度及需要支持的情况进一步分为三个等级，即程度一，需要支持；程度二，需要较多支持；程度三，需要极大支持。

　　国际疾病分类(ICD)是WHO制定的国际统一的疾病分类方法，依据疾病病因、病理、临床症状和解剖位置等特征，把疾病分门别类组合，采用编码的方法来代表各类疾病。2018年，ICD-11英文版本草案出台。ICD-11同样将原来广泛性发育障碍(孤独障碍、童年瓦解性障碍和阿斯伯格综合征等)统一改名为孤独症谱系障碍。由于Rett综合征的致病基因已经明确(MeCP2)，原归属于广泛性发育障碍的Rett综合征在ICD-11中归为发育异常。

　　目前，孤独症已经成为儿童精神医学中备受关注的领域之一。DSM-4所统计的孤

---

① 周念丽. 自闭症谱系障碍儿童的发展与教育[M]. 北京：北京大学出版社，2011：3.

独症儿童出现率，为 25‰。巴克斯特（Baxter）等估计，2010 年全球约有 27 岁以下孤独症谱系障碍患者 520 万，患病率为 7.6‰[1]。美国孤独症和发育障碍监测网络（Autism and Developmental Disabilities Monitoring Network，ADDM Network）的数据显示，美国 8 岁儿童孤独症谱系障碍患病率已从 2000 年的 6.7‰上升到 2012 年的 14.6‰[2]。在我国，戴琼通过 Meta 分析方法描述了我国儿童孤独症流行现状，认为我国儿童孤独症患病率为 0.03%～1.41%，Meta 分析合并后为 0.24%。孤独症患病率性别之间存在性别偏倚，男性患病率为 0.35%，女性患病率为 0.07%，比例为 5∶1。这一结果与 2000 年美国多中心调查结果相近，其显示孤独症患病率男女比例平均为 4.3∶1。[3]虽然总体来看，男性孤独症患病率高于女性，但是一些临床观察发现，女童孤独症的症状较男童更为严重。[4]

## 二、孤独症的病因

关于孤独症的病因，有多种假说，但至今尚未有定论。现介绍以下几种业界认同度较高的假说，谨供参考。

### （一）遗传因素

孤独症的病因至今成谜，然而最近的研究都指向基因异常。萨丁（Sandin）认为母亲年龄过高与孤独症谱系障碍发病之间存在病因关系：一是容易发生染色体变异和基因修饰，如有些神经疾病和精神疾病与基因修饰有关；二是容易发生产科并发症，在相关研究中发现产科并发症可能是孤独症的危险因素[5]。国外许多研究发现，孤独症不是一种单基因遗传性疾病，而是多基因遗传变异。而且这种遗传风险因素还可以隔代累积，高龄生育者第三代患上孤独症的风险要高于那些低龄生育者的第三代。英国伦敦国王学院、瑞典卡罗林斯卡医学院的研究人员对瑞典 1932 年后出生的 5 936 名孤独症患者和超过 3 万名健康人士的精神疾病诊断细节、祖父和外祖父的生育年龄等数据进行对照研究后发现，祖父生育子女时的年龄与其第三代患孤独症的风险成正比。数据显示，与 20～24 岁生育女儿的人相比，超过 50 岁生育女儿的人，其第三代患孤独症的风险是前者第三代的 1.79 倍；而与 20～24 岁生育儿子的人相比，超过 50 岁生

① Baxter，A. J.，Brugha，T. S.，Erskine，H. E.，et al. The epidemiology and global burden of autism spectrum disorders[J]. *Psychological Medicine*，2015，45(3)：601-613.

② Christensen，D. L.，Braun，K. V. N.，Balo，J.，et al. Prevalence and characteristics of autism spectrum disorder among children aged 8 years：Autism and developmental disabilities monitoring network，11 sites，United States，2012[J]. *MMWR Surveillance Summaries*，2018，65(13)：1-23.

③ 戴琼，徐海青，汪鸿，等 . 2000—2016 年中国儿童孤独症谱系障碍患病率 Meta 分析[J]. 中国儿童保健杂志，2017，25(12)：1243-1245.

④ 杨晓玲 . 解密孤独症[M]. 北京：华夏出版社，2007：4.

⑤ Sandin，S.，Hultman，C. M.，Kolevzon，A.，et al. Advancing maternal age is associated with increasing risk for autism：A review and meta-analysis[J]. *Journal of the American Academy of Child & Adolescent Psychiatry*，2012，51(5)：477-486，e1.

育儿子的人，其第三代患孤独症的风险是前者第三代的 1.67 倍[①]。

另有资料显示，20％的孤独症患者家族中可找到有智能不足、语言发展迟滞和类似孤独症的亲人。此外，孤独症男童中大约 10％有染色体脆弱症。最新医学研究发现，孤独症儿童患者脑中鸦片素含量过多，故常出现自闭、麻木症状和感情交流障碍等，所以推断，孤独症患者的大脑神经递质存在问题。

### （二）免疫生化因素

最近的不少研究发现，免疫功能障碍可能与孤独症的发生或发展存在着某种相关，但具体作用机制如何，还说法不一。主要观点包括自身免疫因素、病毒感染学说、免疫接种因素。一些研究发现，免疫功能障碍可能与孤独症的发生存在关联。有学者提出了病毒感染学说，认为免疫功能缺乏的个体在胎儿期或新生儿期增加了病毒感染的机会，这些易感病毒会引起胎儿或新生儿中枢神经系统的永久性损害，从而导致孤独症。也有研究发现孤独症的发生与神经系统中神经递质的代谢异常有关。当前学界认为五羟色胺、多巴胺等神经递质与孤独症关系密切。[②]

### （三）孕产期因素

与孤独症有关的孕产期高危因素包括孕妇精神抑郁、吸烟史、病毒感染、高烧、服药史，胎儿剖宫产、早产、出生体重低、产伤、呼吸窘迫综合征及先天畸形等。早期研究者认为孤独症与孕产期因素有密切关联，但现在研究者普遍认为，孕产期的危险因素并非孤独症的直接原因，只是加强了已存在的遗传易感性，增加了发病的危险性。例如，研究发现，母亲职业毒物接触、孕期疾病史及低级别分娩地点、孕期被动吸烟、与同龄儿童的交流机会少均与孤独症有关[③]。近年的研究也显示，母亲人工流产史也是孤独症的危险因素之一[④]，母亲孕期有被动吸烟史是孤独症发生的危险因素[⑤]。而国外研究也已发现，孕妇在被动吸烟时，香烟中的有害因素能通过胎盘进入血液循环，并且胎儿对这些有害物比成人更敏感，此外，一氧化碳和烟草的成分可直接影响胎儿大脑，作用于多种神经递质传导系统，危害胎儿的健康[⑥]。研究还发现，孤独症患者母亲在孕期多有情绪紧张或抑郁的表现。孕期情绪不良是孤独症的高危因素，然而其机制尚未明确，可能是由于母亲孕期心情不适而导致体内肾上腺素等内分

---

① 刘海英. 自闭症遗传风险因素会隔代累积[N]. 科技日报，2013-04-03(002).

② 刘学兰. 自闭症儿童的教育与干预[M]. 广州：暨南大学出版社，2012：6.

③ 刘丹. 儿童孤独症谱系障碍的环境危险因素研究[D]. 杭州：浙江大学，2016：24.

④ 苏媛媛，张欣，李爱月. 天津市婴幼儿孤独症患病率与危险因素[J]. 中国妇幼保健，2011，26(32)：5004-5007.

⑤ 韩瑛，张萍. 儿童孤独症的病因及早期干预分析[J]. 中国优生与遗传杂志，2009，17(7)：123，135.

⑥ Schmitz，M.，Denardin，D.，Silva，T. L.，et al. Smoking during pregnancy and attention-deficit/hyper-tativity disorder，predominantly inattentive type：A case-control study[J]. *J Am Acad Child Adolesc Psychiatry*，2006，45(11)：1338-1345.

泌激素增加，引起胎盘血管收缩，影响胎儿脑部血供①，或直接通过胎盘影响胎儿体内激素水平，从而影响胎儿生长发育②。

### （四）神经心理学因素

从神经心理学的角度探讨孤独症的核心缺陷，有三个主要的假说：心理理论缺陷说、中枢性统合不足说、执行功能缺陷说。心理理论缺陷说主要用来解释孤独症患者社会交往障碍。一些研究者以心理理论习得上的特殊损害来解释孤独症儿童在人际交往、想象及语言方面表现出的一系列特殊障碍。中枢性统合不足说主要用来解释孤独症患者的兴趣狭窄和特殊才能。一些学者认为，孤独症患者的信息加工不完善，其注意力经常被正常人忽视的客体表面或个别特征所吸引，对整体情境缺乏注意，结果使得信息加工发生在局部而非整体水平上。由此，也可解释一些高功能孤独症患者在记忆、数学或音乐某一领域可能具有特殊才能的现象。执行功能缺陷说主要用来解释孤独症患者的刻板和重复性的行为。执行功能是个体进行问题解决时所必备的神经心理技能，涉及很多目的性、指向性行为的适应过程，如计划、抑制控制、工作记忆、弹性思考与行动等。执行功能缺陷，对孤独症患者的仿说、反复性的思考和动作、缺少计划、难以抑制不适当的反应等做出了解释。

## 三、孤独症的评估

### （一）确定评估目的

教育及心理测验标准指出："每一个评估工具的角色是选择、诊断还是做决定工作，必须在评估之前确定，而非之后。"关于孤独症儿童的评估根据评估人员、评估用途可以具有不同的目的。通常来说，对孤独症儿童的评估主要有以下目的③：①初步筛查；②决定教学计划和策略；③确定儿童目前表现水平与教学需求；④确定是否符合一些资格，如申请残疾补助；⑤制订个别化教育计划；⑥确定采取何种安置形式。医生、教师或者其他人员可以根据自己的需求确定评估目的，进而选择适当的评估程序和评估工具。

### （二）确定评估方式

#### 1. 正式评估

正式评估是指事先制定完整的评估方案，由专门的机构与人员按严格的程序和规范所进行的政策评估。正式评估具有评估过程标准化、评估方案科学化、评估结论比较客观全面的优点。正式评估的缺点是要求条件苛刻，不仅要有足够的评估经费并系统地掌握相关信息，而且要求评估者自身具备较高的素质。孤独症儿童正式评估通常

① 赵夏薇，毛萌. 孤独症临床危险因素相关研究与进展[J]. 中国儿童保健杂志，2008，16(1)：67-69.
② 潘顺英，朱晓华. 儿童孤独症90例孕产期危险因素分析[J]. 中国儿童保健杂志，2007(1)：90-91.
③ 连翔. 自闭症儿童心理发展与教育[M]. 上海：复旦大学出版社，2018：29.

由医生或者其他专业人员来完成，采用一些正式的评估工具，评估过程也会根据要求严格制定和执行。正式评估方法多用于孤独症儿童的诊断性评估，其评估结果通常可以作为后续教育安置、资格确认等方面。

2. 非正式评估

非正式评估也称非标准化评估，是指对评估者、评估程序、评估方法、评估资料都未设定严格要求而进行的局部的、分散的政策评估。非正式评估虽然结论不一定非常可靠、完整，但其形式灵活、简单易行，有广泛的适用性。孤独症儿童的非正式评估通常采用观察、访谈、档案评量、检核表等方法。

（三）评估流程

1. 转介

家长或教师转介个案到医院门诊。教师、家长或其他有关人员根据观察和学业考核的结果，将可能有问题的儿童送往专门的诊断机构（通常是专科医院门诊），请求进一步的诊断。

2. 筛选

筛选由专科医师或专门的诊断人员进行。筛选是在各领域对孤独症儿童个案的状况做出初步判断的一种快速、经济的方法。在筛选阶段不能正式确诊孤独症，筛选的结论只能是这个个案不是孤独症或者可能是孤独症，在正式判断前还需做进一步的评估。

筛选工作有三个方面：①检查被转介儿童的出生史、成长发育史、病史、各科学业表现和有关文字记录；②和有关教师、家长等进行谈话，了解儿童各方面的实际表现；③有目的、有计划地观察儿童的日常行为表现，评估儿童的适应性行为水平。

3. 诊断性测验

临床评估专科医师将疑似个案进一步转介到孤独症门诊，由专业人员对儿童进行诊断性测验。这种评估应包括神经检查、言语语言评估、听力检查、智力测验等，以排除具有某些孤独症特征的非孤独症，这是临床评估的一个重要方面。

4. 专业团队评估

专业团队由心理专家、语言治疗师、康复师等人员组成。儿童被诊断出孤独症后，特殊教育工作者或治疗师还要进一步使用专业评估量表，来评估孤独症儿童身心各方面发展的实际状况，以便提供一个合适而有效的个别化教学方案。

5. 决策

由教师、行政人员、家长、心理学工作者、社会工作者和其他有关人员参加决策会议，确认评估的准确性、公正性，解释和分析评估的结果，评估儿童的特殊需要，做出教育安置决定，并制定具体的教育和训练方案①。

### （四）孤独症常见评估工具

#### 1. 婴幼儿孤独症筛查量表

婴幼儿孤独症筛查量表(CHAT)是英国学者综合先前研究发展出的一种早期评估工具，用于对 18 个月以上的婴幼儿进行筛查，完成需 5～10 分钟。主要检测项目有联合注意和假装游戏，前者又包括原陈述指向和盯视监控。原陈述指向表示幼儿能够引导另一个人去注意他所感兴趣的物体；盯视监控是指顺着另一个人注意的方向去看。研究者认为幼儿在 18 个月大时，如果在这三个方面有一项或两项失败，将来就有患孤独症的可能。评估分两部分进行：A 部分通过咨询父母完成，有 9 个项目；B 部分是观察，含 5 个项目。诊断者通过简要观察，结合儿童的反应进行简短的访谈后做出判断。

#### 2. 孤独症行为量表

孤独症行为量表(ABC)由克鲁格等人在 1978 年编制，是国内外普遍使用的孤独症诊断量表，稳定性好，阳性符合率可达 85%。本量表涉及了感觉、行为、情绪、语言等方面的异常表现，可归纳为生活自理(S)、语言(L)、躯体运动(B)、感觉(S)和交往(R)5 个因子，为家长评定量表，共 57 个项目。每项的评分是根据该项在孤独症诊断时的重要性，分别给予 1～4 分(如第 1 项的症状对诊断非常重要，故定为 4 分，而第 4 项在诊断时特异性不强，故为 1 分)，各项分相加即为总量表分。编制者提出筛查界限分为 53 分，诊断分为 67 分。

#### 3. 儿童孤独症评定量表

儿童孤独症评定量表(CARS)由会普勒和雷赫勒于 1980 年编制，是目前使用较广的孤独症测试量表之一，适用于 2 岁以上儿童。该量表信度、效度较好，不仅能区分智力障碍和孤独症，也能对孤独症的轻重程度加以判断，因此具有较大的适用性。在临床操作中，评估人员应通过直接观察、与家长访谈、分析已有的病历记录等多种方式收集资料，在此基础上做出评定。

该量表包括 15 个评定项目。每一项目都附有说明，指出检查要点，让评定者明确统一的观察重点与操作方法。量表采用四级评分标准。每级评分依次为"与年龄相当的行为表现""轻度异常""中度异常""严重异常"。每一级评分都有具体的描述性说明。

## 四、孤独症儿童的基本特征

### （一）语言障碍

从孤独症儿童语言发展的整体状况来看，孤独症儿童的语言发展明显落后于同龄的普通儿童，属于语言发育迟缓。孤独症儿童在使用语言进行交际时，其言语形式和

---

① 梁纪恒．特殊儿童的教育鉴别与评估[M]．天津：天津教育出版社，2007：155-156.

运用方面又存在异常发展。因此，孤独症儿童既存在语言障碍，又存在言语障碍。不同孤独症儿童的表现各不相同：有的没有任何沟通性语言；有的只会鹦鹉学舌，答非所问；还有的整天自言自语、唠叨不停。总体来看，孤独症儿童语言障碍主要表现为以下几个方面。

**1. 语言发育迟缓**

与普通儿童相比，孤独症儿童语言发展要晚很多。约一半的孤独症人士终身都难以发展出功能性语言。[①] 能够发展出言语能力的孤独症儿童，往往重复别人说过的话，尤其是最后几个词。这样的模仿对于沟通双方都没有任何意义，只是一种鹦鹉学舌的随声反应。重复性语言既有即时性的，也有延时性的。即时性的重复语言是重复刚听到的，延时性的重复语言指重复之前某个时间听到的言语[②]。在非语言能力方面，绝大部分孤独症儿童未发展出非口语沟通行为，很少会用肢体语言来进行沟通交流，不会使用点头、摇头、指示等形式表达要求，而是直接通过肢体接触的方式来表达需求。还有些孤独症儿童的语言呈现出"折线形"发展过程，即在语言发展的初始阶段与普通儿童发展无异，然而在某个时期突然发生变化，语言发展出现停滞甚至退缩的现象。

**2. 语言、语法及语义均有异常现象**

大部分孤独症儿童存在较大的发音障碍，只有少部分孤独症儿童发音准确，吐字清晰。有的孤独症儿童说话时的语速、语调存在异常，表现为声调异常，语调和节奏缺少变化，缺乏情感表达能力，带有机械的、机器人式的特点。有的孤独症儿童在运用副词、连词等方面存在较大困难。有的孤独症儿童对较为复杂、抽象的语言的理解也有很大困难。还有的孤独症儿童存在代名词误用，长时间分不清"你""我""他"。

**3. 语用技能缺陷**

语用技能是指在特定语境中准确使用和理解语言，并且最终获得完满交际效果的能力。语用技能在日常生活中具有相当的重要性。几乎所有的孤独症儿童在语言技能方面都存在严重问题：有的孤独症儿童整天喋喋不休，有明显的刻板语言；有的不知道如何开始和终止谈话，不能围绕一个主题进行交谈；有的不会表达自己的内心感受及对事物的看法；有的不能根据情境使用恰当的语言，不会使用面部表情、音调，以及身体语言来辅助交往；还有的不懂得幽默、反语、比喻等语言。

---

① 朱楠. 特殊儿童发展与学习[M]. 武汉：武汉大学出版社，2016：273.
② 刘学兰. 自闭症儿童的教育与干预[M]. 广州：暨南大学出版社，2012：10.

**资源推荐**

图书推荐：劳拉·施赖布曼．追寻自闭症的真相[M]．贺荟中，梁志高，译．上海：上海人民出版社，2013．

《追寻自闭症的真相》是国际上公认的孤独症权威著作。面对孤独症领域纷繁复杂的观点、争论和令人炫目的各种干预技术，作者劳拉·施赖布曼结合自己多年孤独症的研究与干预的丰富经验，以发展心理学、实验心理学、行为主义心理学的扎实背景，倡导关注孤独症的学者和大众客观、科学地评判大量有关孤独症的信息，消除由证书、感谢信、趣闻逸事、单一被试的例子和主观认定构筑的虚幻场景。

### （二）社会交往障碍

#### 1. 缺乏社会交往动机

研究发现，相比于普通儿童及语言障碍儿童，孤独症儿童的主动沟通行为出现的频率较低，孤独症儿童很少能产生自发的沟通语言，他们很难像普通儿童一样主动提问，获取信息，表达感情，也不像普通儿童一样有互动需求[①]。与普通儿童相比，孤独症儿童可以说对人不感兴趣，他们不仅对人的眼神不会加以留意，对别人的声音也不感

孤独症谱系障碍
儿童社会交往
障碍的具体表现

兴趣。他们对他人甚至是自己的父母都鲜少关注，可以独自玩耍而对同处一室的他人毫不在意。他们缺乏主动发起交往的意愿，即使偶尔出现主动行为，也纯粹是工具性和机械性的，其目的也主要是获得物品，而不是获得关注和交往，当获得自己所需要的物品后，交往也就结束了。面对别人的主动交往行为，孤独症儿童经常缺乏回应。他们对他人的社交行为缺少眼神注视、微笑应答。

#### 2. 缺乏社会交往技能

社会交往技能包含口语交往技能和非口语交往技能。通常来说，儿童在8～9个月开始能通过非口语的技能(如手势、表情等)表达自己的意图；在9～12个月，能逐渐发展出口语社交技能。儿童通过这些技能可以进行解释说明，表达需求，获得关注。与普通儿童相比，孤独症儿童社会交往技能发展不足。他们不能理解别人的非语言行为，也不会通过非语言行为来表达自己的想法。在语言交往技能方面，即使已经具备了一定的语言能力，他们也无法将学到的这些技能应用到社交活动中，不知道如何发起、维持和结束沟通。此外，孤独症儿童的倾听能力和理解能力也明显低于普通儿童。他们不能理解别人的语言，也就无法有效地回答，在交往中会自

---

① Papadopoulos，A.，Fotiadis，D. I.，Costaridou，L.．Acquisition of sign language by autistic children Ⅱ：Spontaneity and generalization effects[J]．*Journal of Applied Behavior Analysis*，1983，16(3)：297-314．

说自话，或者问而不答，抑或是答非所问。他们也不懂得遵守交往规则，不懂得在与人对话时要认真倾听、轮流发言、不打断别人说话、不说无关的话题，也不知道要使用礼貌用语等。

### 3. 不能建立正常的同伴关系

同伴在儿童社会性发展中有着成人不可替代的独特作用，同伴交往能力的高低往往影响着同伴关系的质量。同伴交往不仅为儿童提供归属和爱的需要，也能为儿童社会技能的发展提供模仿学习的环境。然而，大多数孤独症儿童对同伴的兴趣严重不足。

在孤独症儿童的眼中，同伴的重要性甚至不及一个玩具。在同伴活动中，孤独症儿童很难懂得要遵守一些游戏规则。他们对同伴合作游戏缺乏兴趣，很少参加集体活动。孤独症儿童很少有自己的朋友。普通儿童到 3 岁时一般都会有些要好的朋友，他们会常常去找这些小朋友玩。在被问到谁是他们的好朋友时，孤独症儿童很少会列出朋友的名字，有时则将家人作为"朋友"。

### （三）行为兴趣异常

#### 1. 兴趣狭窄

孤独症儿童兴趣较少，感兴趣的事物与众不同，经常对玩具、动画片等普通儿童感兴趣的事物没有兴趣，却迷恋电视广告、天气预报、单调重复的声音或音乐。还有的孤独症儿童专注于文字、数字、日期、时间推算、地图、绘画、演奏等，有时可能在某些方面表现出出众的独特能力[①]。

#### 2. 行为刻板

孤独症儿童的行为具有刻板性，他们刻板或重复性地进行身体运动及摆弄物品，具有强迫性或仪式性行为，坚持固定的日常活动，对他人说同样的话，做固定的动作，不懂得因人、因时、因地不同而有所变化。特纳根据行为发生的水平高低将孤独症儿童的刻板行为分为两类，一类是低水平行为，指重复操弄某件物品、存在固定形式的自伤行为；另一类为更复杂的高水平行为，如物品依赖、坚持统一性、语言重复等[②]。孤独症儿童对待玩具或其他物品有固定的摆放方式，对固定的物品，如玩偶有依赖性，还有的孤独症儿童对自己的身体有固定的"使用方法"，如踮脚尖走路、玩自己的手、用手摸身体的某个部位、前后摇晃、原地转圈等。

#### 3. 自我伤害或破坏行为

许多孤独症儿童存在自伤或破坏性行为，不过在性质上存在不同。有的孤独症儿童不会主动伤害或破坏事物，但由于他们有沟通和人际交往的障碍，再加上一些刻板行为，当他们坚持要做某些事情而受到阻碍，或者被要求做一些较为困难又不知道如

①　马古兰丹姆. 自闭症儿童舞蹈治疗康复手册[M]. 北京：科学出版社，2019：4.
②　胡晓毅. 孤独症儿童教学环境创设[M]. 北京：北京师范大学出版社，2019：4.

何拒绝的事情时，便会通过做一些破坏性或自伤性行为来反抗或者逃避。有的孤独症儿童则是本身存在自伤或破坏性行为。例如，有的孤独症儿童会咬、抓、撞头、抠眼、截自己身体。还有的孤独症儿童会攻击家长、教师或者同伴。例如，踢教师、打教师、拽教师的头发、冲教师大喊、用头撞教师；将同伴扑倒在地、击打同伴身体；拽家长的头发、朝着家长扔硬物、向家长吐口水等[①]。

### 巩固与思考 ……▶

1. 孤独症的病因有哪些？
2. 孤独症儿童的评估流程是什么？有哪些常用的量表？
3. 简述孤独症儿童的特征。

# ▶任务二
# 孤独症儿童的教育

### 问题情境 ……▶

当儿童被诊断为孤独症时，家长和教师最关心的是如何安置和教育孤独症儿童。那么当前国内外孤独症儿童有哪些安置形式？孤独症儿童需要哪些教育内容？常见的教育方法有哪些？如果选择融合教育，那么家庭和学校需要做什么以保证孤独症儿童能够顺利地适应普通学校的学习和生活？带着这些问题，我们一起开始任务二的学习。

## 一、孤独症儿童的教育安置形式

### （一）康复机构

1993 年，田惠萍女士创立了北京星星雨教育研究所，这是我国第一家专门为孤独症儿童及其家庭提供教育服务的民办非营利性机构。之后，全国各地建立了大量康复机构以满足特殊儿童，尤其是孤独症儿童教育康复需求。这些机构有的是由政府出资建立的，有的是私营机构。根据《2019 年残疾人事业发展统计公报》，2019 年我国共有 2 238 个康复机构为孤独症儿童提供康复服务。可以说，康复机构在我国孤独症儿童的康复教育，尤其是学龄前孤独症儿童的康复中起了举足轻重的作用。然而，我们也需要看到，民办孤独症康复机构多处于无师资、无资金和无证照的"三无"尴尬状态。康复机构缺少统一的干预规范，没有形成系统化的服务模式，存在一定的干预方法滥用的现象。有些康复

---

① 胡楠. 沙盘游戏对自闭症儿童攻击性行为的干预研究[D]. 沈阳：沈阳师范大学，2020：18.

机构的干预手段缺乏实证支持，甚至采用国际孤独症研究中心的科研数据已经证明完全无效的几种方法；有些机构的内部程序化不强，不利于形成有效的监督机制①。

### （二）特殊教育学校

特殊教育学校一直是安置特殊儿童的重要力量，尤其是孤独症儿童，所以各国都会建立一定规模的特殊教育学校来安置包括孤独症儿童在内的特殊儿童。日本建立了大量的特别支援学校来安置包括孤独症儿童在内的所有特殊儿童接受教育。新加坡也在扩大特殊教育学校规模，以安置更多孤独症儿童②。特殊教育学校也是我国特殊儿童教育安置的骨干力量，大量的特殊儿童在特殊教育学校接受教育，孤独症儿童也不例外。实际上，一些程度较为严重的孤独症儿童(有退缩行为、攻击行为、智力严重落后)，跟不上普通学校的教学进度，与普通儿童很难相处，同时普通学校教育内容也不适合他们。对于这些儿童，特殊教育学校就是接受教育的良好场所。在特殊教育学校中，特殊教师具备专业的特殊教育知识和技能，他们了解孤独症儿童的需求和兴趣，掌握孤独症儿童教育和康复所需知识和技能，可以为孤独症儿童提供具有针对性的教育和训练。此外，在特殊教育学校，孤独症儿童不会受到同伴的歧视和排斥，有更多参与活动的机会，他们会感觉更加安全和快乐。不过，特殊教育学校缺乏针对孤独症儿童的教师，以及师生比低等不足可能会影响到孤独症儿童的教育效果，尤其是针对高功能孤独症儿童。

### （三）融合教育学校

融合教育是指将有特殊教育需求的儿童安置在普通班级中，与普通儿童一起接受教育的安置模式。孤独症儿童的核心障碍之一是社会交往障碍。研究表明，融合教育通过特殊儿童和普通儿童合作学习的方式，给孤独症儿童更多的机会参与社会活动，在提高孤独症儿童的语言表达能力和社会交往能力，以及改善其行为问题和情绪情感表达方面有显著的效果③。在美国，孤独症儿童教育安置主要以融合教育为主，孤独症儿童在融合教育学校学习的时间超过80%，且随着年份的增长呈上升趋势④。在英国，政府部门为了使孤独症儿童在融合教育学校能更好地接受教育，从孤独症儿童教育与康复的组织与管理、课程与教学、师资力量、辅助机构、康复机构五个方面打造了系统的教育与康复服务支持模式。⑤ 我国特殊儿童的融合教育近年来也获得了很大的发展，然而由于融合教育支持服务体系不够健全，社会对孤独症儿童的认识不足，以及融合教育理论研究和实践经验的不足，大量的孤独症儿童仍然被普通学校拒之门

① 徐爱萍，薛鑫．关于中国民办自闭症服务机构改进的探讨[J]．现代经济，2008(5)：97-98，106.

② 陈浠可．新加坡将扩大特殊学校规模[J]．世界教育信息，2019，32(19)：77.

③ 程秀兰，王莉，李丽娥，等．孤独症儿童融合教育干预的个案研究[J]．学前教育研究，2009(6)：34-38.

④ 孟庆燕，王和平，李雅蓉，等．美国自闭症谱系障碍儿童教育安置及启示[J]．绥化学院学报，2019，39(4)：77-82.

⑤ 李凤英．英国特殊需要儿童的教育与康复服务的特点[J]．现代特殊教育，2009(3)：41-42.

外。下一步我国急需通过建立融合教育支持体系、培养特殊教育师资、提高特殊教育经费等一系列措施来促进孤独症儿童融合教育的发展。

**|案例|**

### 孤独症儿童在普通学校就读的优点

在上海市政协委员、中国福利会托儿所所长、宋庆龄幼儿园华山园区园长方玥看来，孤独症儿童如果能多接触普通儿童，多开展交流，不仅能让普通儿童学会接纳和包容，而且能促进孤独症儿童及其家长获得更多的社会关爱和认同，而这种尝试已经有不少学校在开展。

"回归主流教育，就是让这些有特殊需要的孩子提早适应社会生活。"方玥表示，回归普通班级，有助于这些特殊儿童学习与其他人相处，以及适应社会环境。普通儿童在这个过程中可学习如何和特殊儿童相处，并学会尊重与关怀少数群体，愿意接纳与包容不同群体，主动帮助需要帮助的人。

### （四）送教上门

送教上门作为我国对重度残疾儿童实施教育的一种特殊方式，是对现代特殊教育的有效补充。送教上门是指由普通学校或特殊学校派出教师到家庭提供教学和相关康复训练服务，遵循家庭自愿、定时入户、免费实施的原则[①]。近些年来，我国孤独症的发病率逐年上升，学龄孤独症儿童数量不断增加，其中重度或多重障碍的孤独症儿童，尤其是偏远地区的孤独症儿童由于各种原因很难到校接受教育，送教上门就成为保障他们受教育权的重要形式。教育部《2019年全国教育事业发展统计公报》显示，送教上门在校生17.08万人，占特殊教育在校生21.50%，其中有许多属于孤独症儿童。送教上门是保障孤独症儿童平等接受义务教育的重要途径，是教育公平与社会公平的应有之义，对促进孤独症儿童充分发展，融入、参与社会起到了重要的作用。然而，由于我国送教上门工作起步较晚，且孤独症儿童具有复杂性与多样性的特点，诸多地区在实施送教上门工作中面临着一系列的现实困境与问题。

**|想一想|**

上述几种安置形式有何优缺点？

哪些因素会影响孤独症儿童的安置形式选择？

---

① 朴永馨. 特殊教育辞典[M]. 3版. 北京：华夏出版社，2014：61.

## 二、孤独症儿童的教育内容与方法

### （一）语言能力教育

#### 1. 语言注意能力教育

许多孤独症儿童存在严重的注意障碍，他们不会听别人指令，而是喜欢按照自己的意愿去行事，在与他人沟通的过程中，也很少听别人在说什么，很少注意别人的肢体语言。因此，注意力的训练是孤独症儿童语言学习中的第一步。训练孤独症儿童对他人口语和肢体语言的注意力，应先训练他们的目光对视能力，培养他们的有意注意能力。训练孤独症儿童目光对视，可以让孤独症儿童知道别人在干什么，感受到对方在注意他，在耐心地等待自己的回应，学会认真听别人说话，观察别人表情。

孤独症儿童的有意注意明显落后于普通儿童。在与孤独症儿童交谈时，他们经常会出现不理不睬，注意力分散、转移，对外界刺激视而不见、听而不闻的现象，所以在与他们交流时，必须把握好距离，在一般情况下最好能与孤独症儿童近距离、面对面、强制性地接触。当孤独症儿童不耐烦的时候，就用一些儿童平时喜欢的东西吸引他，然后再进行面对面交流①。

#### 2. 语言理解能力教育

许多孤独症儿童在语言理解方面存在不同程度的障碍，一些中重度孤独症儿童甚至无任何语言理解能力。如果儿童无语言理解能力，就很难与他人开展对话，语言发育会越来越缓慢，甚至出现语言发展停滞的现象，所以，提升孤独症儿童的语言理解能力是语言能力教育的重要一环。

训练孤独症儿童的语言理解能力，首先要抓住一切机会，尽可能多地与孤独症儿童说话。孤独症儿童的认知能力相对落后，与孤独症儿童说话，其效果不是立竿见影的，必须坚持不懈才能使他们慢慢理解。语言学习有困难的孤独症儿童需要比普通儿童获得更多的听别人说话的机会。在日常生活中，儿童不会说，家长就说给他听，当儿童积累到一定程度时自然会理解说话的内容，也就有了表达的愿望。其次，结合情境进行语言理解能力教育。对于孤独症儿童来说，语言是抽象的符号，必须落实到具体日常生活中才能理解。在对孤独症儿童进行语言理解能力教育时，尽量选取眼前看得见、摸得着、容易了解的话题，尤其是儿童喜欢的事物、关心的事情，更能调动他们学习语言的积极性，也更能提高他们语言理解能力。最后，耐心地倾听儿童说话。孤独症儿童虽然表达能力较差，甚至都很难表达自己的意思，但想说话时家长或其他教育工作者要有耐心地听他们说话。当孤独症儿童反复地问同样的问题时，家长或其他教育工作者也要认真地回答。如此，孤独症儿童也比较愿意以语言或非语言的姿势、表情、手势等方式来回应他人的问题。

---

① 叶发钦. 论家庭教育中自闭症儿童语言能力的培养[J]. 中国残疾人，2011(9)：158-159.

### 3. 语言表达能力教育

在孤独症儿童获得稳定的语言注意能力和较好的理解能力后，就可以把培养他们的表达能力作为训练的重点。首先，训练孤独症儿童的模仿能力。孤独症儿童学会模仿口型和发音较为困难，因此必须在有嘴部动作和一些身体大动作模仿能力的基础上，才能逐步过渡到口型、发音的模仿。进行口型模仿的训练，要选择儿童精神状态较好的时间段来进行，训练时间不要太长，内容不要太多、太难。在训练的过程中，教育者要与儿童面对面，保证儿童能够清楚地看到口型。可以用夸张的动作示范发单音的口型，动作要慢，这样儿童才能看得清、记得住，才利于儿童模仿。儿童模仿的过程中，肯定会出现一些困难，家长可以用手或小棍之类的物件作辅助工具协助儿童做出正确的口型[①]。其次，激发儿童语言表达的欲望和信心。家长和教师要善于发现儿童的"闪光点"，从他们的优点出发，及时给予表扬和鼓励，不断强化他们的语言表达欲望。不放过任何一个微小的动作，只要是行为意义积极的，都可用"做得好""你真行""你真棒"等语言进行鼓励。最后，创造语言交流的情境，促进儿童表达。语言的功能在于沟通和交流，孤独症儿童习得语言表达的能力之后，将其巧妙地运用到具体的生活场景中去，体验语言表达的好处，并学会在生活中运用语言表达需求，是孤独症儿童语言表达康复教育成功的关键[②]。例如，儿童想喝水时，可以引导他们说出自己想做的事情——"喝水"，刚开始只要他们有表达的口型，甚至是动作，都给予其最自然的强化——水，随着儿童表达能力的发展，当他们想要水的时候，要等他们完全表达出来才给予强化。

### （二）认知能力教育

认知能力是人脑加工、储存和提取信息的能力，即人们对事物的构成、性能与他物的关系、发展的动力、发展方向，以及基本规律的把握能力，是人们成功完成活动最重要的心理条件。孤独症儿童的认知能力存在较大的个体间及个体内差异。在认知能力培养的过程中，要根据儿童的具体能力水平来进行。

### 1. 注意形象直观教学

促进儿童认知能力的发展，总是从形象直观教学入手的，这是由儿童认知的一般规律决定的。与普通儿童相比，孤独症儿童的认知能力长期停留在直观形象阶段，并且孤独症儿童视觉注意能力要好于听觉注意能力，所以在教学过程中要强调直观形象性、生动趣味性。比如，在教孤独症儿童认识卡车时，教师可以运用卡片或者视频资料片。当然，最好是教师可以带领孤独症儿童认识真正的卡车，体验卡车的功能和作用，这样他们对卡车才会有全面的认识。

---

① 叶发钦. 论家庭教育中自闭症儿童语言能力的培养[J]. 中国残疾人，2011(9)：158-159.

② 闫洁，黄总志. 自闭症幼儿语言表达能力的有效训练[J]. 现代特殊教育，2015(19)：42-44.

### 2. 激发多感官参与

孤独症儿童的认知发展，还需要借助多种感官活动的参与，包括视觉、听觉、嗅觉和味觉等。多感官的参与可以促进孤独症儿童对知识的理解，加强其对外界的认知，丰富他们的信息量。教师可结合多媒体课件，将文字、声音、图像、图形和视频等结合起来，运用多媒体进行教学，融视、听、说于一体，动态和静态交替运用、组合流通，弥补他们因个人原因而缺失的能力。例如，在认识水杯的时候，可以让孤独症儿童感受水杯的特征，包括水杯的颜色、形状、重量、材质等，这样儿童会对水杯的特征有一个整体的、全面的认识。

### （三）社会交往能力教育

社会交往障碍是孤独症的核心障碍之一。社会交往能力的不足严重阻碍了孤独症儿童的社会适应。所以，如何提高孤独症儿童的社交技能是家长和教师最为关心的内容。对孤独症儿童社交技能进行干预有不同的方法，录像示范法、关键反应训练法，以及社会故事法是比较常见的方法。

### 1. 录像示范法

录像示范法起源于社会学习理论。社会学习理论认为人的思想、情感和行为不仅受直接经验影响，而且更多地受观察影响，称观察别人的行为及其结果而发生的替代学习为观察学习[①]。录像示范法指学习者通过观看录像，并模仿录像中的内容从而学习目标行为。本质上来说，录像示范法就是引导儿童进行观察学习。孤独症儿童通过对录像中呈现的榜样行为进行观察、模仿，学习榜样行为或改变自己当前的行为。根据示范者的不同，可分为他人示范(示范者为成人或同伴)、自我示范(示范者为孤独症儿童自己)。录像示范法在教导孤独症儿童的社会交往、游戏技能和沟通回应技能方面具有良好的效果。录像示范法在培养孤独症儿童社会技能中具有一些独特优势，如充分应用孤独症儿童视觉学习的优势、符合孤独症儿童能力不足的要求、减少儿童直接交往带来的焦虑和紧张，以及节约时间和成本等[②]。

录像示范法包括以下10个步骤：①选择目标行为。目标行为的选择要符合孤独症儿童的能力和兴趣。②收集儿童现有能力水平资料。可以通过访谈家长，观察孤独症儿童，以获得儿童的真实情况、能力特征、问题表现，以及家长的期望和态度。这些资料对于后续开展录像示范教育具有重要意义。③选择和准备所需设备。选择录音、录像设备，也可以根据儿童的能力水平准备一些辅助学习材料等。④制订拍摄视频计划。编写录像脚本，确定采用何种录像示范法，确定拍摄时间、地点，突出拍摄中的关键信息等。⑤录制视频。根据拍摄计划录制视频。⑥编辑视频。在视频录制完后要

---

① 容中逵. 论班杜拉社会学习理论的现实教育意义[J]. 高教论坛，2002，12(6)：129-131.

② 张锐. 录像示范对自闭症沟通能力的干预研究[D]. 上海：上海师范大学，2010：25.

对视频进行编辑，剪去可能对儿童学习带来干扰的内容，增加旁白、提示词、字幕等内容。同时，也可以增加一些互动环节或者表扬奖励等内容，如"非常棒""加油"等。⑦播放录像。选择恰当的时间、地方播放视频，让儿童认真观看视频。在观看完后及时进行实践教学。⑧泛化儿童学习的技能。在儿童学习到录像中的技能后，要及时变换场景，促使儿童获得的技能不断迁移到其他环境中。⑨评估录像示范效果。一段时间的学习后，要及时评估录像示范的效果。⑩及时调整录像教学内容。如果录像内容太难，儿童学习需要很长时间，就需要调整录像教学内容，降低难度。相反，如果儿童很轻松就学会了，则说明录像示范内容太简单，没有挑战性，这时要及时增加难度，以便儿童发展更高级的社交技能。

### 2. 关键反应训练

关键反应训练，指利用自然学习机会改变孤独症儿童的社会技能，旨在增强孤独症儿童社会互动的动机，促进其技能的泛化[1]。近年来，关键反应训练方法受到家长和教师的关注，被广泛使用。关键反应训练强调的是在自然干预环境下对孤独症儿童实施干预。该方法是应用行为分析理论的一种自然主义干预方法，以促进反应的泛化、降低提示层次及提高动机为目标，包括动机、对多样化提示的反应、自我管理、自我发起、移情等几个领域[2]。该方法的实施步骤为：①给孤独症儿童提供一个学习机会(引起其注意、提供清楚的指导、布置不同难度等级的任务)；②观察孤独症儿童反应，对其行为进行反馈(直接性强化、尝试强化、关联性强化)。[3]

关键反应训练对于社交技能学习具有较好的泛化效果，但一般适用于功能水平较高的孤独症儿童，且干预者需要接受专业的培训。

---

📖 **| 资源推荐|**

图书推荐：斯塔曼，等. 孤独症儿童关键反应教学法[M]. 胡晓毅，译. 北京：华夏出版社，2015.

本书向您呈现了一个得到实证研究支持的孤独症儿童行为干预方法——关键反应教学法(Classroom Pivotal Response Teaching，CPRT)，帮助教师将行为干预方式更便捷地融入现有的课堂教学当中，增强儿童的动机和参与学习的积极性，促进沟

---

① Koegel，R. L.，Koegel，L. K.. *Pivotal Response Treatments for Autism：Communication，Social，& Academic Development*[M]. Oxford：Brookes Publishing Company，2005：312.

② Genc，G. B.，Vuran，S.. Examination of studies targeting social skills with pivotal response treatment[J]. *Kuram Ve Uygulamada Egitim Bilimleri*，2013，13(3)：1730-1742.

③ 顾泳芬，贺荟中. 自闭症儿童社交技能训练的研究综述[J]. 幼儿教育，2015(30)：35-40.

通、游戏、社会交往和学业技能的掌握。本书配套的 20 余张可重复使用的表格可以帮助教师更好地制订计划和实施流程。该方法趣味性强、用途广泛、适应性强，其效果得到了教师和研究人员的一致认可。

### 3. 社会故事法

社会故事，是指由专业人员、教师或父母为孤独症儿童编写的小故事，对故事中发生的事件的时间、地点和参与人员等信息进行具体描述，对人们在事件情境中通常会怎么做、有什么想法或感觉等进行说明，并强调指出重要的社会线索，进而以儿童能理解的语言说明与此情境相适应的行为方式。社会故事法并不直接教授社会技能，而是向孤独症儿童解释环境中可能会发生的事件，利用孤独症儿童视觉优势和对文字的兴趣来增进他们对环境的理解，从而引导儿童形成符合社会规范的行为或社会技能。[1]

社会故事法的目标在于向孤独症儿童说明人与环境互动的情况及适当的行为，解释特定的目标行为，训练孤独症儿童开展新的活动，以及表现出社会期待的行为[2]。社会故事法的编写需要遵循一定的原则，这些原则包括①社会故事要有目的地向儿童呈现可靠的信息，鼓励儿童取得进步；②编写社会故事应包括主题导言、主体、结论三部分；③能够回答"是什么""为什么""怎样做"等问题；④用第一或第三人称写作；⑤使用肯定的语言，少描述消极行为，以突出积极行为；⑥必须使用描述句，其他几种句型选用；⑦描述应多于指导；⑧编排形式要适合儿童的能力和兴趣；⑨提供适合儿童个人的图解，以增强儿童对文本的理解；⑩有适当的标题。[3] 社会故事法的实施主要包括四个步骤：一是确定目标行为与技能，二是评定社会行为障碍的发生原因和目标行为的基线水平，三是编写社会故事，四是实施社会故事干预。

## 三、孤独症儿童的融合教育

### （一）孤独症儿童融合教育入学准备

入学准备是学龄前儿童为了能从即将开始的正规学校教育中受益，所需要具备的各种关键特征或基础条件。[4] 对于普通儿童来说，入学尚需要一定的准备，对于孤独

---

① 李晓，尤娜，丁月增. 社会故事法在儿童自闭症干预中的应用研究述评[J]. 中国特殊教育，2010(2)：42-47.

② Gray，C.. *The New Social Story Book*，*Revised and Expanded* 10th *Anniversary Editim*[M]. Arlington，TX：Future Horizons，2000：16.

③ Gray，C. A.. *Social Stories Criteria*[EB/ol]. https：//carolgraysocialstories. com/2005-05-11.

④ Gredler，G. R.. Early childhood education—assessment and intervention：What the future holds[J]. *Psychology in the Schools*，2000，37(1)：73-79.

症儿童来说更是如此，尤其是存在严重情绪行为问题的孤独症儿童。普通学校的学习和生活对孤独症儿童提出了很高的要求，使得他们在融入普通学校的过程中出现许多意想不到的问题，这就要求家长和教师帮助孤独症儿童发展入学所需的关键技能，从而使他们能顺利适应普通学校学习和生活。

### 1. 影响孤独症儿童融合教育的因素

首先，孤独症儿童自身因素。孤独症儿童的个体特征对于融合教育具有重要影响。进入普通学校接受教育要求受教育者具备一定的生活自理能力、学校适应能力、沟通交往能力，而孤独症儿童往往在这些方面存在不足。这给他们适应学校学习和生活带来严重阻碍。一些研究发现，孤独症儿童在生活自理方面准备越差，越容易受到其他儿童的取笑和欺凌。[1] 因此，孤独症儿童能否顺利入学受到自身障碍程度和对新环境的适应能力等多方面因素的影响。社交困难、身体动作异常、学习能力不足让孤独症儿童参与融合教育更加困难。[2]

其次，学校方面的因素。普通学校对孤独症儿童的接纳程度是孤独症儿童融入学校的一个重要因素，包括理解和包容的学校氛围、恰当的课程与教学调整、适度的班级规模、良好的同伴关系、充分的支持服务、教师的融合教育素养等。此外，普通儿童家长的价值观和态度也会影响普通儿童对孤独症儿童的接纳程度，接受过差异教育的普通儿童对待孤独症儿童的态度更加包容，更愿意帮助他们积极地适应学校环境。[3]

最后，社会支持。融合教育的成功不可能仅仅依靠学校和教师的力量，社会支持也是影响孤独症儿童参与融合教育的重要因素。这些因素主要包括家庭方面、社区、政府部门，以及其他机构。家庭必须积极参与孤独症儿童的教育，培养他们良好的生活习惯，努力提升他们的语言能力、交往沟通能力，矫正他们的不良行为。社区要为孤独症家庭和学校创设融合性的社区环境，政府部门要为学校开展融合教育提供必要的支持服务。

### 2. 孤独症儿童入学准备的内容

首先，家庭准备。家长要做好前期调研工作，了解学校的融合教育氛围、班级设置、课程及活动安排；评估孤独症儿童状况决定是否需要准备助教或者陪读。提前演练入学流程，向儿童介绍学校、班级、课程教学、一日活动等；让孤独症儿童对学校

① Matthews, N.. *Is it All in the Family? The Importance of Siblings and Peers for Theory of Mind and School Readiness in Children With and Without Autism Spectrum Disorder* [M]. Irvine: University of California, 2013: 78-92.

② Forest, E. J., Horner, R. H., Lewis-Palmer, T., et al. Transitions for young children with autism from preschool to kindergarten[J]. *Journal of Positive Behavior Interventions*, 2004(2): 103-112.

③ Larcombe, T. J., Joosten, A. V., Cordier, R., et al. Preparing children with autism for transition to mainstream school and perspectives on supporting positive school experiences[J]. *Journal of Autism and Developmental Disorders*, 2019(49): 3073-3088.

生活有一个大概的了解，必要时可以提前带孤独症儿童进入校园，认识自己班级的教师和同学。同时，家长也可以提前教授将要学习的内容。充分与学校和班级教师沟通，与学校沟通的内容主要是学校课程、班级和教师设置情况，了解学校的要求、学校的生活和学习安排，解释孤独症儿童的特点，提出自己的需求，做好心理准备。孤独症儿童的融合教育注定不会一帆风顺，肯定会出现一些意想不到的事情，家长要做好心理准备，坚定目标信念，树立克服困难的勇气和决心。

其次，学校准备。学校首先要组织教师普及孤独症相关知识，使全体教职工正确认识孤独症。教师要客观了解孤独症相关知识，了解孤独症儿童的身心特点和基本的教育方法，这样才能正确对待和接纳孤独症儿童；要加强与家长沟通，了解孤独症儿童的认知、情绪、行为等特点；了解孤独症儿童的学习特点，孤独症儿童的优势与劣势；了解家长的需求，正确引导家长建立合理期待，给家长树立信心，取得家长的高度信任和配合；做好入学评估，了解孤独症儿童的现有水平和能力；组建融合教育教师团队，充分利用班级资源，给予孤独症儿童"特殊照顾"等。

## （二）孤独症儿童融合教育的课程和教学调整

### 1. 课程调整

张文京参考国外课程调整模式，从学生能力和所需支持程度出发，考量课程调整的幅度，提出了四种课程调整选择模式：一是一般课程，无须调整，包括潜在课程、选修课程和正式课程；二是一般课程调整，包括对潜在课程、选修课程和正式课程的调整；三是一般课程与特殊课程整合，包括功能性学科、日常与社区生活技能及转衔课程；四是特殊课程，包括动作与行动协助、语言与沟通训练、社交技能训练、使用科技辅具(助听、助行、助视及沟通)和生活自理训练等[①]。在融合教育中，除对学科课程进行必要的调整外，还应该考虑孤独症儿童的特殊需要，尤其是针对孤独症儿童社交和沟通方面的需要，有针对性地开设相关课程。例如，美国纽约市开展的 Nest 项目，该项目要求学生在学习核心课程的基础上，学习社会发展干预课程。核心课程是由纽约市教育局参考共同核心学习标准制定的，旨在为纽约市不同年级的学生提供连贯、衔接的课程及优质、严谨的教材，核心课程包括英语语言艺术、数学、社会研究和健康四类。社会发展干预课程是根据孤独症儿童社会交往的特点开发的，目的是解决高功能孤独症儿童常见的困境，如感觉处理、社会关系、自我调节和情绪管理等。社会发展干预课程的主要内容有：社会规则认知、语言理解、问题解决、行为调节和兴趣发展[②]。

---

① 张文京. 融合教育与教学[M]. 桂林：广西师范大学出版社，2013：291-292.

② Koenig, K. P., Feldman, J. M., Siegel D., et al. Issues in implementing a comprehensive intervention for public school children with autism spectrum disorders[J]. *Journal of Prevention & Intervention in the Community*, 2014, 42(4): 248-263.

2. 教学调整

首先，教学环境调整。安全、接纳的环境是孤独症儿童融合教育的首要因素，所以调整教学环境对于孤独症儿童融合教育具有重要影响。教学环境的调整包括物理环境和心理环境两个方面。物理环境调整包括教室位置的选择、教室内照明和采光的改良、教室空间的配置和划分、座位安排等。孤独症儿童注意范围狭窄、注意对象单一，加之刻板的行为方式，对环境的偏好极为固定，喜欢熟悉的环境，并拒绝接受新的环境。所以，在班级环境调整上尽量设置明确的教学区，各个区域之间界限分明，以便儿童了解各区域的功能。如有必要，教师可利用有颜色的胶带、书柜，甚至桌椅的摆放来划分不同区域。在教室和座位安排上应该尽量避开不必要的刺激和视觉、听觉的干扰，如座位安排靠近墙壁可以减少外界干扰，有利于集中注意力学习。在教学过程中，要使用各种教具、学具调动孤独症儿童多感官通道，弥补单一通道的局限，提升学习效果。心理环境的调整则重在营造积极、友善、接纳的气氛，创建让儿童有安全感的人文环境。教师要为孤独症儿童营造一个温馨和谐的学习和生活环境，教育普通儿童不应歧视、嘲笑、排斥孤独症儿童，让孤独症儿童在教师、同学的关心下，真正融入班级，成为班级的重要一员，从而主动参与学校生活，养成积极乐观的心态。

其次，教学目标调整。教学目标是课程目标的具体化，是指导、实施、评价教学效果的基本依据，是师生在学科教学活动中预期达到的教学结果、标准。教师可以通过教学评估，了解孤独症儿童的能力、水平、学习特点等，在此基础上制订个别化教育计划，依据长期目标调整学年或学期教学目标，依据短期目标调整单元教学目标。需要注意的是，孤独症儿童教育的首要目标是培养适应社会生活的能力，所以在教学目标的选择上要注意生活性和功能性。

再次，教学策略调整。与普通儿童相比，孤独症儿童学习启动困难，学习过程中容易分心，所以教师可以通过一些教学策略来促进孤独症儿童学习，主要有以下方式。一是预告，是指在学习开始前，通过口头、书面、图片或录像等方式，让孤独症儿童提前了解相关信息，增加活动的预期性，以减少孤独症儿童因突然变化或临时调整可能出现的情绪问题。二是提示，是一种补充性的教育指导，分为口语提示、视觉提示、手势提示、示范提示或身体提示等，目的是帮助孤独症儿童的学业或行为反应，可采用同伴提示和教师提示两种形式。三是视觉支持。通过图片、照片、文字、视频及其他可视化符号，直观地表达即将发生的事情或需要儿童做出的反应，帮助孤独症儿童有效理解环境或做出恰当反应。四是自我管理，包括儿童对目标的选择，儿童对自己行为的观察和记录，以及儿童管理对自己的强化。五是同伴支持。强调以普通儿童为社会能力的促进者，在更自然的环境下提高孤独症儿童适当的社交行为和学习表现。六是提供选择。为孤独症儿童参加活动提供频繁、多样的选择机会，提高其参与动机和配合程度，如询问孤独症儿童"用什么颜色的笔""先做哪些题目"。

最后，教学方法调整。教学方法包括教师教的方法和学生学的方法两大方面，是教授方法与学习方法的统一。普通教育中经常采用的教学方法，如讲授法、讨论法、直观演示法等，都可以不同程度地应用到孤独症儿童的教学中，除此之外，教师也可以针对孤独症儿童的特点采用一些特殊的教学方法，如个别教学、结构化教学、合作学习等。

个别教学是针对孤独症儿童的个别差异，为最大限度地满足其教育需要而采取的教育方法。个别化教学要求教师对孤独症儿童学习能力、学习方式、学习要求进行系统的评估，并根据评估的结果开展个别化教学。在课堂教学中，教师要恰当把握时机对孤独症儿童进行个别化教学。例如，在备课环节可以针对孤独症儿童进行备课；在上课时，教师可以根据孤独症儿童能力设置问题进行提问；在课堂小组讨论或者自习时间，教师可以对孤独症儿童进行个别辅导；在课后，教师可以选择一定的时间给予孤独症儿童帮助。

结构化教学是指指导者创建有组织、有系统的学习环境，并尽量利用视觉提示，通过个别化学习计划，帮助孤独症儿童建立个人工作系统和习惯，培养他们独立工作的能力，以便融入集体和社会。在教学过程中使用结构化教育，主要指物理环境结构化、作息时间结构化、工作制度化和视觉结构化四种。根据孤独症儿童的学习目标，对学习环境，包括时间、空间、教材、教具及教学活动，做一种具有系统性及组织性的安排，以达到教学目标，这些有系统的组织与安排即为"结构化"。孤独症儿童具有视觉学习优于听觉学习、空间性学习优于时间性学习等特点，使得结构化教学尤其适合他们。

合作学习是指儿童为了完成共同的任务，有明确责任分工的互助性学习。合作学习鼓励大家为集体的利益和个人的利益而一起工作，在完成共同任务的过程中实现自己的理想。合作学习主要包括同伴指导和分组合作两种形式。同伴指导主要指普通儿童对孤独症儿童的指导。在融合教育中，教师要善用同伴指导策略。通常来说，普通儿童的学习能力和学习水平要优于孤独症儿童，教师可以指导普通儿童给予孤独症儿童必要的指导和帮助，可以通过实时提醒、学习上指导、展示中协助来进行。分组合作学习即将孤独症儿童分到普通儿童的学习小组中，通过同学之间的交流、合作、帮助，让孤独症儿童在普通儿童的多向协助下，参与讨论各种各样的问题，完成各种各样的学习任务。

**（三）孤独症儿童融合教育评价**

1. 评价主体

孤独症儿童的教育目标以适应社会为主，所以在对孤独症儿童的教育效果进行评价时，也要充分考虑到学校、家庭、社区、社会对孤独症儿童的要求和期望。为了使孤独症儿童更好地适应社会生活，学校要建立"学校—家庭—社区—社会"评价体系，尽可能在真实的环境中评估学生的能力和水平，促使孤独症儿童能够充分参与各种环境，并将所学知识应用到实际问题解决之中。可以邀请教师、家长、社区工作人员、同伴等共同参与评价过程，实现评价主体的多元化。

### 2. 评价内容

评价内容主要包括孤独症儿童的课堂表现评价、日常表现评价和学业表现评价。课堂表现评价专指在课堂教学实施过程中对孤独症儿童的表现所进行的评价活动。课堂教学评价对于维持孤独症儿童课堂注意力、参与课堂教学具有重要的作用。在课堂教学中，教师要积极主动与孤独症儿童互动，对于孤独症儿童的优良表现要及时给予表扬，对儿童的不当表现和行为要及时给予纠正。日常表现评价主要是运用成长档案袋的形式对孤独症儿童的学习过程进行真实记录，将孤独症儿童的日常课堂教学、分层作业和个别辅导内容归类、记录、评价。成长档案袋成为教师记载、整理、思考自己教育行为的重要载体，成为分析孤独症儿童学习过程的工具，也成为儿童看到自己的成长过程、促进自身发展的动力。[①] 学业评价是指以国家的教育教学目标为依据，运用恰当的、有效的工具和途径，系统地收集学生在各门学科教学和自学的影响下认知行为上的变化信息和证据，并对学生的学习水平进行价值判断的过程。[②] 教师对孤独症儿童进行学业评价时，可以根据孤独症儿童的能力水平进行有针对性的调整，这样评价结果更能准确反应孤独症儿童的学习情况。

### 3. 评价方式

在评价方式上，要坚持质性评价和量化评价相结合。在质性评价方面，教师可以通过检查孤独症儿童平时的作业表现，了解他们掌握学习内容的深度和广度，了解他们学习习惯的优势和不足。在检查的过程中，教师要及时对孤独症儿童的表现进行记录，以准确把握每一个孤独症儿童的学习特点、学习水平、学习能力，并根据孤独症儿童的需要及时查漏补缺。在量化评价中，教师根据孤独症儿童情况，可以利用学校或者班级举行的各类考试或测验，以量化的分数来了解孤独症儿童的掌握情况。教师可以将这些评价资料收集起来，建立孤独症儿童的成长记录表。在具体的操作上可以有书面测试、口头测试和实际操作三种，教师可以灵活采用其中的一种或者几种方式进行，具体如何使用要根据孤独症儿童的能力。

### （四）孤独症融合教育班级管理

#### 1. 了解孤独症儿童特点，提高管理效率

每一个儿童都有着不同的个性、家庭情况、爱好兴趣等，尤其是孤独症儿童，他们的个体间和个体内差异极大，这就为教师进行班级管理提出了更高的要求。为此，

① 祝洪校. 随班就读学生有效评价的实践研究[J]. 现代特殊教育，2014(1)：46-48.
② 袁振国. 当代教育学[M]. 3版. 北京：教育科学出版社，2005：149.

教师必须通过观察、访谈等方法，清楚地了解每一个孤独症儿童的情绪行为特点、认知特点、年龄段特点。教师如果忽视了个体差异，教育就不能因材施教，收效甚微甚至还可能给儿童造成伤害。教师要冷静地做出全面分析，戒除主观臆断和急躁情绪，更要避免对孤独症儿童形成刻板印象。教师对发现的问题要耐心地加以引导，切忌简单的正面说教或粗暴的惩罚，要选择适合孤独症儿童的管理方式，课内、课外全方位地进行，才能收到良好的管理效果。

**2. 打造特色班级文化，优化班级管理**

苏霍姆林斯基曾说，只有创造一个教育人的环境，教育才能收到预期的效果。教室的布置是班级文化重要的组成部分，班主任要树立班级经营的理念，善于创造、经营人性化的、温馨的教室环境。首先，要进行座位的编排与调整。由于孤独症儿童的行为特点，他们的座位安排要相对固定一些，尽量减少变化。其次，在同桌的安排上，要尽量安排有热心、有爱心、有耐心的同学。再次，班级名人肖像、名人名言的选择要有针对性，要减少竞争性，体现出班级团结互动氛围。最后，在黑板报和壁报的建设上，要宣传融合教育、同伴互助的理念，提升班级文化氛围。此外，还可以展示一些孤独症儿童的作品，提升孤独症儿童的自信心，增加班级同学对孤独症儿童的认可。在班级精神文化的建设上要强调集体主义。

**3. 建立全方位的沟通体系，增加班级管理效果**

班级管理需要形成合力，这就要求班级活动的相关者必须充分沟通，及时发现问题，解决问题，总结经验，提升管理效果。班主任、任课教师、家长、普通儿童、孤独症儿童要相互沟通。作为班主任，要尽可能多与包括孤独症儿童在内的所有儿童进行交流和倾听，最好是一对一、面对面的互动沟通，使儿童能够及时了解自己的想法。教师通过温和的沟通技巧，拉近师生之间的关系，及时发现班级管理中存在的问题。普通儿童家长的支持是开展孤独症融合教育的重要一环。教师要积极与普通儿童家长沟通，多分享一些融合教育的照片和视频，消除家长的顾虑；引导家长理性地看待问题，换位思考，努力获得家长的信赖与支持。教师也要加强与特殊儿童家长的沟通合作，与孤独症儿童家长沟通，可以获得家长的配合，形成和谐氛围，也可以让孤独症儿童明确自身在融合教育中的角色，摆正心态，积极参与到融合教育中。

### 巩固与思考 ……▶

1. 简述孤独症儿童的几种安置形式。
2. 简述孤独症儿童的教育内容。
3. 简述孤独症儿童的教育方法。
4. 简述孤独症儿童融合教育准备工作。
5. 简述孤独症儿童融合教育课程与教学调整。
6. 简述孤独症儿童融合教育评价。

# ▶任务三
## 孤独症儿童的支持与服务

**问题情境……▶**

　　孤独症儿童的发展需要家庭、学校、社区，以及社会等各方力量的支持。然而，社会各界对孤独症儿童的认识不足，无法形成有效的支持体系。那么，当前对孤独症儿童的支持存在哪些问题？如何解决这些问题，为孤独症儿童发展创造一个良好的家庭、学校、社区和社会环境呢？带着这些疑问，我们一起开始任务三的学习。

### 一、孤独症儿童的家庭支持

　　家庭支持是指个体获得的由专业人员、家人、亲朋好友提供的各种专业或非专业的情感、物质、信息、实体及经济援助。家庭支持是孤独症个体与家庭的共同需求，能够促进个体的良好发展与家庭的稳定和谐。[①]

#### （一）孤独症儿童家庭支持存在的问题

##### 1. 心理支持不够

　　研究发现，孤独症儿童家庭通常面临着很多情绪及心理方面的压力，很多家长在最初得知儿童的病情之后都不愿意承认、无法接受，家长的心理状态往往要经过从怀疑到否认到挣扎最后到接受的一个过程。[②] 当儿童被诊断为孤独症之后，有43％的家庭感到悲痛和失落，29％的家庭感到震惊和惊奇，10％的家庭感到自责。[③] 在自责过后，家长开始积极投入到孤独症儿童的医疗、康复和教育中。在这个过程中，家长看到其他儿童一天天健康成长，自己的孩子却没有多大进步时，便容易感觉到崩溃，甚至无助、绝望。此外，许多家庭为了照顾孤独症儿童，夫妻中的一方需要辞掉工作，全职在家，连基本的社交活动都没有。简单乏味的生活给孤独症儿童的照料者带来严重的心理压力，甚至会威胁到婚姻和家庭和谐。

##### 2. 经济支持不足

　　在对孤独症儿童家庭进行的调查中，发现孤独症儿童家庭每年平均治疗费用在两万元以上的，城镇家庭占36.6％，农村家庭占48.4％，家庭在孤独症儿童身上的支出

---

① 雷显梅. 关于自闭症个体家庭支持的几点思考[J]. 乐山师范学院学报，2017，32(10)：133-140.

② 刘青. 从社会工作的视角关注自闭症儿童家长育儿压力问题[J]. 中国校外教育，2010(24)：69.

③ Hutton，A. M.，Caron，S. L.. Experiences of families with autism in rural New England[J]. *Focus on Autism and Other Developmental Disabilities*，2005，20(3)：180-189.

占家庭总收入的平均比例大约是 76.2%，占家庭总支出的平均比例约为 52.2%，并且由于学者调查的家庭都是自费医疗，因此有 83.5% 的孤独症儿童家庭认为儿童治疗费用给家庭带来了极大的经济压力。[①] 此外，照料孤独症儿童影响了照料者的工作与就业，降低了家庭收入，孤独症家庭补贴比例较低[②]等原因，导致孤独症儿童家庭经济存在困难。

### 3. 教育康复支持缺乏

教育康复需求既包括孤独症儿童自身的教育要求，也包括其父母及家庭照料者的教育需求。孤独症儿童的康复是一件长期的事情，长期的教育康复对于提升孤独症儿童的生活能力、学习能力、社会适应能力尤为重要。目前，我国关于孤独症儿童康复的资源非常缺乏，而且地区之间不平衡。孤独症专业机构无论是数量还是质量都很难满足现实需要。家长最大的苦恼是孤独症的专业教育机构极少，费用高，康复效果不明显，适龄孤独症儿童就学问题是孤独症儿童母亲最大的需求。[③]

### （二）孤独症儿童家庭支持策略

#### 1. 建立家庭内部支持体系

家庭是孤独症儿童生活的主要场所，担负着为孤独症个体发展提供所需要的物质条件和精神条件的责任。家庭教育功能的发挥对孤独症儿童生存和发展起着不可替代的作用。家庭功能蕴含着浓厚的伦理道德，即同舟共济、平等相待、和睦相处等；家庭成员之间要学会相互调适心态，加强心路历程建设，唯有此，其功能才能得以正常发挥，家庭才能真正成为每一个家庭成员的"温暖港湾"[④]。在家庭支持体系的建设上，亲戚和朋友的帮助显得尤为重要。因为亲朋好友能够提供的支持较为全面，可以是经济的、情感的、心理上的，以及劳动上的。除此之外，家庭支持体系的建立也需要社会服务资源，获得专业人员的入户指导，帮助家长树立正确的家庭观[⑤]，妥善处理各种家庭问题。

#### 2. 完善孤独症儿童家庭支持法律体系

2006 年，我国将孤独症列为精神残疾类型，并且将孤独症纳入社会保障体系中，之后就没有再出台针对孤独症的相关政策。所以，许多孤独症家庭仍然只能依靠自身力量来获得相关的救济及其他服务，而一些经济困难家庭，尤其是农村家庭能获得的支持非常有限。要进一步完善家庭支持的政策保障和专项的法律规范，不仅仅是"喊口

---

① 王佳，于聪，孙彩虹，等. 孤独症患儿 236 名家庭疾病负担状况调查[J]. 中国学校卫生，2010，31(2)：138-140.

② 李豪豪，沈亦骏，杨翠迎. 自闭症家庭的困境及社会支持体系构建——基于上海市的调研[J]. 社会保障研究，2020(6)：37-47.

③ 吕晓彤，高桥智. 自闭症儿童母亲在养育儿童过程中的需求调查[J]. 中国特殊教育，2005(7)：47-53.

④ 王秋姐. 口吃患者社会支持系统研究——基于大理口吃矫正中心案例[D]. 昆明：云南大学，2013：36.

⑤ 刘鹏程，刘金荣. 自闭症群体的家庭需求与支持体系构建[J]. 学术交流，2018(8)：113-121.

号"，应加强监督检查。相关部门在深入调查做好前期统计和评估的基础上，建立多元化资金来源模式，设立专项拨款，对符合条件的家庭根据儿童情况及障碍程度及时给予专项资金的精准帮扶。[①]

### 3. 建设社会支持体系

社会对孤独症儿童家庭的支持，对于孤独症家庭和孤独症儿童本身来说都具有重要意义。政府部门可以在社区、学校、医院、残联等场所设立专业的心理咨询机构，为孤独症家庭提供专业的、系统的、持续的心理辅导服务，帮助他们面对现实、处理家庭困难，应对孤独症儿童的行为问题，恰当地处理自己与家庭的关系，为他们提供一些重要的信息资源。此外，还可以组织孤独症家庭互助组织，鼓励孤独症家庭积极与其他家庭开展互动交流活动，相互学习和借鉴，以缓解不良情绪，减轻心理负担，避免家庭矛盾的产生，维持家庭的稳定性。

### 📎 |案例|

#### 加大对孤独症儿童家庭及服务机构的政策支持

全国政协委员黄绮建议，在孤独症儿童康复方面，要强化政府责任，形成联动机制，建立统一的统计信息平台，方便查询和管理。在能力建设方面，要从基础上岗培训着手规范从业人员资质，使其具备孤独症儿童康复服务必备的基础技能和业务能力，并由人社部门颁发专项职业能力证书。另外，要研究制定相关的政策，为孤独症家庭及服务机构提供有效支持。对有资质的孤独症康复服务机构，政府可通过委托、项目合作、重点推介和孵化扶持等多种方式，进行扶持培育。此外，试行孤独症儿童康复服务"协调员"制度，为残疾儿童及其家庭提供一体化的支持，可以协调学校及家长的关系，为在普通学校就学的残疾儿童提供学习支持；帮助儿童及家庭与康复服务提供者建立联系；协调各机构和部门的服务措施，减少服务的重复与断层；鼓励支持家长成长与参与儿童的康复干预活动等。

## 二、孤独症儿童的学校支持

### （一）孤独症儿童学校支持存在的问题

### 1. 课程与教学不适合孤独症儿童需求

当前，我国从学前教育到义务教育阶段都没有形成系统的孤独症儿童课程与教学体系。课程方面，一些教育机构根据自身师资水平，开设了语言、认知、精细、运动等课程。在学校层面，无论是特殊学校的孤独症班级，还是培智班和普通班级里的孤

---

① 刘鹏程，刘金荣. 自闭症群体的家庭需求与支持体系构建[J]. 学术交流，2018(8)：113-121.

独症儿童，都缺乏国家或地区层面的课程指导①。在特殊学校中，许多教师不得不按照培智学校的课程设置来教育孤独症儿童，导致课程很难满足孤独症儿童的学习需求，尤其是一些能力较好的孤独症儿童，其发展潜能被埋没。在普通学校中，教师为了照顾大多数儿童的需要，只能按照普通儿童课程进行教学，孤独症儿童的需要被忽略。在教学方面更是如此，无论是安置在何种机构，无论处于什么阶段，孤独症儿童的语言能力、社交能力、行为方式决定了必须采取适合他们的教学方式，然而，在实际教学中一些被证明有效的教学方法，如结构化教学法、地板时光法，由于种种原因很少被使用，这使得教学效果大打折扣。

2. 教师数量、质量难以满足孤独症儿童教学需要

孤独症儿童教育离不开一支优秀的教师队伍，他们需要了解孤独症儿童发展特点和学习需求、心理发展特点和规律、问题行为的处理等，并能将这些知识应用到教育教学和康复训练实践中，如在集体教学环境中开展教育诊断评估和做好课程教学工作，以及在康复训练中使用一些经过实践证明有效的康复训练方法。然而，在当前我国教师培养体系中，绝大部分特殊教育专业培养的特殊教师基本会学习各类其他特殊儿童的相关知识，但对孤独症知识学习的深度不足。普通教育专业培养的普通教育教师基本不需学习特殊教育基本知识。虽然近年来国家加大了对教师的职后培训，但孤独症相关培训相对较少。例如，有研究者发现，在教师培训中对视力残疾儿童随班就读教师的培训比较集中，针对听力、智力残疾儿童的随班就读教师的培训也相对较多，而参加过孤独症儿童教育培训的教师人数很少②。

3. 教育保障体系不够健全

保障体系对孤独症儿童教育至为关键，然而，当前我国特殊教育的保障体系不够健全，影响了孤独症儿童学校教育的发展。首先，关于特殊教育的法律与政策保障不够完善。我国现有政策文件弹性较大，缺少详细、具体且操作性强的指导，导致各级政府部门对特殊教育重视不够。其次，对残疾儿童少年教育经费投入总量不足。虽然国家对特殊教育的经费投入逐年增加，但其增长率较普通教育而言还是偏低，尤其是考虑到特殊儿童相对分散，特殊教育经费长期不足。教育经费不足直接导致了特殊教育学校的数量不能满足残疾儿童少年接受教育的需求，一些特殊教育学校条件简陋，缺乏基本的教学设备，教师缺少相关教学参考资料，学生缺少必备的辅助性器材。③

**（二）孤独症儿童学校支持策略**

1. 提升相关人员融合教育理念

校长的支持和领导是融合教育至关重要的组成部分。校长通过自己的言行传达

---

① 冯国山，曹云，张鑫. 自闭症学生学校支持系统的思考[J]. 现代特殊教育，2016(20)：42-45.
② 江琴娣，陈优. 关于上海市辅读学校自闭症儿童就学现状的调查[J]. 中国特殊教育，2006(6)：18-22.
③ 江雪梅. 从"关心"到"办好"：特殊教育公平问题及提升策略[J]. 中小学管理，2020(12)：24-27.

着接受或反对融合教育的信息，是学校整体对待"差异儿童"的风向标。<sup>①</sup> 校长应该协助全体教职员工更新理念，积极开展融合教育实践，悦纳孤独症儿童。教师个体不仅要在态度上积极接纳孤独症儿童，同时也必须学习相关专业知识，提升融合教育管理能力、教学能力。同伴群体对孤独症儿童融合教育的成功起着关键作用。学校和教师必须加强孤独症相关知识的普及和宣传，给普通儿童讲解有关孤独症的知识、孤独症儿童的特点，以及孤独症儿童可能需要的支持和帮助，防止普通儿童产生抵触心理，要培养普通儿童的共情能力，促进他们积极主动帮助孤独症儿童解决生活和学习中出现的问题。

**2. 调整课程与教学以适应孤独症儿童需要**

孤独症儿童在普通学校接受融合教育，要求学校课程要符合孤独症儿童的需要，为其提供灵活多样的课程。要做到普通课程和特殊课程相结合，个别化课程与班级课程相结合，普通课程和生活课程相结合。在课程实施的过程中，学校要根据孤独症儿童的需要及时调整教学目标、方法和学习方式；发挥资源教室和资源教师的作用，积极为孤独症儿童提供教育康复、学科补救等教学。特殊教育学校要针对孤独症儿童的特点因材施教，为孤独症儿童提供适合的学习环境、学习资料和学习内容。

**3. 完善职后师资培训体系，提高教师专业水平和教学能力**

特教教师专业化发展是一个持续的动态过程，需要教师不断地接收新知识，学习新技能。因此，在教师的专业发展过程中，职后培训起着至关重要的作用<sup>②</sup>。从培训对象上看，培训的人并非单一指向特教教师，还应该包括普通学校教师、管理人员，以及其他专业人员，如资源教师、巡回指导教师、送教上门教师等。在培训层次上，针对不同发展阶段的教师应进行有针对性的培训，包括新教师培训、特教教师基本功培训、骨干级教师研修性学习等。在培训内容上，要针对孤独症儿童教育需要，从专业理论和专业技能两个方面双管齐下。在培训模式上，构建一体化在线课程职后培训体系，为创新特殊教育教师职后培训模式提供新的借鉴。

---

✍ **| 想一想 |**

如果你所在的班级中有一个孤独症儿童，作为班主任的你如何引导普通儿童包容、接纳这个孤独症儿童？你觉得这个孤独症儿童会给班级带来哪些积极影响？

---

① 关荐，刘影. 自闭症谱系障碍儿童融合教育的学校支持体系研究[J]. 教育探索，2015(12)：44-47.

② 王雁，范文静，冯雅静. 我国普通教师融合教育素养职前培养的思考及建议[J]. 教育学报，2018，14(6)：81-87.

### 三、孤独症儿童的社区支持

#### （一）孤独症儿童社区支持存在的问题

**1. 社区支持制度不完善**

孤独症儿童社区支持是一个系统工程，需要完善的制度做保障。近年来，国家陆续推出台《社区康复"十二五"实施方案》《"十三五"加快残疾人小康进程规划纲要》，明确提出实现"人人享有康复服务"目标的主战场在社区，要求各级政府在社区规划建设中，统筹考虑残疾人社区康复。各地政府也针对本地实际情况出台了一些政策文件，然而这些政策在实际操作中，往往流于形式，有的是"有政策没经费"，有的是太过宏观而针对性不足，有的太抽象而科学性不足并缺少可操作性[①]。

**2. 社区支持资源不足**

首先，资金不足。残疾人康复工作中的经费问题还没归于各级政府财政预算范围之中，国家财政方面的拨款也很难满足社区康复需要。社区没有独立的财政收入和财政支配权力，只能被动接受上级安排，甚至部分社区工作人员的工资还是要自筹自支的，这极大限制了社区的独立自主和成长发展[②]。其次，人员不足。社区支持是一个需要多学科、跨专业的综合工程，需要多方面的人才，如心理咨询师、康复治疗师等。现阶段能够为残疾儿童提供服务的社区康复机构数量少，服务人数有限，资金不足，工作人员流动性大，服务能力薄弱等[③]，为孤独症儿童及家庭提供支持的人才就少之又少，这些极大地阻碍了社区功能的发挥。同时，社区与社区、社区与机构之间缺乏必要的沟通交流，社区工作人员、志愿者组织管理体系不健全。此外，许多社区康复服务大多针对运动障碍，而孤独症儿童急需的沟通交流训练、社交技能训练方面的专业人员极度缺乏，这导致社区康复效果不明显，家长对社区支持信任度很难提升[④]。

**3. 各部门之间沟通协作不足**

孤独症儿童社会支持的目的在于回归学校、回归社会，所以社区支持需要各部门通力协作。目前我国社会组织、居民互助及社区的倡议严重缺乏，并且也没有适当的奖励去支持居民组织社区及支持网络，资源未得到充分利用，致使社区康复、社区支持事业发展缓慢[⑤]。此外，各部门在政策执行中，缺乏整体性、系统性、协

---

① 密忠祥，张金明，程军. 残疾人社区康复发展中关键问题的探讨[J]. 残疾人研究，2017(4)：30-34.

② 朱梦丽. 精神残疾社区康复模式：优势、问题及对策[J]. 劳动保障世界，2020(3)：65-66.

③ 姚志贤. 残疾儿童康复服务问题及对策研究——针对"贫困肢体和智力残疾儿童抢救性康复项目"的分析[J]. 残疾人研究，2012，17(2)：35-38.

④ 王萌，朱毅，吴云川，等. 促进残疾儿童家长参与的家庭——社区康复的探索[J]. 中国康复医学杂志，2016，31(7)：817-820.

⑤ 朱梦丽. 精神残疾社区康复模式：优势、问题及对策[J]. 劳动保障世界，2020(3)：65-66.

调性，形成不了合力，信息资源共享不畅，管理职责缺乏明确界定，对孤独症儿童社区教育康复认识不够，制度建设滞后、缺少细则等[①]，都严重地影响了社区功能的发挥。

---

### 📖 资源推荐

图书推荐：罗伯特·纳瑟夫. 让爱重生——自闭症家庭的应对、接纳与成长[M]. 成丽苹，译. 北京：东方出版社，2017.

罗伯特·纳瑟夫博士是一位心理学家，也是一位孤独症儿童的父亲，如今他的儿子已经成年。他有句名言："特殊的孩子，父母的挑战。"不管是从个体经验，还是在专业领域，罗伯特都有相当丰富的心得与所有孤独症家庭分享。父母如何在给予孤独症儿童支持的同时，保证家庭中每个成员的需求都得到满足呢？这个问题是每个孤独症家庭都必须面对的，书中独到的见解、坦诚的安慰和实用的指导将让人豁然开朗。该书介绍了如何照顾孤独症儿童至成年的临床经验，罗伯特博士将帮助孤独症儿童的家长逐渐摆脱复杂的情绪，开始接受现实；了解各年龄段孤独症儿童的行为，帮助他们成长；保持稳定的、相互支撑的婚姻；理解孤独症儿童兄弟姐妹的需求，给予他们必要的关注。

---

### （二）孤独症儿童社区支持策略

#### 1. 加强社区宣传

社区接纳是社会接纳的第一步，也是孤独症儿童走出家庭，步入学校、社会的关键一步。为此，必须要做好社区宣传活动。社区宣传活动的目的在于更广泛地向社区和社会普及孤独症的相关知识，增进社区居民对孤独症儿童的了解和关注，对孤独症家庭的宽容度和接纳度。社区宣传可以采用发放宣传单、宣传材料，在社区场所投放孤独症公益广告、播放孤独症宣传片等方式。也可以采用社区义演、社会联欢，联合其他机构进行演出，吸引居民前来了解孤独症。定期举行社区融合活动，邀请普通儿童与孤独症儿童一起活动，增进普通儿童对孤独症儿童的认识和接纳。社区宣传可以营造宽容、舒适、具有帮扶氛围的社区环境，为孤独症家庭提供最直接的支持，帮助其缓解社会生活困境和日常照料困境。

#### 2. 提供社区支援

社区支援包括物质和精神两个方面的支持。其中，物质方面包括现金、教具、办公用品、设备设施、师资培训和其他服务等方面的捐赠；精神方面主要指社区成员的慰问和鼓励。具体支援形式包括社区义卖、爱心义诊活动、社区募捐、免费培训、社

---

① 周莹. 残疾儿童社会保障制度的研究[J]. 当代青年研究，2012(8)：16-21.

区服务组织建设等。社区义卖是通过旧物回收和现场义卖这两个环节来进行的，两者缺一不可。社区宣传可以让社区成员了解孤独症，并思考如何提供帮助。社区义诊主要是通过社区诊所为孤独症儿童提供医疗方面的服务。社区募捐主要包括资金募捐和物品募捐。爱心人士、爱心企业向社区提供一些专项资金，也可以向社区募捐一些物品，如玩具、教具、书本、衣服等来支援孤独症家庭。免费培训既包括针对孤独症儿童家庭的培训，也包括针对社区其他居民的培训，让社区居民懂得如何与孤独症儿童和孤独症儿童家庭相处和交流，如何在力所能及的范围内为和谐社区建设贡献力量。社区服务组织建设主要是以社区为单位建立家庭互助组织，帮助孤独症儿童家庭缓解压力、交流教育经验、开展自愿结对活动，相互帮助提供"喘息服务"等。

### 3. 完善社区教育和康复服务体系

社区教育和康复对孤独症儿童，尤其是学龄前孤独症儿童具有重要作用。社区可以将孤独症儿童早期筛查和发现工作纳入社区卫生服务系统，逐步建立起规范的早期预防制度，对社区医护人员进行必要的培训，使他们能初步筛查可能存在孤独症的儿童，能够了解孤独症儿童的特征，熟练使用一些专业的评估工具，并能够根据评估意见转介到专业机构。同时，社区可以联合社会心理健康服务专业机构、特殊教育学校、儿童家长及孤独症儿童研究者等，制定一个符合社区特点的孤独症儿童早期诊断干预的规范，使早发现、早干预的目标尽快在社区实现[①]。此外，社区可以通过社区医院、幼儿园、教育机构等，为孤独症儿童营造一种更利于康复训练的社区氛围，以达到循序渐进，让孤独症儿童逐步回归社会的目的。

> ✎ |想一想|
>
> 如果你所在的小区里有一个孤独症儿童，作为社区一员，你可以做哪些事情来帮助该孤独症儿童？

## 四、孤独症儿童的社会支持

### （一）孤独症儿童社会支持存在的问题

#### 1. 社会对孤独症儿童的认知存在偏差

近年来，随着国内外对孤独症儿童的宣传，社会大众在理念上对孤独症有了一定的认识，然而，在实际中，孤独症儿童和孤独症儿童家庭仍然受到歧视和排斥。在日常生活中，如果某个家庭有孤独症儿童，这个家庭不仅不会得到周围人的同情和帮助，反而会受到周围人群或明或暗的歧视，甚至会遭受言语攻击。在公共场合中，孤独症

---

① 吴广霞，陈雪萍. 社区自闭症儿童早期发现的现状与对策[J]. 健康研究，2010，30(2)：121-123.

儿童表现出一些异样的举动后，会得到周围儿童及其家长异样的眼神，以及他们的快速逃离。调查发现，在日常生活中，88.73%的主要照料者担心孤独症儿童的异常行为影响他人，87.32%的主要照料者担心孤独症儿童受到歧视或伤害[1]。在学校教育中，一些孤独症儿童会被普通学校劝退，无法享受平等的教育。即使进入普通学校中，一些教师对孤独症儿童不闻不问、不理不睬，甚至会教导其他儿童尽量不要与孤独症儿童接触。如此种种，既有对孤独症不了解的因素，也有对孤独症的刻板认知。

**2. 过分强调家庭责任，缺乏社会支持体系**

我国现有的对孤独症儿童的社会支持帮助仍处于初步发展阶段，主要表现在孤独症儿童的社会保障仍然依据与障碍人士群体相同的、由所评定的障碍等级决定的少量补贴金和部分医疗报销。而孤独症儿童家庭在抚养儿童的过程中，不仅面临着严重的经济压力，同时也担负着无法言表的精神负担和心理负担。我国对孤独症儿童的救助仍停留在个体家庭模式层面，强调父母的抚育责任，忽略社会应承担的救助责任，导致许多孤独症儿童的医疗权利、教育权利甚至生命权、健康权都得不到应有的基本保障[2]。

**3. 孤独症相关资源严重不足**

孤独症儿童的教育、康复、医疗、生活等都需要大量专业资源。在医疗方面，当前我国孤独症权威诊断机构极少，孤独症临床医生也较少，经常会出现孤独症儿童的诊断和评估需要等待几个月的情况。诊断人员和医生的缺乏，导致孤独症儿童的问题不能得到准确、及时的鉴别和评估，这会影响孤独症儿童后续教育康复的科学性，影响教育效果。在学校方面，不管是特殊学校还是普通学校，师生比不足，导致教师工作任务繁重，工资待遇和压力不成正比，愿意流动到孤独症儿童教育方面的师资极少，存在严重的资源不足问题[3]。在社会方面，掌握孤独症相关知识的志愿者、社工极少，可利用的社会资源严重缺乏。

**（二）孤独症儿童社会支持策略**

**1. 落实政府在孤独症儿童支持体系中的主体责任**

相关部门需要制定有针对性的关于孤独症支持体系的相关法律法规，加大对孤独症干预工作的投入，制定相关目标、计划、政策、法规，逐步完善孤独症的医疗、教育、康复体系，建立孤独症的终身康复、终身教育体系。[4] 鼓励与支持学校和机构在

① 李豪豪，沈亦骏，杨翠迎. 自闭症家庭的困境及社会支持体系构建——基于上海市的调研[J]. 社会保障研究，2020(6)：37-47.

② 赵娜. 我国残障儿童社会救助现状与对策[J]. 社会与公益，2020，11(11)：56-57.

③ 董欣. 自闭症者及家庭的社会支持现状分析与建议——以辽宁省大连市为例[J]. 现代特殊教育，2016(1)：14-17.

④ 郭德华. 江西省孤独症儿童社会支持体系构建的研究[J]. 宜春学院学报，2011，33(7)：66-70.

孤独症儿童教育和康复方面的研究，重视孤独症儿童早期的筛查与诊断服务的发展，建立早期支持服务体系。增设特殊教育学校，创造适合孤独症儿童的学习环境，提供适合孤独症儿童学习的内容和方法。积极推进融合教育，为普通学校提供系统支持，提升孤独症儿童融合教育的数量和质量，同时应该加大对孤独症救助机构，尤其是民营和公益性机构经济援助的政策优惠，更多地以政府购买的形式支持民间孤独症机构的参与和发展[①]。

2. 加大宣传，提高社会对孤独症儿童的关注

孤独症儿童是特殊儿童中的弱势群体，长期以来处于社会边缘化的位置，受到社会的忽视和排斥。提高社会各界对孤独症儿童的理性认知，对孤独症儿童的学习和生活尤为重要。为此，必须加强孤独症相关知识的宣传和普及。政府应支持对孤独症相关题材电影、电视剧的拍摄，鼓励出版有关孤独症的书籍、报纸、杂志，对孤独症、孤独症儿童、孤独症儿童家庭、孤独症法律法规等相关知识进行介绍。此外，鼓励专业人士到学校、社区等场所开展有关孤独症基础知识的宣传讲座。

3. 制定针对孤独症儿童的独立的政策法规

当前，我国孤独症儿童被归为精神残疾类别。然而，孤独症与精神残疾存在一定的差异，孤独症的成因及表现较为复杂，目前无法通过药物治愈；与传统意义上的精神残疾不同，孤独症虽然在病情表现和程度上因人而异，但基本都存在语言障碍和社交功能缺失问题。简单地将孤独症归为精神残疾，一方面可能引起社会对孤独症儿童的误解，另一方面在政策措施制定和执行方面也会带来许多问题。为此，我们可以参考其他国家，将孤独症单列为一种残疾类别。在此基础之上，对孤独症儿童数量、性别、年龄构成、区域分布进行摸底调查，之后根据摸底调查的情况合理规划孤独症机构、学校数量，也可以据此进行学术研究、临床医疗和政策制定[②]。

## 巩固与思考 ┄┄┄▶

1. 简述孤独症儿童家庭支持存在的问题。
2. 简述孤独症儿童社区支持的策略。
3. 简述孤独症儿童学校支持存在的问题。
4. 简述孤独症儿童社会支持的策略。

---

① 韦兵. 从社会排斥到多元主体合作——论自闭症儿童救助模式的社会支持网络建构[J]. 劳动保障世界，2016(12)：5-6.

② 李豪豪，沈亦骏，杨翠迎. 自闭症家庭的困境及社会支持体系构建——基于上海市的调研[J]. 社会保障研究，2020(6)：37-47.

# 模块九　注意缺陷与多动障碍儿童教育指导

## 模块导入

　　从幼儿园到小学，小明一直都是最让老师头疼的学生。"小明可是我们班的'大忙人'，他每天到处走动，动动这个碰碰那个；上课不是东张西望就是做小动作。"对于小明的种种行为，我们其实并不陌生，在生活中，我们称之为多动症，并认为儿童多动是由于缺乏良好的行为习惯和规则意识。

　　在国际上，研究者将多动症称为注意缺陷与多动障碍，而多动是该障碍重要的行为表现之一。那么，除了多动，注意缺陷与多动障碍儿童还会有其他表现吗？注意缺陷与多动障碍真的只是由于缺乏良好行为习惯和规则意识才产生的吗？面对注意缺陷与多动障碍儿童，教育者又该如何帮助他们呢？通过本模块的学习，我们将了解注意缺陷与多动障碍的相关知识，并掌握相关的教育策略，从而为具体的教育实践提供帮助。

## 学习目标

1. 明晰注意缺陷与多动障碍的定义、分类和成因。
2. 了解注意缺陷与多动障碍的鉴定标准与主要特征。
3. 掌握注意缺陷与多动障碍儿童的课程调整与教学策略。
4. 理解注意缺陷与多动障碍儿童的支持体系。

## 注意缺陷与多动障碍儿童同样可以拥有灿烂的人生

提到莫扎特（Mozart），相信大家都不会陌生。他是欧洲最伟大的古典音乐家之一，被誉为"音乐神童"，是古典乐坛一颗耀眼的明星。然而，谁又能想到，这名大名鼎鼎的音乐家却带有注意缺陷与多动障碍的鲜明特征。

莫扎特自小就行为冲动，易分心，情绪容易失控，但他精力旺盛，富有很强的创新精神。从记事起，他就显露出了极强的音乐天赋，并对音乐表现出了极大的热爱。在他父亲的培养下，他逐渐在乐坛崭露头角，逐渐成为颇有才华和声望的作曲家，创作出了众多广为人知的音乐作品。

莫扎特的音乐经历告诉我们：每个儿童都有权利发挥自己的特点和优势，都有能力享受灿烂的人生，注意缺陷与多动障碍儿童也不例外！

## 模块思维导图

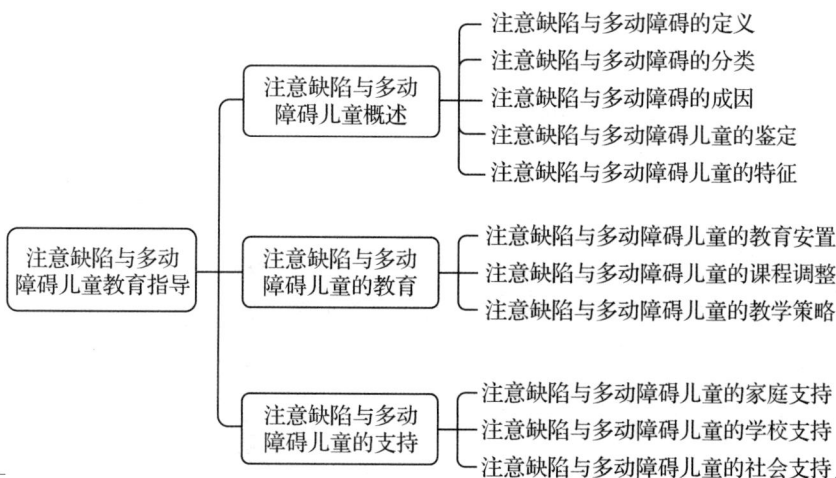

- 注意缺陷与多动障碍儿童教育指导
  - 注意缺陷与多动障碍儿童概述
    - 注意缺陷与多动障碍的定义
    - 注意缺陷与多动障碍的分类
    - 注意缺陷与多动障碍的成因
    - 注意缺陷与多动障碍儿童的鉴定
    - 注意缺陷与多动障碍儿童的特征
  - 注意缺陷与多动障碍儿童的教育
    - 注意缺陷与多动障碍儿童的教育安置
    - 注意缺陷与多动障碍儿童的课程调整
    - 注意缺陷与多动障碍儿童的教学策略
  - 注意缺陷与多动障碍儿童的支持
    - 注意缺陷与多动障碍儿童的家庭支持
    - 注意缺陷与多动障碍儿童的学校支持
    - 注意缺陷与多动障碍儿童的社会支持

# ▶任务一
# 注意缺陷与多动障碍儿童概述

**问题情境……▶**

　　假设你的班里有这样两个孩子：孩子甲精力充沛，天天四处乱跑，即使上课也不闲着，一会儿离开座位，一会儿又玩着手中的铅笔；孩子乙倒是能安静地坐在座位上，但上课时总是看向窗外，每天来学校也是丢三落四，不是忘记带课本就是忘记带作业。面对这两个孩子，你有何感想？你是否认为这两个孩子是故意和你"对着干"？又或者，你是否认为他们的表现与其父母的教育不当有很大关系？

　　上述两个孩子都是注意缺陷与多动障碍儿童。那么，何为注意缺陷与多动障碍？为何会出现注意缺陷与多动障碍？如何鉴定注意缺陷与多动障碍儿童？注意缺陷与多动障碍儿童在心理和社会发展方面又呈现哪些特征？在任务一中，这些问题都将得到解答。

## 一、注意缺陷与多动障碍的定义

　　注意缺陷与多动障碍(Attention Deficit and Hyperactivity Disorder，ADHD)是一种精神发展障碍，通常发生在儿童时期，主要表现为注意集中困难、注意持续时间短暂、活动过度，以及冲动等症状。如果在儿童期没有得到及时的治疗和干预，这种障碍将会伴随儿童一生。

**📖|拓展延伸|**

**注意缺陷与多动障碍并不是儿童的"专利"**

　　很多人认为，注意缺陷与多动障碍只会出现在儿童期，随着年龄的增长，便会逐渐消失。然而，事实并非如此。注意缺陷与多动障碍会伴随着儿童走向成年，甚至会伴随他们一生。

**📖|资源推荐|**

　　电影：微电影《当冲动的他遇上分心的她》。
　　CBC纪录片：《成年人注意缺陷多动障碍》。

## 二、注意缺陷与多动障碍的分类

注意缺陷与多动障碍分为三种类型，可根据儿童的主要表现症状，判断儿童具体属于哪一种类型。

注意缺陷为主型障碍。以注意缺陷为主要症状的儿童，往往因为注意力不集中而无法按照指令完成任务。他们也很难注意到一些细节问题，致使作业总是因为马虎大意而出错。此外，他们的记忆力很不好，经常丢三落四。

多动—冲动为主型障碍。以多动—冲动为主要症状的儿童经常是家长或者教师眼中"不听话的孩子"。不论是在家中还是在学校，他们都有着充沛的精力。在儿童期，多动—冲动主要表现为不停地跑、跳及攀爬等；到了成年期，外在的多动—冲动会转变为内心的不安，这种不安会给患者自身及他人带来许多困扰。

混合型障碍。混合型障碍即注意缺陷与多动—冲动的混合。患有混合型障碍的儿童既存在注意缺陷的问题，又容易冲动。

## 三、注意缺陷与多动障碍的成因

关于导致注意缺陷与多动障碍的原因，目前尚未有定论。不过，通过长时间的研究和探索，研究者提出了一些可能导致注意缺陷与多动障碍的因素。

### （一）基因问题

研究者证实，基因在注意缺陷与多动障碍中扮演着重要角色。分子遗传学研究也表明，注意缺陷与多动障碍和多巴胺受体基因的多态性有关。

### （二）神经异常

首先，注意缺陷与多动障碍儿童脑电图异常率高，主要表现为慢波活动增加，α波功率减小、平均频率下降。这种情况说明，注意缺陷与多动障碍儿童存在中枢神经系统成熟延迟或大脑皮质觉醒不足的问题。其次，有研究表明，注意缺陷与多动障碍可能与中枢神经递质代谢障碍和功能异常有关，如多巴胺和肾上腺素更新率降低、多巴胺和去甲肾上腺素功能低下等。[①]

### （三）轻微脑损伤

母亲孕期、生产期，以及儿童出生后各种原因所致的轻微脑损伤可能是部分儿童出现注意缺陷与多动障碍的原因。

### （四）其他因素

除上述因素之外，还有一些其他因素也可能会导致注意缺陷与多动障碍。例如，孕妇长期生活在铅过量的环境或孕妇过量饮酒、吸烟，早产和出生低体重都可能导致注意缺陷与多动障碍。此外，注意缺陷与多动障碍可能与儿童体内锌、铁等微量元素的缺乏

---

① 吴丽，宋兆普，郝义彬. 实用小儿康复学［M］. 郑州：河南科学技术出版社，2017：174.

有关；可乐、咖啡和食物添加剂也可能增加儿童出现注意缺陷与多动障碍的风险。

---

📖 **| 拓展延伸|**

　　吃糖、看电视、家庭教养方式，以及社会环境一直以来都被认为是导致注意缺陷与多动障碍的重要因素。然而，相关的研究却表明，上述因素可能会加剧某些儿童的注意缺陷与多动障碍症状，却不是儿童出现注意缺陷与多动障碍的主要原因。

---

### 四、注意缺陷与多动障碍儿童的鉴定

DSM-5 中提道，注意缺陷与多动障碍儿童会持续性地表现出注意障碍和(或)多动—冲动的行为。因此，DSM-5 主要从注意障碍和多动 — 冲动行为这两个方面进行鉴定。

#### （一）注意障碍

16 岁以下儿童至少出现以下 6 个症状或 17 岁以上青少年至少出现以下 5 个症状，症状持续时间超过 6 个月且表现与自身发展阶段不一致，并直接负性地影响了社会和学业活动。

①经常无法注意细节，或经常在学习、工作等活动中因粗心而犯错。

②经常无法长时间保持对任务或者活动的注意。

③经常无法耐心地倾听他人说话。

④经常无法按照要求完成学校功课或其他指定的任务。

⑤经常无法顺利组织和开展活动。

⑥经常厌恶和逃避需要长时间保持注意的活动(如学校任务和家庭作业)。

⑦经常丢三落四，忘记带日常学习物品(如作业、铅笔、书本文具或活动所需要的玩具等)。

⑧经常容易分心。

⑨经常忘记日常安排(如外出办事、做家务等)。

#### （二）多动—冲动行为

16 岁以下儿童至少出现以下 6 个症状或 17 岁以上青少年至少出现以下 5 个症状，症状持续时间超过 6 个月且表现与自身发展阶段不一致的，并直接负性地影响了社会和学业活动。

①手或脚动个不停，或者坐在椅子上时身体动个不停。

②经常在应该坐在自己座位上的时候(如上课时)离开座位。

③经常在不适当的情境下四处跑动(如上课时)。

④经常无法安静地参与到游戏等活动中去。

⑤经常处于兴奋状态，精力充沛，总是忙个不停。

⑥经常不停地讲话。

⑦经常在老师的问题还没说完时就抢着回答。

⑧经常厌恶并逃避排队。

⑨经常打断或干扰其他儿童正在进行的活动(如谈话、游戏等)。

除上述鉴定标准外，儿童或青少年还需要满足以下条件：

①在12岁之前，注意障碍或者多动—冲动的一些症状就已经开始出现了。

②一些症状会出现在多个情境中(如在家、在学校或在工作单位，与朋友或者亲人相处时，参与其他活动时)。

③这些症状已经对儿童或青少年的学业、社会交往，以及工作产生了非常明显的消极影响。

④需要排除这些症状是由其他心理障碍(如情绪障碍、焦虑障碍、分离障碍或人格障碍)所导致的。此外，除了不会在精神分裂或其他精神疾病中出现之外，这些症状会一直伴随着个体。

### ✎ |温馨提示|

并非所有人都能依据DSM-5的诊断标准对儿童和青少年进行注意缺陷与多动障碍鉴定，只有具备心理学或者医学背景的专业人士，如心理学家、精神科医生或儿科医生等，才能从事相关的鉴定工作。

### 📖 |拓展延伸|

美国儿科学会(The American Academy of Pediatrics，AAP)规定，从事鉴定工作的专业人员或机构在鉴定时，需要询问儿童或青少年的多个照料者(如家长、教师及其他照料者)，以便能够了解儿童或青少年在不同情境(在家中、学校中和与同伴交往中)中的行为表现，从而全面系统地对儿童或青少年进行鉴定。

### ✐ |想一想|

#### 注意缺陷与多动障碍和多动症

在我国，我们倾向于认为那些在班级中坐不住的儿童患有多动症。有人也将注意缺陷与多动障碍和多动症等同起来。在你看来，二者是否相同？请说说你的看法。

## 五、注意缺陷与多动障碍儿童的特征

### （一）心理发展特征

**1. 认知发展特征**

（1）感知觉

很多注意缺陷与多动障碍儿童存在感觉统合失调的问题，主要体现在视觉障碍、听觉障碍、触觉障碍、前庭觉功能问题，以及本体觉障碍五个方面。在视觉障碍方面，一些儿童的视觉发育不良，表现为视空间距离感较差，在阅读时容易跳行、漏行。在听觉障碍方面，一些儿童的听觉能力较弱，表现为很难专心地听别人讲话，语言表达能力较差，并且在辨别声音方面存在困难。在触觉障碍方面，一些儿童的触觉过于敏感，对一些很平常的触碰(如洗头发、剪指甲等)都无法接受；而一些儿童的触觉却比较迟钝，往往会对痛感"后知后觉"。在前庭觉功能问题方面，一些儿童的协调能力不好，在走路或跑跳时很容易摔倒。在本体觉障碍方面，一些儿童走路摇摇晃晃，手眼配合较差。

> **✎ ｜温馨提示｜**
>
> 感觉统合失调中的视觉障碍不等于视力障碍，听觉障碍也不等于听力障碍，大家千万不要混淆！

（2）注意和记忆

> **✎ ｜案例｜**
>
> "我家小琪才上小学一年级，可是每次写完作业都已经晚上十一二点了。我本来以为是作业留得多，后来和其他家长聊天的时候才发现，其他小朋友在学校就已经把作业都写完了。哎，小琪写作业也太慢了。"
>
> "浩浩是我们班最让我头疼的学生，每次和他说话的时候，他好像都在认真听，可当让他复述大概内容的时候，他却一句也没记住，都快急死我了。"
>
> "每当让同学们拿出提前准备好的教具时，你就能看到小雪反反复复地在书包里找，恨不得将书包里的所有东西都翻出来。然而，结果却是什么都没找到。她有好几次连教科书都忘记带，忘带作业更是常事。"

注意和记忆是注意缺陷与多动障碍儿童认知发展中的重要内容。注意缺陷与多动障碍儿童往往容易出现注意困难的问题。他们注意集中时间短暂，注意易分散，常常不能把无关刺激过滤掉，对各种刺激都会产生反应。因此，他们无法专注于一件事，并顺利将其完成。在第一个案例中，小琪正是因为受到外界刺激干扰而无法将注意集中在作业上，所以迟迟不能完成作业。

注意困难会导致儿童记忆力的减退。记忆是对信息进行识记、保持、再现的过程。记忆的前提是有相应的信息，如果没有信息需要记忆，那么记忆也就无从谈起。然而，信息是通过有意注意或者无意注意来获得的。由于注意缺陷与多动障碍儿童的注意存在问题，他们无法对某件事保持长久的注意，记忆力就会受到影响，也就常常会出现"左耳朵进右耳朵出""一说就忘"及丢三落四的情况。

---

📖 |拓展延伸|

**注意缺陷与多动障碍儿童可能患有学习障碍**

虽然注意缺陷与多动障碍儿童的智力与普通儿童无异，但注意缺陷与多动障碍问题使他们在学业上遇到很多问题，这些问题包括阅读障碍、计算困难和书写困难。这使得他们很难在学业上取得成就。

---

### 2. 情绪发展特征

注意缺陷与多动障碍儿童情绪常常不稳定，容易过度兴奋，也容易因一点小事而不耐烦、发脾气或哭闹。除此之外，焦虑和抑郁也是注意缺陷与多动障碍儿童常见的情绪特征。

(1)焦虑

研究表明，与普通儿童相比，注意缺陷与多动障碍儿童更容易出现焦虑情绪，发生率为20％～40％。[①] 注意缺陷与多动障碍儿童伴有的焦虑障碍主要包括以下三种类型。

第一，分离焦虑。当远离家人时，注意缺陷与多动障碍儿童会感到非常害怕。

第二，社交恐惧。注意缺陷与多动障碍儿童不愿意与他人交流，因此，他们特别害怕去幼儿园或学校等公共场所。

第三，一般性焦虑。注意缺陷与多动障碍儿童总是杞人忧天，担心会有糟糕的事情发生，对自己的未来充满恐惧。

(2)抑郁

与普通儿童相比，注意缺陷与多动障碍儿童也更容易出现抑郁情绪。当注意缺陷与多动障碍儿童意识到自己会给家人和朋友带来"麻烦"却又不能解决这些"麻烦"的时候，他们就会感到非常绝望。这种绝望的累积就会使儿童产生抑郁的情绪体验。如果注意缺陷与多动障碍儿童出现如下行为，照料者及教育者就要重视了：长时间地感到

---

① 陈彩琦. 多动症的心理研究与矫治[M]. 广州：暨南大学出版社，2012：161.

沮丧或者情绪低落；对自己曾经感兴趣的玩具或活动失去兴趣；感觉自己毫无用处，对自己的价值产生怀疑。

### 📖 |拓展延伸|

饮食习惯和睡眠习惯的改变也可能是注意缺陷与多动障碍儿童出现抑郁倾向的征兆，但这并不是绝对的。如果注意缺陷与多动障碍儿童在服用药物，那饮食与睡眠习惯的改变也有可能是药物副作用。因此，儿童的照料者需要向专业人士寻求帮助。

注意缺陷与多动障碍儿童之所以会产生焦虑和抑郁情绪，一方面可能与注意缺陷与多动障碍本身有关，另一方面也可能与儿童所处的社会环境有着千丝万缕的联系。当儿童因自身的问题而受到家长的责备、教师的批评，以及同伴的嘲笑时，他们就会因得不到理解和支持而产生消极的情绪体验。

#### （二）社会性发展特征

##### 1. 行为特征

与普通儿童相比，注意缺陷与多动障碍儿童更容易出现行为障碍，主要包括对立违抗性障碍和品行障碍。

（1）对立违抗性障碍

对立违抗性障碍是注意缺陷与多动障碍儿童常见的行为障碍，通常在儿童 8 岁之前出现，但有时也会在少年期出现。有对立违抗性障碍的注意缺陷与多动障碍儿童通常都会与他们熟悉的人(如父母)"对着干"，并且态度恶劣，具体包括以下几个方面：经常发脾气；与长辈顶嘴，对长辈的嘱咐置若罔闻；对很多事情感到不满；当感觉到有人伤害了自己，或是在给自己"找麻烦"，就要想办法进行"报复"；故意惹别人生气，也很容易被别人气到；自己犯了错却总是责怪别人。

（2）品行障碍

与对立违抗性障碍不同，品行障碍的性质更加恶劣，有可能导致违法犯罪行为。与普通儿童相比，注意缺陷与多动障碍儿童更容易伴有品行障碍。品行障碍的表现为：违反校规校纪，如逃课、夜不归宿和逃学；进行伤害性活动，如欺凌同伴、打架斗殴和虐待动物；说谎、盗窃及故意毁坏他人财物等。

##### 2. 同伴交往特征

同伴在儿童的发展中起着非常重要的作用。然而，一些注意缺陷与多动障碍儿童却很难与同伴建立良好的人际关系。以注意缺陷为主的注意缺陷与多动障碍儿童容易害羞，不愿意与同伴进行互动；而以多动—冲动为主的注意缺陷与多动障碍儿童却因为不能遵守规则或经常捣乱而被同伴排除在活动之外。当注意缺陷与多动障碍儿童不能与同伴进行正常的社会交往的时候，就会产生焦虑、情绪行为障碍等问题，甚至会滥用药品，最后走上违法犯罪的道路。

📖 | **拓展延伸** |

**注意缺陷与多动障碍儿童更容易受伤**

在身体发展方面，注意缺陷与多动障碍儿童更容易受到伤害，具体包括：

在走路或骑单车的时候受伤；

头部受伤；

伤到身体的多个部位；

因意外中毒而住院；

遭受重伤，并因重伤而致残。

**巩固与思考** ⋯⋯▶

1. 注意缺陷与多动障碍主要分为哪几个类型？

2. 注意缺陷与多动障碍的成因有哪些？

3. 注意缺陷与多动障碍儿童呈现出哪些特征？

4. 有人认为，儿童之所以患有注意缺陷与多动障碍，是因为他们从小缺乏良好的教育，没有养成良好的学习习惯。因此，只要对儿童严格要求，他们注意缺陷或者多动的问题就会消失。对此，你怎么看？

# ▶任务二
# 注意缺陷与多动障碍儿童的教育

**问题情境** ⋯⋯▶

"小光，现在是在上课，赶快回到座位上。""小光，认真听讲，不要东张西望。""小光，不要总是在课上做小动作。""小光⋯⋯"我已经记不清这是第几次在课上提醒小光了。只要小光在，课就很难进行下去。小光该怎么办？我该怎么办呢？

这位教师的话可能道出了很多教师的心声。当班里有像小光这样的儿童时，教师应该怎么做呢？是上报学校，劝这些儿童退学？还是去了解儿童，并为儿童提供适宜的教育呢？答案显然是后者。因为接受教育是每个儿童应该享有的权利，注意缺陷与多动障碍儿童也不应例外。除了享有接受教育的权利，在融合教育和教育现代化的背景下，注意缺陷与多动障碍儿童也应当享有适切的、有质量的教育的权利。那么，教师如何为注意缺陷与多动障碍儿童提供公平而有质量的教育呢？任务二将从课程调整和教学策略方面进行讲解。

## 一、注意缺陷与多动障碍儿童的教育安置

在我国，注意缺陷与多动障碍儿童的安置方式主要包括以下两种。

### （一）普通班级是主要的安置方式

**| 案例 |**

**注意缺陷与多动障碍儿童被其他儿童家长联名劝退**

从一年级开始，亮亮就成了班里的"问题学生"。他经常在课堂上离开座位，在班里走来走去，这严重扰乱了正常的课堂秩序。此外，他还很容易冲动，总是和同学发生冲突。因此，班里其他儿童的家长联名给学校写了一封信，建议学校劝退亮亮。

目前，大多数的注意缺陷与多动障碍儿童就读于普通班级。一方面，注意缺陷与多动障碍儿童在外貌和智力发展方面与同龄人并没有太大差异；另一方面，注意缺陷与多动障碍的许多症状与儿童活泼好动的天性较为相似，儿童家长认为只是注意缺陷与多动障碍儿童"年龄还小，贪玩很正常，等再大一点儿就会好了"，教师也会认为这些只是儿童"太过调皮，是缺乏纪律意识"，他们并不会将注意缺陷与多动障碍看成一种障碍。然而，注意缺陷与多动障碍儿童持续不良的课堂表现经常容易引起同学的抱怨和教师的指责，有些儿童还会因此被学校劝退，不得不转入其他学校。

### （二）资源教室逐渐成为补充

资源教室是指在普通学校中建立的集课程、教材、专业图书，以及学具、教具、康复器材和辅助技术于一体的专用教室。随着对注意缺陷与多动障碍了解的深入，越来越多的学校开始为注意缺陷与多动障碍儿童提供由专人负责的资源教室，希望通过一对一的教育方式来弥补普通班级上课时的不足。

**| 温馨提示 |**

教师要学会平衡普通教室和资源教室之间的关系。资源教室是普通班级上课的有效补充，但绝不能完全替代普通班级。此外，资源教室不是"隔离室"，也不是"垃圾桶"。教室在带领注意缺陷与多动障碍儿童前往资源教室时，要保护儿童的自尊心，避免因离开普通教室而给儿童带来负面影响。

## 二、注意缺陷与多动障碍儿童的课程调整

考虑到注意缺陷与多动障碍儿童自身的认知发展水平和发展特点，教师需要在普通课程的基础上，对课程的诸多要素进行调整。整体上，教师在对课程进行调整时应

当遵循"最小调整、最大融合"的原则，尽可能保证注意缺陷与多动障碍儿童与同龄人使用同样的课程。总体而言，注意缺陷与多动障碍儿童的课程主要包括同样的课程、精简的课程、充实的课程，以及替代的课程[①]。

### （一）同样的课程

同样的课程是指注意缺陷与多动障碍儿童与普通儿童学习同样目标、同样内容及同样难度的课程。由于注意缺陷与多动障碍儿童的智力发展水平与普通儿童并无较大差异，因此教师可以采用同样的课程。只是在采用同样课程的同时，教师需要针对注意缺陷与多动障碍儿童的具体特点对儿童进行引导，并采用个别化的教学方式，以便能够使注意缺陷与多动障碍儿童和其他儿童一样得到发展。

### （二）精简的课程

精简的课程是指根据注意缺陷与多动障碍儿童的认知发展特点及能力水平，在普通课程的基础上降低课程目标要求、减少课程内容。在课程内容相同的前提下，任课教师可以通过降低学业要求等方式实现课程调整。此外，教师也可以对普通教材进行精简，删去不适合注意缺陷与多动障碍儿童学习的内容。

### 🔗 | 案例 |

针对注意缺陷与多动障碍儿童，教师可以将人教版语文下册《姓氏歌》的教学目标进行如下调整（见表 9-1）。

表 9-1 《姓氏歌》教学目标的调整

| 普通儿童 | 注意缺陷与多动障碍儿童 |
|---|---|
| 1. 熟读课文并背诵 | 1. 能朗读课文 |
| 2. 认识课文中的生字 | 2. 认识姓、氏、古、吴、王 |
| 3. 会写课后的七个生字 | 3. 会写什、么、方、王 |
| 4. 说出其他姓，感受我国传统文化 | / |

### （三）充实的课程

充实的课程是指教师根据注意缺陷与多动障碍儿童的兴趣、需要、特点及能力，对原有课程和教材内容进行补充和扩展的课程。注意缺陷与多动障碍儿童虽然注意力无法集中，会出现多动的症状，但他们在面对自己的兴趣时却能保持注意力。因此，教师可以充分了解注意缺陷与多动障碍儿童的兴趣和爱好，并将其融入课程内容中，

---

[①] 邓猛. 融合教育实践指南[M]. 北京：北京大学出版社，2016：27.

以吸引儿童的注意。例如，静静有轻度注意缺陷与多动障碍，她非常喜欢画画，因此，王老师在进行"图形的认识"的教学时，让静静将课上所讲的图形全部画出来，并涂上相应的颜色，将上课所学习的内容与儿童的兴趣结合起来。此外，教师还可以增设一些补偿性课程或者功能性课程，尽量改善儿童因注意缺陷与多动障碍而出现的行为问题或者社会交往问题。

---

### 📖 |拓展延伸|

#### 适合注意缺陷与多动障碍儿童的补偿性课程

**心理辅导**

心理辅导主要针对注意缺陷与多动障碍儿童的情绪、亲子关系及同伴交往等方面的内容。心理辅导可以分为团体辅导和个别辅导。团体辅导一般通过班会形式开展，而个别辅导的形式则较为丰富。教师可以通过沙盘游戏、音乐治疗、绘本治疗等方式对注意缺陷与多动障碍儿童进行心理辅导。

**感觉统合训练**

很多注意缺陷与多动障碍儿童存在感觉统合失调的问题，因此，教师可以通过感觉统合训练来改善儿童感觉统合失调的问题。

**行为管理**

许多注意缺陷与多动障碍儿童会存在行为问题，因此，教师可以开展行为管理的相关课程，以便逐渐提高儿童的控制力。

---

### （四）替代的课程

替代的课程有两种含义：一是课程总目标的分解，指将总体课程目标分为若干子目标，通过子目标的达成，进而达成课程总目标[①]；二是普通课程的替代。

#### 1. 课程总目标的分解

考虑到注意缺陷与多动障碍儿童的发展特点，教师可以将课程的总目标进行分解，并将课程内容分成若干部分。这样可以避免因课程内容过多而分散儿童的注意。这种课程调整对于年龄较小的儿童来说尤为重要。例如，在学习古诗《咏柳》时，教师可以将课程目标分解为朗读古诗—背诵古诗—默写古诗三个子目标，并将课程内容进行分解，逐步引导注意缺陷与多动障碍儿童掌握这首古诗。

---

① 徐素琼，谭雪莲，向有余. 浅析随班就读中课程与教学的调整[J]. 南京特教学院学报，2008(2)：28-31.

✎ |想一想|

小辉是一名轻度注意缺陷与多动障碍儿童，今年上小学一年级。他注意很不集中，在计算方面也存在一定障碍。

假如你是小辉的数学老师，正在准备"5以内的加法"的课程内容，你将如何分解本次课程的课程目标，使其更能满足小辉的需要呢？

2. 普通课程的替代

当注意缺陷与多动障碍儿童无法跟上普通课程时，教师就要根据儿童的实际情况对原有的普通课程和教材内容进行替换。教师可以根据儿童的实际能力和兴趣选择替代性的课程。例如，在习作课上，教师要求大家用一段话描述班级里的一位同学。这个任务对于普通儿童来说可能非常简单，但对注意缺陷与多动障碍儿童而言却可能是一个"灾难"。教师可针对现实情况，为注意缺陷与多动障碍儿童"量身打造"一节特别的课程：可以不参与写作，但需要将大家的写作内容读出来。这样既不会让注意缺陷与多动障碍儿童为难，又可以在潜移默化中提高注意缺陷与多动障碍儿童的专注力。

✐ |温馨提示|

不论是何种课程调整，都要建立在教师对注意缺陷与多动障碍儿童科学、客观、全面了解的基础之上。只有这样，课程才能真正满足注意缺陷与多动障碍儿童的需要，才能真正达到事半功倍的效果。

### 三、注意缺陷与多动障碍儿童的教学策略

在课堂中，教学是非常重要的环节。为了保证教学质量，使注意缺陷与多动障碍儿童真正在课堂中有所收获、有所进步，教师可以采用以下的教学策略。

#### （一）合作学习

合作学习是必不可少的教学策略，不仅有利于注意缺陷与多动障碍儿童与同伴之间取长补短，也有利于注意缺陷与多动障碍儿童与同伴之间建立良好的关系。常见的合作学习包括同伴互助和小组合作。

1. 同伴互助

同伴互助一般是指两个儿童结成"对子"，相互帮助。在教学中，教师可以组织互助小组，选择班里能力较强、自愿加入互助小组的普通儿童作为注意缺陷与多动障碍儿童的助学伙伴。在上课时，助学伙伴就要承担小助教的职责，指导和帮助注意缺陷

与多动障碍儿童完成任务；当注意缺陷与多动障碍儿童分心、走神、做小动作时，助学伙伴也要负责提醒。

---

**◎ |温馨提示|**

尽管在很多时候，注意缺陷与多动障碍儿童是处于被帮助的地位，但不可否认的是，他们也有自己的优势和特长，他们也可以帮助自己的同伴。

---

### 2. 小组合作

与同伴互助不同，小组合作的人数要更多一些，一般为 3～5 人。小组合作的分组一般遵循小组间水平相当、组内人员各有差异的原则。在小组合作之前，教师需要了解不同儿童的兴趣、能力和需要，并结合课程的教学计划和教学目标精心设计小组合作的任务，使得注意缺陷与多动障碍儿童在小组中既能发挥自己的优势，又能在同伴的帮助下弥补不足。

---

**◎ |案例|**

#### 楠楠，你太棒了！

在体育课上，教师要举行一场 4×100 米的接力赛。分完组后，楠楠所在小组的其他成员都愁眉不展：这下可要输惨了！楠楠只会捣乱，哪里会比赛。为了防止楠楠犯规，他的同伴不止一次地提醒他：只有接过棒才能跑，不能串道，不能抢跑……楠楠上场了，大家都震惊了，原来他跑得这么快呀！"楠楠，你太棒了！"这是同伴给楠楠的评价。大家对楠楠也有了新的认识，而楠楠也露出了幸福的笑容。

在合作学习中，楠楠展现出了自己的优势，同时也有所收获。

---

### （二）个别化教学

个别化教学强调，教师要根据儿童不同的兴趣、能力和需要制定适宜的教学目标，选择合适的教学内容，采用恰当的教学方法，运用合理的教学评价标准，从而使儿童获得适合的、个性化的教育，不断促进儿童的全面发展。

---

**✈ |想一想|**

个别化教学是否等同于个别教学？请说说你的看法。

---

1. 教学目标的个别化

与集体的教学目标相比，个别化的教学目标更加具有针对性。教师可以根据注意缺陷与多动障碍儿童的实际情况，制定具体的教学目标。教学目标可以分为长期目标和短期目标。长期目标即本学期或者本学年的总体目标，而短期目标则是长期目标的子目标。这样可以循序渐进地达到教师期望的效果。需要注意的是，短期目标的制定一定要符合"最近发展区"的原则，即目标并非遥不可及，要确保注意缺陷与多动障碍儿童完全能够通过自身的努力和教师的帮助达成。此外，短期目标也并不是一成不变的，并非必须按照当初制订的计划实施。当注意缺陷与多动障碍儿童的表现已经实现了初步制定的短期目标时，教师就要及时对目标进行调整，以便为注意缺陷与多动障碍儿童提供适宜的教学。

### 📎 |案例|

**芳芳的教学目标**

基本情况：芳芳，女，小学一年级，是多动—冲动型的注意缺陷与多动障碍儿童。她在课堂上无法安静地坐在座位上，总是离开座位，在班里到处走。这严重扰乱了课堂教学秩序，也严重影响了芳芳自己和班上其他儿童的学习。

长期目标：能够在上课时安静地坐在座位上。

短期目标：本周每节课离开座位的次数不超过5次。

2. 教学内容的个别化

在教学内容方面，教师需要根据注意缺陷与多动障碍儿童的实际情况，在原有教材内容的基础上对内容进行重新整合，使得教学内容能够更好地为每个儿童服务。需要注意的是，在对教学内容进行调整的时候，一定要将潜能开发与缺陷补偿相结合，使内容既能满足注意缺陷与多动障碍儿童的实际需要，又能充分发挥他们自身的优势，调动他们的学习积极性。

3. 教学方法的个别化

每个儿童都有自己的认知特点和学习特点，注意缺陷与多动障碍儿童也不例外。因此，教师在教学时要采用不同的教学方法，这样才能真正做到因材施教。

(1)直观教学法

个体的发展并非一蹴而就，而是遵循着一定的身心发展规律。相比于抽象复杂的事物，儿童更喜欢具体形象的事物。作为儿童群体的一员，注意缺陷与多动障碍儿童也同样如此。而这就为注意缺陷与多动障碍儿童的教学提供了重要启示。在教学中，教师要充分考虑注意缺陷与多动障碍儿童的思维特点，将抽象的内容转化为直观的具体事物。

例如，注意缺陷与多动障碍儿童很难长时间地将注意力集中在大段的文字或者教师的讲述上。因此，教师可以将文字中描写的事物以实物的形式呈现，将实物与语言相结合，这样可以更好地吸引注意缺陷与多动障碍儿童的注意。

### 案例

#### 《端午粽》设计说明

《端午粽》是人教版一年级下册的一篇课文。考虑到文章较长，萱萱(注意缺陷与多动障碍儿童)无法集中注意力这一实际情况，我将真正的粽子带到了课堂上。班里的孩子都十分兴奋，萱萱也不由自主地将视线转移过来。在结合粽子对课文内容进行讲解的时候，我明显地感到，萱萱的注意力也会集中在我这里。整堂课下来，她很少东张西望了。

(2)游戏教学法

游戏可以调动儿童的积极性，引起儿童的兴趣。与此同时，儿童也可以在游戏中获得发展。因此，教师可以将游戏充分运用到课堂教学之中，在游戏中自然而然地完成教学任务。例如，注意缺陷与多动障碍儿童容易兴奋、冲动，教师就可以采用竞争类的游戏，通过比赛的方式使儿童融入课堂当中。此外，教师也可以运用角色扮演的方式，让儿童呈现出课文中的剧情。

### 温馨提示

游戏应该是儿童自愿参与的，而不是在教师的命令下被动参与的。因此，为了使儿童能够自愿参与、积极参与，教师就需要在游戏教学之前对游戏进行合理地设计，以便游戏能够充分调动儿童的兴趣。

(3)情境教学法

在建构主义者看来，儿童并不是空着脑袋进入教室的，而是带着自己的生活经验。当前，很多注意缺陷与多动障碍儿童之所以会注意力不集中，除了自身的原因之外，还有一个重要原因就是儿童对所学知识不感兴趣。因此，在教学中，教师可以运用情境教学法，创设注意缺陷与多动障碍儿童熟悉的场景，从而将儿童的经验与教学任务融合起来。例如，在学习"分类与整理"这一课时，教师可以以注意缺陷与多动障碍儿童熟悉的家为情境，指导他们对家中的物品进行分类；也可以以教室为情境，指导他们对教室中的物品进行分类并摆放整齐。

教师在创设情境时，除了考虑注意缺陷与多动障碍儿童的生活经验之外，还应考虑与教学内容的适切性，即情境是否与教学内容紧密结合。因为情境是为教学服务的，不能喧宾夺主，更不能取代教学。如果情境中体现了太多的无关因素，那么注意缺陷与多动障碍儿童很容易被这些无关因素吸引，从而无法将注意力集中在教学任务上。在这样的情况下，情境教学也就沦为了一种形式。

**4. 教学评价的个别化**

教学目标和教学内容的个别化必然会带来教学评价的个别化。教学评价的个别化主要包括评价内容的个别化和评价方式的个别化。

(1)评价内容的个别化

一方面，教师要结合教学目标和教学内容评价注意缺陷与多动障碍儿童的学习效果。通过教学前后的表现对比，教师可以获得直观的反馈，这可以促进教师不断进行反思，并对目标和内容做出进一步的调整。另一方面，除了教学目标所涉及的内容之外，教师还要将注意缺陷与多动障碍儿童在课堂上动态的变化或发展作为评价的重要内容。

(2)评价方式的个别化

一方面，教师可以对传统的评价方式进行调整。例如，在传统的纸笔测验中，考虑到注意缺陷与多动障碍儿童的实际情况，教师可以适当延长考试时间、允许儿童休息等。另一方面，教师可以采用多样化的评价方式，除了纸笔测验之外，戏剧表演、口语表达等表现性的评价方式也是很好的选择。此外，教师还要将注意缺陷与多动障碍儿童看成一个完整立体的个体，应该注重儿童的过程性评价和发展性评价，而不仅仅是看重学业表现。

**拓展延伸**

### 评价主体的多元化

在以往的教学评价中，教师往往是评价的唯一主体。在新课程改革的推动下，教学评价也逐渐由单一主体向多元主体转变。除了教师之外，注意缺陷与多动障碍儿童自身，注意缺陷与多动障碍儿童的同伴，以及注意缺陷与多动障碍儿童的照料者都能成为评价主体。他们将共同见证注意缺陷与多动障碍儿童的进步和成长。

### （三）结构化教学

考虑到注意缺陷与多动障碍儿童的特点，教师可以采用结构化教学的方式。这主要体现在班级环境的结构化和教学过程的结构化两个方面。

#### 1.班级环境的结构化

首先，在环境创设方面，教师可以将教室划分为若干区域，如集体教学区、游戏区、个体活动区等。每个区域的物品摆放整齐，给注意缺陷与多动障碍儿童一种有序感。其次，在座位排列方面，教师要尽量将注意缺陷与多动障碍儿童安排在前排位置，并为他们安排助学伙伴。最后，教师可以在班级中张贴可视化的时间表，如课程表、作息时间表等。总之，班级要尽可能简洁、整齐，要尽量减少可能会干扰注意缺陷与多动障碍儿童的环境因素。

#### 2.教学过程的结构化

教师也需要对教学过程进行结构化的安排。在上课前，教师可以将课程中的重点内容以提纲或者思维导图的形式提供给注意缺陷与多动障碍儿童，这样可以使他们提前对教学内容有所了解，减少因学习新知识而产生的不适感。在上课的过程中，教师可以将涉及的关键词以板书的形式呈现给注意缺陷与多动障碍儿童，并询问他们对关键词的认识，进而判断他们的学习情况。在进行课堂总结的时候，教师可以将板书上的关键词进行串联，使这些关键词形成一个完整的故事或者画面。通过板书的展示，注意缺陷与多动障碍儿童对课堂的教学任务有了更加清晰、系统的认识，也能够更好地掌握课堂的主要内容。例如，教师可以将人教版一年级上册《四季》的关键词进行串联(见图9-1)。

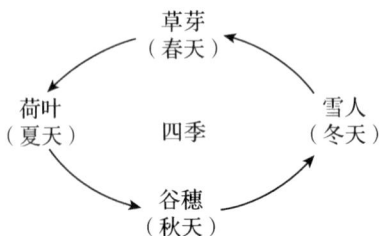

图9-1 《四季》板书设计

**巩固与思考** ……▶

1. 当前，注意缺陷与多动障碍儿童的安置方式主要有哪些？
2. 如何对注意缺陷与多动障碍儿童的课程进行调整？
3. 注意缺陷与多动障碍儿童的教学策略有哪些？
4. 小布今年上二年级，是注意缺陷与多动障碍儿童。他的认知能力和语言表达能力良好，喜欢小汽车。作为小布的语文教师，你将如何开展课堂教学，从而使小布在课堂中有所收获呢？请你从人民教育出版社出版的二年级语文教材中选择你感兴趣的内容，为小布设计一份个别化教案。

# ▶任务三
# 注意缺陷与多动障碍儿童的支持

**问题情境……▶**

　　小宝从小就活泼好动，每次跟着妈妈去亲戚朋友家的时候，他都对别人家的物品感到非常好奇，总是喜欢摸一摸、碰一碰。小宝妈妈也曾因为这件事说过小宝，但收效甚微。亲戚朋友认为小宝年龄还小，调皮一点儿很正常，所以从来也不追究。但随着年龄的增长，小宝的这个行为不仅没有消失，反而更加严重。他不仅随便动别人家的东西，还在别人的家中乱跳乱跑。望着亲戚朋友逐渐阴沉的脸色，小宝妈妈感到非常羞愧。"说过、骂过、甚至打过，可小宝一点儿也没有好转。"现在，小宝妈妈已经不敢带小宝去亲戚朋友家串门了，除了上学之外，连家门都很少出，生怕小宝因为乱跑乱动再惹出什么事来。

　　注意缺陷与多动障碍儿童和我们一样，都需要他人的理解、支持和帮助。然而，事实上，这些儿童往往处于孤立无援的处境之中。当面对这些儿童时，人们只是会责怪他们，很少有人为他们提供积极的支持和帮助。那么，注意缺陷与多动障碍儿童需要什么支持？如何为这些儿童提供有效的支持？任务三将对这两个问题进行探讨。

## 一、注意缺陷与多动障碍儿童的家庭支持

　　家是心灵的港湾，这句话对于注意缺陷与多动障碍儿童来说也同样适用。作为儿童出生和成长的地方，家庭对于儿童的支持无疑是非常重要的。总体而言，家庭对注意缺陷与多动障碍儿童的支持主要包括行为治疗和环境创设两大方面。

### （一）行为治疗

　　注意缺陷与多动障碍儿童会出现一些不良行为，这些行为可能会对自己和他人造成伤害。因此，对注意缺陷与多动障碍儿童不良行为进行干预和治疗就成了家庭的重要职责。通过行为治疗，家长可以帮助儿童减少问题行为，并逐渐表现出积极行为。行为治疗对儿童的发展至关重要，因此，家长要尽可能对儿童进行早期干预与治疗。

### 1. 积极沟通

在面对注意缺陷与多动障碍儿童糟糕的学业表现和"贪玩"行为时，家长往往无法控制住自己的情绪，用责备甚至是打骂的方式来代替沟通交流。事实上，这种方式不仅不能改变注意缺陷与多动障碍儿童现有的行为表现，可能还会引起不良行为的恶化。因此，家长应每天抽出一定的时间积极地与注意缺陷与多动障碍儿童沟通，了解他们的学习状态，以便更好地帮助他们提高学业表现和改善不良的行为。

### 2. 及时奖励

家长要时刻留意注意缺陷与多动障碍儿童在家中或者其他场合的行为表现。当儿童出现令人期望的行为时，家长需要及时对儿童的行为进行奖励。奖励的方式包括语言奖励和实物奖励。语言奖励是指家长通过表扬、夸奖的方式对儿童进行强化。例如，"明明今天上午没有离开自己的活动区哦，进步真大"。实物奖励则是以实物(如食物、玩具等)作为奖励。在奖励的过程中，家长可以逐渐由实物奖励过渡到语言奖励，最后形成以语言奖励为主的奖励形式。

### 3. 制定规则

家长可以为注意缺陷与多动障碍儿童制定规则，规则内容可以包括时间安排、行为表现等方面，但要尽量明确、具体，不能模棱两可、模糊不清。在制定规则的同时，也要规定适当的惩罚措施。如果儿童破坏了规则却没受到任何惩罚，那么儿童就会漠视这个规则，规则也就失去了意义。需要注意的是，当儿童因为受到惩罚而哭闹，甚至是发脾气时，家长一定要温柔而坚定地将惩罚执行下去，这样才能通过规则逐渐改善儿童的行为表现。

---

**📖 | 拓展延伸|**

**注意缺陷与多动障碍儿童家长如何下达指令**

①一个指令只说一件事，如"穿好衣服""背上书包"。

②指令简单明了、准确清晰，如"戴上口罩"。

③用肯定指令取代疑问指令，如"请捡起玩具"而不是"你是否可以捡起玩具"。

④下达指令之后给予儿童充足的反应时间，不要短时间内多次重复指令。

---

### (二)环境创设

### 1. 物理环境

在物理环境的创设方面，首先，家长要提供一个相对安静的环境，因为过于嘈杂的环境会使注意缺陷与多动障碍儿童更加容易分心。其次，家中物品要摆放整齐，因为混乱的物品摆放方式也容易使注意缺陷与多动障碍儿童分心。最后，创设结构化的家庭环境。家长可以划分出学习区、游戏区、活动区等区域，根据每个区域的不同性质进行不同的设计。比如，学习区的布置较为简单，一般为桌椅、书架和与学习有关的物品；游戏区可以摆放儿童喜欢的一些玩具；活动区需要比较宽敞的地方。除此之外，温度、光线及安全问题(如插头的位置、桌椅的棱角等)都是家长需要考虑的重要环境因素。

### 2. 心理环境

所谓心理环境，是指家长要为注意缺陷与多动障碍儿童创设和谐温馨的家庭氛围，让注意缺陷与多动障碍儿童感受到家庭的温暖。首先，家庭成员应该和睦。当知道自己的孩子患有注意缺陷与多动障碍时，很多家长的第一反应是大吃一惊、不愿接受现实，之后就是无穷无尽的争吵与抱怨。在这样压抑的家庭气氛中，注意缺陷与多动障碍儿童的问题行为不仅不会有所改善，反而会更加严重。因此，家庭成员之间应该相互鼓励、相互支持，在教育上达成一致，才能帮助注意缺陷与多动障碍儿童逐渐进步。其次，家长应该理解注意缺陷与多动障碍儿童。在很多时候，注意缺陷与多动障碍儿童并非故意做出令人生气的行为，他们可能自己都无法控制自己。因此，家长应该用理解代替责骂。家长可以告诉自己的孩子，爸爸妈妈会陪你一起努力。这样注意缺陷与多动障碍儿童在无形中就获得了一种支持，这种支持会鼓励他们逐渐改变自己。

## 二、注意缺陷与多动障碍儿童的学校支持

除家庭之外，学校是另一个与儿童有着密切联系的场所。入学后，儿童的大部分时间都是在学校里度过的。因此，学校的支持也是促进注意缺陷与多动障碍儿童发展的关键一环。学校支持主要体现在管理策略和环境创设两个方面。

"Parent to Parent"和 "Teacher to Teacher"项目

### （一）管理策略

除了通过利用课程调整和多样化的教学策略，对注意缺陷与多动障碍儿童提供课堂教学支持之外，教师还可以通过班级管理策略来为注意缺陷与多动障碍儿童提供帮助。首先，教师要多与注意缺陷与多动障碍儿童进行沟通。支持的前提是了解儿童的需要，否则支持就成了累赘，而交流则是快速了解儿童的重要方式。因此，教师需要用交流代替批评和责备。通过交流，教师可以了解注意缺陷与多动障碍儿童的喜好，而这也正是教师顺利开展支持工作的前提和基础。其次，教师要注重及时有效的反馈。在对注意缺陷与多动障碍儿童深入了解的基础上，教师可以制订合适的干预计划，并密切关注他们的行为表现。如果发现注意缺陷与多动障碍儿童有所进步，教师就要及时反馈，告诉他们具体的进步。比如，教师可以说："果果今天上课离开座位的次数比昨天少了两次哦，进步真大。"这样儿童就可以明白自己被夸赞的原因，也会继续努力。

### （二）环境创设

由于注意缺陷与多动障碍儿童与普通儿童的差异并不大，因此，学校物理环境的

创设与普通学校并无二致。这里的环境创设主要体现在心理环境的创设方面。首先，教师要创设友爱互助的班级氛围。教师可以通过班会等多种活动形式，让班上的其他儿童能够更好地了解注意缺陷与多动障碍，并鼓励大家帮助注意缺陷与多动障碍儿童。其次，教师要做好示范作用，起到示范作用。在平时的管理和教学中，教师应尊重儿童，对待儿童一视同仁，不能歧视注意缺陷与多动障碍儿童。此外，学校也要尊重每一位儿童的差异，创设轻松愉悦的校园氛围。只有这样，注意缺陷与多动障碍儿童才能释放压力、敞开心扉，逐渐减少问题行为。

### 三、注意缺陷与多动障碍儿童的社会支持

除了家庭和学校，注意缺陷与多动障碍儿童也要走进社会，参加各种社会活动，并通过努力实现自己的人生价值。在注意缺陷与多动障碍儿童迈入社会的过程中，同样需要社会为他们提供全面丰富的支持。社会支持可以分为物理支持和心理支持两种形式。

#### （一）物理支持

物理支持主要指的是社会在资金及设施等方面给予注意缺陷与多动障碍儿童的支持。从宏观层面上讲，一方面，政府要更加关注注意缺陷与多动障碍儿童这一群体，增加对这一群体的财政投入；另一方面，政府要加强基础设施建设，以便为注意缺陷与多动障碍儿童提供美好的生活环境。从微观层面上讲，作为社会的一个"细胞"，社区应该加强自身的建设，使其更适合注意缺陷与多动障碍儿童成长。首先，创设优美的社区环境。社区内要环境优美，设施齐全，并有宽阔的场地供儿童活动。其次，建设专门的健康服务机构。除接受适当的教育之外，一些注意缺陷与多动障碍儿童还需要辅以药物治疗。这就需要专业工作人员对儿童进行评估，并提出合理的治疗方案。因此，建设专门的健康服务机构，并为注意缺陷与多动障碍儿童提供专业的服务和支持就显得十分重要了。

#### （二）心理支持

心理支持是指通过社会良好氛围的构建，使注意缺陷与多动障碍儿童在社会中获得归属感和价值感的支持方式。为注意缺陷与多动障碍儿童提供情感上的支持，是社会中每个成员不可推卸的责任，而这也可以作为社会文明进步的重要标志。

首先，应广泛向社会普及注意缺陷与多动障碍的相关知识，使大众对注意缺陷与多动障碍有更加深入的了解。在很多时候，人们对注意缺陷与多动障碍儿童的恶劣态度源于他们对这些儿童的误解。只有让大众多了解一些关于注意缺陷与多动障碍的知识，他们才能逐步地理解、接纳这些儿童。因此，社会组织可以举办一些公益讲座等宣传活动，社区也可以开展丰富的活动，让更多的人了解注意缺陷与多动障碍儿童，从而逐渐尊重他们、接纳他们、关心他们。

其次，要营造尊重、安全、认同及接纳的环境。在深入了解注意缺陷与多动障碍儿童的基础之上，大众应该以平常心对待注意缺陷与多动障碍儿童，不能将他们"妖魔化"，也不能将他们边缘化。要知道，注意缺陷与多动障碍儿童与我们一样，都是完整的、发展的、有着独特个性的个体。

**注意缺陷与多动障碍儿童的药物治疗**

> ✈ |想一想|
>
> 阅读绘本《旋风小鼹鼠》，就如下问题谈谈你的看法。
> 你如何看待同学们给小鼹鼠贴上各种标签的行为？这些标签会给小鼹鼠带来哪些影响？
> 森林魔法师为小鼹鼠提供了哪些支持，从而使得小鼹鼠逐渐改变了呢？

**巩固与思考** ⋯⋯▶

1. 家长如何在家庭中为注意缺陷与多动障碍儿童提供支持？
2. 学校如何为注意缺陷与多动障碍儿童提供支持？
3. 社会应该为注意缺陷与多动障碍儿童及其家长创设一个什么样的心理环境？
4. 假如你被邀请去做一个有关注意缺陷与多动障碍儿童的公益讲座，你将如何向大家介绍这些儿童？

# 模块十　学习障碍儿童教育指导

## 模块导入

在教育教学实践中，家长、教育者对学习障碍的错误解读屡见不鲜，如将阅读障碍解释为不用功、记忆力差，将数学障碍理解为笨、智力落后等。理解的偏差导致不当的教育方法，加剧了对学习障碍儿童的伤害。在学习障碍儿童的学习过程中，是什么阻碍了他们在学业上取得成功，甚至让一切学习方法和教育方法都失灵呢？

## 学习目标

1. 能说出学习障碍的定义和本质内涵。
2. 理解学习障碍的主要成因，并掌握学习障碍的分类。
3. 掌握融合教育视野下学习障碍儿童的课程与教学的调整形式。
4. 知道并掌握学习障碍儿童的主要问题行为及矫正策略。
5. 理解学习障碍早期干预的重要性，掌握早期干预的主要方法。
6. 学会学习障碍儿童家庭辅导的主要策略。
7. 熟悉学习障碍儿童转衔服务的流程与要点。

## 案例故事

小敏9岁半，上小学三年级。他长着一双大而有神的眼睛，头发是自然卷，看起来十分可爱。小敏上幼儿园时表现正常，经常上台表演节目，教师也经常夸他聪明，将来一定差不了。可小敏一上学就出现了严重的问题，把数字写反，拼音记不住，写字特别吃力，计算则经常看错数字、搞混加减号。起初，家长以为小敏是智力有问题，可生活中小敏做什么事都没问题。而且，小敏也有特长，口算表现很好，课堂上有些难题，别的同学都回答不上，他却能给人以惊喜。

对小敏进行专业的教育诊断与评估，发现他智商为105，属于正常，但存在着一定的学习障碍：视—动统合能力诊断为7岁3个月，听觉记忆与听觉广度正常；感觉动作能力落后正常年龄两岁左右，不会跳绳和拍球。小敏较为好动，但缺少运动技巧，手眼配合较差，接球时接不住，直到球落到地上，他才有伸手动作。如果让小敏双眼追踪移动物体，他的眼睛不会独立运动，必须跟随头一起动，眼睛肌肉调节能力低下。手工和画画是小敏最差的项目，在视—动综合测验中，线条画不直，间距误差大。显然，小敏是一个典型因视—动统合能力落后的学习障碍儿童。

针对小敏的障碍，学校为他设计了一个以精细动作和视—动统合能力为内容的个别化教育方案，主要练习视知觉的分辨和视觉记忆，并训练他的手眼协调能力，如对墙推球等，同时进行视觉追踪训练和视觉速度训练。经过五个月的训练，小敏的视、动能力提升为3岁3个月，感觉能力正常。同时，学业表现明显提升。教师反映道，小敏就像换了一个人似的，粗心和丢三落四的毛病几乎消失了，家长也不再以挑剔的眼光去评价他，小敏也变得越来越开朗和自信。

## 模块思维导图

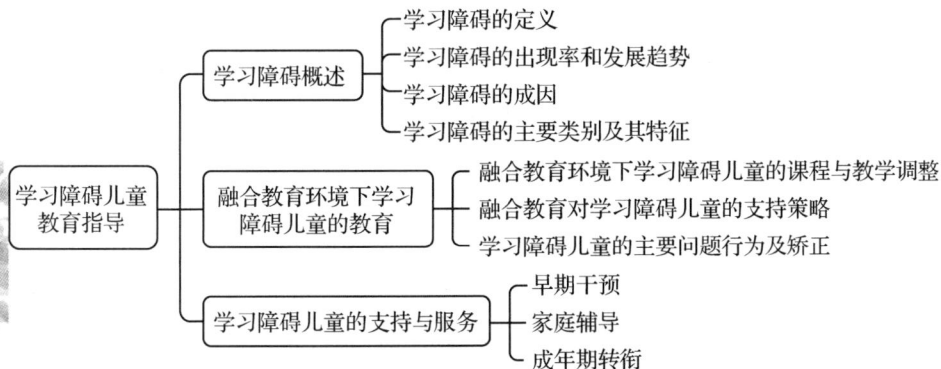

学习障碍儿童教育指导

- 学习障碍概述
  - 学习障碍的定义
  - 学习障碍的出现率和发展趋势
  - 学习障碍的成因
  - 学习障碍的主要类别及其特征
- 融合教育环境下学习障碍儿童的教育
  - 融合教育环境下学习障碍儿童的课程与教学调整
  - 融合教育对学习障碍儿童的支持策略
  - 学习障碍儿童的主要问题行为及矫正
- 学习障碍儿童的支持与服务
  - 早期干预
  - 家庭辅导
  - 成年期转衔

# ▶任务一
## 学习障碍概述

**问题情境 ……▶**

小 A 是个二年级的女孩，智力正常，学业表现在班上中等偏下。她记字特别困难，经常是刚学过就忘。她课文朗读能力差，不能成句读，读起来一字一顿，而且读课文时会添字、减字，也不能理解课文的意思。此外，小 A 写字也是丢一撇，落一捺，部首张冠李戴，偏旁左右颠倒，没有明显的结构和笔画。学习数字时，她经常分不清 5 和 2，6 和 9，会将看到的数字倒序着念、倒序着写，如看到 53 却写成 35。学习过程中，她的眼睛经常会漏看许多明显的信息。经过诊断，小 A 是典型的学业性学习障碍，尤其是阅读障碍与书写障碍。

什么是阅读障碍与书写障碍？小 A 的学习究竟出了什么问题？

学习障碍作为一种内在障碍，是一种工具性障碍。学习障碍儿童智力正常，但是他们缺少某种工具、某种器材使其发挥完全的作用，我们称之为某一特殊功能的损害或者某一特殊障碍。发展至今，学习障碍问题已经成大众和学术界共同关注的主题，并有相应的专业组织和机构，如美国学习障碍协会（Association for Children with Learning Disabilities，LDA）、全美残疾儿童咨询委员会（National Advisory Committee on Handicapped Children，NACHC）等。

### 一、学习障碍的定义

学习障碍最初由美国学者柯克（Kirk）于 1962 年在一个家长会上提出。当时人们对智力相对正常但有学习问题的儿童的描述存在许多令人困扰的标签，如轻微脑损伤、学习迟缓、诵读障碍或知觉障碍等，因此，柯克建议采用学习障碍这个折中的术语[①]。

### （一）美国学习障碍全国联合委员会（NJCLD）的定义

学习障碍是用于指称一系列异质性障碍的概括性术语，这些障碍表现在获得和使用听、说、读、写、推理或计算等能力上有显著困难。[②] 这些障碍是个体固有的，主要原因是中枢神经系统功能的失调，并且可能伴随整个生命历程。自我调节行为、社会知觉及社会互动等问题会伴随学习障碍者，但它们本身不会导致学习障碍。尽管学习障碍可以与其他障碍（如听觉障碍、智力落后、严重情绪困扰）或外部影响因素（如文

---

① [美]柯克·加拉赫. 特殊儿童的心理与教育[M]. 汤盛钦，银春铭，等译. 天津：天津教育出版社，1989：402.

② National Joint Committee on Learning Disabilities. Learning disabilities：Issues on definition[J]. *Journal of Learning Disabilities*，1987，20(2)：107-108.

化差异、教学不当或不足)同时出现，但并非由它们所致。

### （二）学习障碍的共同内涵

自学习障碍的概念产生以来，对学习障碍的界定就成为困扰相关研究者的一个首要问题，但至今尚未有一种定义能够得到广泛的认同。长期以来，我国教育工作者是在"后进生""学业不良"等名义下进行学习障碍相关研究的。20 世纪 80 年代以来，出现了"学习困难""学习无能""学习障碍"等词语，以"学习困难"出现的频率为最高，这几个概念也一直混淆使用。我国学者邓猛从学习障碍定义的发展历程出发，总结出如下学习障碍的共同内涵[①]。

①学习障碍表现为学业成就低下。

②学习障碍表现为学业成就与潜能的差异。

③学习成就困难表现为与语言有关的一系列障碍。语言方面的困难是学习障碍儿童学业困难的基本原因。

④学习障碍对个体来说是固有的。

⑤学习障碍可发生于任何年龄阶段。

⑥学习障碍可能是中枢神经系统功能失调的结果。

⑦学习障碍是一种与认知、元认知心理过程有关的障碍。

⑧学习障碍与某些其他残疾或环境因素共存、伴随发生。

⑨学习障碍并非其他残疾或环境因素所致。

由此可知，学习障碍是一个综合性的概念，意指在获得和运用听、说、读、写、推理、数学运算能力方面表现出重大困难的一组异质的障碍，而且这些障碍是个体固有的。学习障碍可能伴随其他的障碍，如感觉障碍、智能不足、情绪困扰；或由环境因素所引起，如文化刺激不足，教学不当，但不是由前述状况所直接引起的结果[②]。

> 📖 **|拓展延伸|**
>
> **学习障碍的发展顺序**
>
> 学习障碍儿童在不同的年龄阶段，其行为特性具有较大的差异：幼儿期主要表现为语言迟缓、多动、注意力不集中、不灵活、不懂规则等；学龄期则由多动转向不安，缺乏社会性，不懂变通，同时伴有书写、阅读、计算等学习能力障碍，进而表现为基础学习能力低下；学龄后期到青春期，多动不安有所改善，但学习能力仍然低下，社会性的缺乏以致人际关系不良，做事缺乏动力，消极情绪明显，容易厌学，甚至进行非法行为，是一个十分困难、关键的转折期；成年期仍然不善于与他人相处，人际关系不和谐，容易与他人发生矛盾。

---

① 邓猛. 从美国学习障碍定义演变的角度探索其理论分析框架[J]. 中国特殊教育，2004(04)：58-63.

② 陈晶，袁爱玲. 儿童学习障碍研究综述[J]. 学前教育研究，2003(Z1)：21-23.

## 二、学习障碍的出现率和发展趋势

### （一）学习障碍的出现率

学习困难是一个普遍存在的问题，也是每个实施义务教育的国家日益关注的问题，备受世界各国瞩目。欧美的医学统计显示，每 6 个人之中就有 1 个人会受到不同程度学习障碍的影响。如此推算，截至 2019 年年底，中国近 2 亿中小学生中约有 3 000 多万小学生受到学习障碍的影响[①]。

### （二）学习障碍的出现率呈不断上升之势

近年来，学习障碍儿童的人数在不断攀升，原因主要有以下几个方面。

第一，教师自身的教学能力有限。现行的学习障碍诊断和评估还存在争议，教师可能会将学业表现不良的儿童当作学习障碍儿童。

第二，社会变革与文化变迁的影响。移民家庭等在应对社会变革与文化变迁中面临着更大的压力，使得儿童专注于学习的时间大大减少，父母所能提供的社会支持也明显缺失。

第三，被鉴定为学习障碍儿童数量的增加与被鉴定为智力障碍儿童数量的减少之间存在因果关系。研究显示，学校的鉴定人员习惯采用折中原则，通常将儿童诊断为"学习障碍"而非"智力障碍"。

### （三）学习障碍的性别差异

研究统计，学习障碍中的男孩数量明显多于女孩，比例约为 3∶1。[②] 男性学习障碍者出现率高可能是因为他们具有更大的生理弱点。普遍来说，男婴死亡率高于女婴，而且男性比女性更可能有多种生物学上的异常。同时有研究者提出，男孩和女孩的学业困难出现率并没有明显差异，只是有学业问题的男孩更多被转介至特殊教育，因为他们容易表现出多动等干扰教师的行为。

在学习障碍的具体表征上，男女存在着一定差异。男性学习障碍者在视动协调、写字能力上比女性差，而女性学习障碍者在认知、语言和社会行为方面的问题多于男性，在阅读和数学等学科学习上也比男性差。

## 三、学习障碍的成因

从广义上讲，凡是阻碍学习能力的功能性障碍都能归为学习障碍。学习障碍可能受限于某一特定功能(语言、计算、注意力、时间和空间辨识能力、记忆等)，也可能同时涉及多个功能。此外，学习难免受到个人、心理、社会、文化或家庭的干扰，从而使得儿童的信心、动机和情绪出现问题，没办法充分发挥出自身的能力。

---

[①]　孟万金. 建立健全学习困难诊断标准与帮扶机制[J]. 中国特殊教育，2013(12)：65-69.

[②]　[美]丹尼尔·P. 哈拉汉，詹姆士·M. 考夫曼，佩吉·C. 普伦. 特殊教育导论[M]. 11 版. 肖非，等译. 北京：中国人民大学出版社，2010：167.

（一）生理因素

众多研究业已证实，中枢神经系统功能失调是学习障碍的根本原因。随着脑成像技术的出现，如今大多数专家认为学习障碍儿童患有中枢神经系统功能失调，失调未必有脑组织损伤，但表明大脑或中枢神经系统存在功能异常。

（二）心理因素

在实际的教育教学过程中，我们常常发现学习障碍中有相当一部分是智力正常、身体也健康的儿童。这些儿童的学习问题更多来自心理因素的影响。已有研究发现，心理因素同样会造成学习障碍[①]。

第一，认知能力缺陷。认知心理学家和发展心理学家的研究表明，认知能力对儿童的学习起着积极的作用，并且直接影响其学习质量。研究表明，学习障碍儿童一般带有一种或两三种认知能力的缺陷，而在其他的能力上是正常的。

第二，学习动机缺乏。学习障碍的原因之一在于儿童本身的学习动机不足，难以从学习中获得自我满足。事实证明，缺乏内部动机的学习是不太可能会成功的。

第三，个性意志薄弱。儿童由于不当的教养方式，在入学时就带有注意力散漫、情绪不稳、意志薄弱等不良的个性特征，反映在学习进程中极易造成学习适应不良，从而引发学习障碍。

第四，情绪处理不当。学习障碍儿童通常伴有不少情绪问题，如焦虑、逃避及对抗等。儿童因为学习中的消极情绪体验而丧失学习某门课程的信心，并由此逃避相关课程任务的学习，进而产生某种学习障碍。如果情绪问题得不到及时疏解，甚至会影响整个学习进程。

（三）环境因素

环境对教育的影响作用已被公众广泛认定，科学家通过基因研究发现，30％的阅读障碍由遗传基因决定，其余70％则由环境因素造成[②]。梅尔斯等人提出的环境因素包括早期发展时经验的剥夺、行为问题、营养不良、文化语言上差异和教育机会的缺乏等。此外，儿童在学习初期所经受的挫折、习得性无助、家长的负面评价等，都会造成儿童的厌学心理。与此同时，社会政治、经济、文化、教育等众多的因素作为大的学习环境，也在不同程度上影响着儿童的学习进程与学习效果。

## 四、学习障碍的主要类别及其特征

本书采用柯克等人的学习障碍分类(见表 10-1)，因为柯克的分类系统较为完整，能够给教育者以全面的思考。柯克等人认为学习障碍主要分为两个维度：其一，发展

---

[①] 石学云. 学习障碍儿童的心理与行为[M]. 西安：陕西师范大学出版总社有限公司，2012：27-28.

[②] DeFries, J. C., Singer, S. M., Foch, T. T., et al., Familial nature of reading disability[J]. *British Journal of Psychiatry*, 1978, 132(4): 361-367.

性学习障碍，主要指在儿童正常发展过程中出现的心理、语言功能的某些异常表现，多与大脑信息处理过程的问题有关；其二，学业性学习障碍，意指那些显著阻碍儿童进行拼写、阅读、写作、计算等学习活动的心理障碍。这些障碍通常会在儿童入学后显现出来，因为他们的实际成就水平会低于其潜在的学业能力。

表 10-1　学习障碍分类

| | | 注意异常 |
|---|---|---|
| 学习障碍 | 发展性学习障碍 | 记忆异常<br>知觉与知动异常<br>思维异常<br>语言异常 |
| | 学业性学习障碍 | 阅读障碍<br>写作障碍<br>数学障碍 |

学业缺陷与困难是学习障碍的主要特征，同时，鉴于学业性学习障碍为我国教育教学实践中的关注重点，本书将详细介绍阅读障碍、写作障碍、数学障碍三个主要类型。

**（一）阅读障碍**

阅读障碍是学习障碍的主要类型之一。美国有阅读障碍的学生占 5%，占学习障碍学生的 50%。日本阅读困难的检出率为 5.4%。我国由于缺乏标准化的检测手段，不同学者采用不同的标准，因此得出的检测结果也不同，范围为 4.5%～8%。[①]

1. 定义

中国精神障碍分类与诊断标准第三版（CCMD-3）将阅读障碍归为学校技能发育障碍，特指儿童在学龄早期的同等教育条件下，出现学校技能的获得与发展障碍。阅读障碍主要源于认知功能缺陷，并以神经发育过程的生物学因素为基础，可继发或伴发行为或情绪障碍，但并不是其直接后果。阅读障碍的主要判定标准如下：第一，符合特定学校技能发育障碍的诊断标准；第二，阅读准确性或理解力明显障碍，标准化阅读技能测验评分低于其相应年龄和年级儿童的正常水平，或相应智力的期望水平，达2个标准差以上；第三，有持续存在的阅读困难史，严重影响与阅读技能有关的学习成绩或日常活动。

2. 特征

关于发展性阅读障碍的研究，目前主要集中在心理语言学、一般认知加工能力，以及脑神经定位和遗传学层面。

第一，诊断特征。阅读障碍的基本特征在于儿童阅读成就(如个别化标准测验中阅

---

① 刘翔平. 学习障碍儿童的心理与教育[M]. 北京：北京轻工业出版社，2010：47.

读的正确性、速度或理解能力)显著低于其实际年龄、智力程度、教育程度应有的预期水平(标准 A);显著影响个体的学业成就或日常生活中需要用到阅读能力的活动(标准 B);假如个体有其他感官上的缺陷,则其阅读困难会超过其感官缺陷所造成的程度(标准 C)。阅读缺陷在朗读时会有扭曲、替代或省略音等特征,同时在朗读与默读时都会有速度较慢及错误理解的特征[①]。

第二,伴随特征。众所周知,阅读是儿童学习的基础,阅读障碍通常伴生其他障碍。比如,书写障碍和数学障碍通常会伴随着阅读障碍,很少有儿童会出现只有两种障碍之一却无阅读障碍的情形。

第三,性别特征。研究表明,60%~80%的阅读障碍是男性。[②] 现行的转介程序比较偏向将男性鉴别出来,可能是因为男性的学习障碍通常还伴随一些外显的扰乱行为。当使用较仔细且严谨的标准来诊断阅读障碍时,男性与女性的发生率较一致。

### (二)写作障碍

写作可以说是有关语言的活动中难度最高的一项,它要求写作者借助一定的工具,把自己的思想、感情转化成他人能够辨认的、读得懂的书面文字符号。这个过程包括大量的知识储备、技能运用和认知活动的综合操作。尤为重要的是,写作进程需要自我调控,或称自我监控,是人类意识和智慧的高度体现。有鉴于此,写作障碍成为学习障碍的一种常见类型,困扰着许多儿童、家长和老师。实际的教育教学活动中,写作障碍分为两种类型:其一是书面水平上的写作障碍,其二是意义水平上的写作障碍[③]。

第一,书写水平上的写作障碍者。此类障碍者的文章通常难以辨别,其写作问题主要为错字连篇,错误使用标点符号,手写字迹潦草,文章短小、枯燥无味等。这一类写作障碍主要是由儿童落后的转录能力所致。

第二,意义水平上的写作障碍者。此类障碍者可能书写流畅、表达准确,但是他们的文章通常前后不连贯,缺乏组织性,文章中充斥着大量无关信息,整体质量较差。此类儿童主要缺乏由目标引导的系统回忆与主体相关知识的策略,缺乏对写作过程的自我调控力。

### (三)数学障碍

数学技能可谓是一种与个体生存与发展密切相关的重要技能。皮亚杰对儿童思维发展的系统研究,正是基于儿童的数学学习经验将儿童思维划分为四大阶段[④]。儿童

---

① 石学云. 学习障碍儿童的心理与行为[M]. 西安:陕西师范大学出版总社有限公司,2012:36.
② 石学云. 学习障碍儿童的心理与行为[M]. 西安:陕西师范大学出版总社有限公司,2012:37.
③ Scott, B., Russell, G., Steve, G. Teaching expressive writing to students with learning disabilities: Research-based applications and examples[J]. *Journal of Learning Disabilities*, 2003, 36(2):109-123.
④ 皮亚杰. 发生认识论原理[M]. 王宪钿,等译. 北京:商务印书馆,2009:21-56.

的数学学习如果出现困难，自然会影响儿童思维的进阶，进而影响其学习乃至整个生活的进程。

国内也有学者将数学障碍称为数学学习困难、数学学业不良。数学学习障碍儿童具有正常的智力和教育机会，也没有明显的神经或器质上的缺陷，但其在标准数学测验上的成绩却低于普通儿童约两个年级或显著低于同龄水平[①]。借鉴美国学者盖瑞的分类方法，从认知心理学与神经心理学的角度，本书将数学学习障碍分为以下三种[②]。

第一，语义记忆型数学障碍。主要表现为相对同年龄段普通儿童掌握的数学事实的提取频率低、提取错误率高。比如，不能正确掌握零不能作为除数、任何非零数乘以 1 数值均不变的记忆性知识。同时，语义记忆型数学障碍儿童对既有知识的正确提取速度也不稳定。

第二，技能程序型数学障碍。主要表现为频繁地使用不成熟的计算方法，如高年级的学生继续借用手指或其他辅助工具来进行加减法运算；对计算程序执行的错误率高；对计算使用方法的选用和程序的概念理解存在滞后的情况。

第三，视觉空间型数学障碍。主要表现为数字信息排列不恰当、数字遗漏或颠倒、使用符号混乱、空间相关的数字信息的误解，与此同时，还可能对图形、线条等几何知识有认知困难。

在我国，学习障碍的鉴定标准还未达成共识。在教育教学实践中，也很难用一种标准来鉴定学习障碍。因此，学习障碍的鉴定更多是根据儿童在真实的教学情境下的外部行为特征来进行，即通过对口头语言、听觉理解、书写、阅读、理解、数学运算、推理等学业领域进行反复的观察与测量来判断。

---

📖 | 拓展延伸 |

### 注意缺陷与多动障碍与学习障碍

注意缺陷与多动障碍于 1980 年在 DSM-3 分类中以"注意力欠缺障碍"的名称首次出现，因行为方面的问题，被称为注意缺陷与多动障碍；根据认知、学习方面的特性，又被称为学习障碍。1994 年以后使用的 DSM-4 的分类中，把注意缺陷与多动障碍和学习障碍作为两个不同的概念提出，但在临床上往往是二者合并存在且有着密切的联系。

---

[①] 向友余，华国栋. 近年来我国数学学习障碍研究述评[J]. 中国特殊教育，2008(7)：62-67.

[②] Geary，D.C.，Hoard，M.K.，Hamson，C.O.. Numerical and arithmetical cognition：Patterns of functions and deficits in children at risk for a mthematical disability[J]. *Journal of Experimental Child Psychology*，1999，74(3)：213-239.

**巩固与思考 ······▶**

1. 学习障碍的定义是什么？本质内涵是什么？

2. 学习障碍的出现率不断攀升的原因有哪些？

3. 学习障碍的成因主要有哪些？

4. 学习障碍的基本类型有哪些？分类标准是什么？

# ▶任务二
# 融合教育环境下学习障碍儿童的教育

**问题情境 ······▶**

为了更好地迈向教育公平，当儿童被诊断为学习障碍后，应该如何进行教育安置呢？怎样的课程与教学才能切合融合教育的发展理念呢？

## 一、融合教育环境下学习障碍儿童的课程与教学调整

学习障碍儿童是特殊教育儿童中数量较多的一类，同时由于他们学业和行为所具有的隐性障碍特征，该类儿童在我国一般采取随班就读的形式。融合教育环境对学习障碍儿童可谓是把双刃剑，机遇与挑战并存。学习障碍儿童的情绪需要特别关照，社会技能需要重点发展，个性需求需要尊重，因此，普通学校根据学习障碍儿童的特点提供适切的教育，是体现教育公平的关键。

### （一）转变融合教育教师素养

事实证明，没有融合师资保障，融合教育难以顺利、有质量地推进。融合教育需要特殊教育教师与普通教育教师的通力合作、协同教学。普通教师应具备特殊教育技能，成为教育的普及型人才；特殊教育教师应具备普通教育能力，成为融合教育的专业化人才。这种师资融合成为融合教育师资培养的必然走向。在现有条件下，转变一线融合教育教师的理念尤为关键。

第一，教师应理解所授学科的核心概念、研究工具及学科结构。教师要有过硬的学科知识，能够创设对学生有意义的学习环境，根据学生的特点提供学习机会，选择恰当的教学方式，支持每个学生智力、社会性和个性的全面发展。

第二，教师还应当具备针对学习障碍儿童教育的专业方法和技能。在教育指导的过程中，教师着重从学习障碍儿童的全面发展和个性差异两个方面入手，提供适合学习障碍儿童身心健康发展所需的教育。当任课教师发现学习障碍儿童后，首先要有信心制定教育指导的预定目标，使每个儿童的内在潜能得到充分发挥；其次要看能否在

班级中处理这些问题，使用班级管理控制策略来应对儿童日常学习、行为和情绪等方面的问题。此外，教师还需要联合家庭与社区，共同参与教育过程。

第三，教师要对儿童充满爱心和责任心。真诚地理解学习障碍儿童的困难，包容、接纳他们，建立平等和谐的师生关系，在班里要逐步引导并形成互助、包容与向上的班风。

---

📖 | 拓展延伸 |

### 学习能力的发展顺序

学习能力的发展进程，表现为一个从低到高的发展顺序。儿童最开始通过身体运动来感知、理解世界，感觉动作能力是他们最基本的学习能力，先是平衡、协调、方位感，再是知觉—动作统合能力。儿童基于动作能力形成听知觉和视知觉，学会辨别对象与背景，记忆图形，分辨点、线、面，辨别不同的声音，记忆语言。听知觉和视知觉是学习的基础，在此基础上逐步形成阅读能力。知觉能力是儿童辨认文字的基础，视知觉的速度、眼球运动的速度极大地影响着阅读能力。具有阅读能力才能使数学逻辑思维能力和推理能力成为可能，如应用题的解答取决于阅读能力的提高。最后是自我监控和注意力等最高级学习能力的发展阶段。可见，学习能力是一个层层递进的过程，忽视它的任何一个阶段或任何一种学习能力都会产生多米诺骨牌效应，导致学业表现不佳。

---

### （二）调整、改进融合教育课程

第一，基于学习通用设计理念的融合教育课程。融合课程的调整，既是面向全体儿童的共同课程，又是适应学习障碍儿童个别差异的弹性课程。学习通用设计是借鉴建筑学中通用及设计理念来设计融合教育课程。虽然学习通用设计在实际运用中仍存在不少挑战，但是教师可以参考学习通用设计的一些本质内涵：以通达性为目标，基于大脑神经科学为基础，以课程设计为着眼点，与信息技术相结合等，为儿童提供更具选择性和灵活度的教学方式，更大程度地满足全班儿童尤其是学习障碍儿童的学习需求[①]。

第二，调整、改进教学内容。内容改进可以帮助学习障碍儿童更好地学习，是一种让材料更为鲜明或突出的方式，其中最有效的方式有图片组织者和记忆术两种[②]。图片组织者是利用线条、圆圈和方框以组织信息的视觉手段，信息的关系可以是层级式、因果、比较或对比，以及循环或线性顺序的；而记忆术主要通过图片或单词以帮助识记信息。

---

[①]　邓猛. 融合教育：理论反思与本土化实践[M]. 北京：北京大学出版社，2015：125-130.

[②]　[美]丹尼尔·P. 哈拉汉，詹姆士·M. 考夫曼，佩吉·C. 普伦. 特殊教育导论[M]. 11版. 肖非，等译. 北京：中国人民大学出版社，2010：179.

### （三）改进教学组织方式

第一，采用直接教学。教师应该引导学习障碍儿童温习课程学习所需要的先决技能，主要步骤包括简明地呈现学习目标、使用恰当的课程导入使学习障碍儿童适应课堂教学，以及复习先前知识。第二，教师应用大部分时间来教授技能和知识。教师应当善于变化教学活动和语言，如小组讨论、幽默的语言等方式来活跃课堂气氛，维持学习障碍儿童的注意力。需要注意的是，课堂变化要把握尺度，变化太多反而会转移学习障碍儿童的注意力，如课件太过于花哨会干扰学习障碍儿童的学习。第三，教师应及时进行学习测查，提供机会给学习障碍儿童练习、使用所学的知识技能，通常采用提问或小测验的方式。需要注意的有：应该让全体儿童参与问题解决过程，再请个别儿童来回答；采取独立练习，时间控制在 10 分钟左右比较恰当；任务应当清晰、明确并提供讨论解疑环节，保证包括学习障碍在内的所有儿童都能够正确解答。第四，实施个别化教育指导方案。个别化教育计划源于美国，1997 年美国修订后实行的《残疾人教育法》，规定为 0～21 岁残疾人提供免费的、合适的公共教育。对学习障碍儿童的认知问题、课程学习问题和行为问题进行充分的评价和诊断，综合其评价诊断结果确定学习障碍儿童的个性与需求，进一步制订个别化教育计划。确定教育指导目标、内容和方法，在教育指导过程中根据学习障碍儿童的需求，动态调整教育指导计划，及时更换教学内容和方法，提高教育指导效果。

### （四）转变评价方式

现有的教育环境下，单一评价标准造成儿童学习活动的核心化，忽视了儿童社会性、情绪的发展。[①] 对于学习障碍儿童来说，转变评价方式显得尤为重要。教师应当注重过程性评价，理解并使用正式和非正式的评估策略实施评价。例如，美国教师一般采用课程本位测量来监控儿童在各学科上的进步，课程本位测量是指对儿童在所学课程内容上的表现进行直接且频繁的抽样，以保障学生智力、社会性及肢体的协调发展[②]。

## 二、融合教育对学习障碍儿童的支持策略

### （一）发展同伴互助关系

在融合教育环境中，同伴关系中的交往与合作能为学习障碍儿童提供社会化的直接经验。同伴辅导就是普通教育课堂中帮助学习障碍儿童的一种重要的方法，是指学习障碍儿童由普通的同班同学指导，而同班同学则由教师加以监督与培训，主要包括如何运用示范和解释，如何给学习障碍儿童具体、积极、矫正性的反馈等。事实证明，

---

① 刘毅玮，闫广芬．中小学生学源性心理障碍与学习心理辅导[J]．教育研究，2004(7)：49-54．

② ［美］丹尼尔·P．哈拉汉，詹姆士·M．考夫曼，佩吉·C．普伦．特殊教育导论[M]．11 版．肖非，等译．北京：中国人民大学出版社，2010：211．

同伴辅导不仅能有效提升学习障碍儿童的学业成绩，而且让普通儿童在提供辅导的过程中也获益不少，如巩固所学知识、发展社交技能等。同时，同伴互助有助于营造包容、团结的班级文化。

### （二）善用合作学习

合作学习的方式有多种，比较常见的是由能力不同的四个成员组成小组，或者两两配对。教学实践中帮助学习障碍儿童组建四人学习小组，不仅能提升学习障碍儿童的学习效果，还能发展社会技能。学习障碍儿童通过小组学习学会遵守秩序、沟通合作，增进自我感情的控制力等。在具体的教学中，合作学习效果想要优于传统教学，但教师仍需要考虑一些关键因素，主要包括实施激励机制，实施个体问责制，教授必要的合作技能。在合作学习中，教师需要注意发挥主导、监督的作用。

---

📖 | **拓展延伸** |

#### 教学中如何应用合作学习

发展至今，合作学习包含不少学习方法，其中，学习小组—成就区分是一种常用的有效形式。在这个方法中，学生被分到四人学习小组中，四人分别具有不同的学业表现、不同性别和不同文化背景等。教师先呈现课程目标和内容，并确保小组所有学生都掌握了学习内容。随后，所有学生参加测验，并且在测验时不能互相帮助。将学生的测验结果与他们过去的学业表现相比较，根据个体进步程度来决定积分，个体积分汇总构成小组积分。小组必须有达成共识的奖励机制。如果小组积分达某一标准，则可以获得相应认可或奖励。

与学习小组—成就区分方法类似的还有小组游戏竞赛，主要是通过各小组之间的比赛，为小组赢得分数来获得相应的奖励。

---

### （三）进行元认知意识训练和学习策略的教授

通过对心理与行为特征的归纳，我们可以发现学习障碍儿童属于被动型儿童，他们缺乏解决学业问题的策略。具体来说，学习障碍儿童存在以下问题：不信任自身能力(习得性无助)、没有掌握足够的问题解决策略(元认知技能不佳)，以及难以自发使用适当的学习策略[1]。为此，教师可以通过认知训练实现学习障碍儿童对学习活动的自我调节。自我教学、自我监控、支架式教学和互惠式教学是教学中常用的策略，如可以通过记笔记、划线、概述、以写促学、画图等来加工材料。教师还可以教授学习障碍儿童运用一些学习策略，主要有先行组织者策略、精细加工策略。运用先行组织

---

[1] ［美］丹尼尔・P. 哈拉汉，詹姆士・M. 考夫曼，佩吉・C. 普伦. 特殊教育导论［M］. 11 版. 肖非，等译. 北京：中国人民大学出版社，2010：177.

者策略可以激活先前知识，建立不同经验间的联结；利用图形、图表、矩阵等可视化方法对信息进行精细加工，可有效促进信息的理解、记忆和迁移[1]。

### （四）提供适宜的学习场所

首先，教师可以通过"环境统制"与"减低刺激"等策略来调控教育环境[2]。教室空间应大小适宜，并尽可能简洁。如果教室里堆放着与课堂无关的道具、私有物品等，会干扰学习障碍儿童的注意力。教室内的电视、开关等应尽可能地遮盖；教室门等也要定时开闭，不允许随意进出。尽可能排除掉学习场所中让儿童多动、犯错的刺激物，就可以避免教师对儿童行为的制止、禁止，甚至惩罚。其次，应保障学校资源教室的有效运行。资源教室需要特殊教育教师与普通教师协作运行，建立特殊教育小组针对学习障碍儿童的特殊需求提供咨询、教育诊断、个别化教育计划、教学支持、个别辅导、补救教学、康复训练等服务；同时，资源教室需要明确划分活动分区，如学生区、教师区，独立活动区等，便于组织小组教学。

### （五）营造包容的接纳环境

在普通教育班级中进行教学整合的同时，要注重对儿童进行社会整合。学习障碍儿童容易受外界影响对自己形成消极的评价，而教师、家长及社区邻居的理解与接纳，可以减轻学习障碍儿童的受挫感、焦虑感。对于学习障碍儿童而言，教师的态度与行动尤为重要，教师要帮助学习障碍儿童建立接纳、舒适、非竞争性的班级氛围，同时引导家校互动、社区环境的拓展，集学校、家庭、社区之力为学习障碍儿童营造包容的文化。

## 三、学习障碍儿童的主要问题行为及矫正

困扰教育者的不仅有学习障碍儿童的学业表现，还有一系列令人头疼的问题行为。社会适应与行为障碍得不到恰当矫正，不仅直接影响学习障碍儿童的基本学业能力，还将困扰他们的一生。

### （一）多动行为

现实中，我们发现学习障碍儿童的确比普通儿童存在更多的多动行为，主要表现为注意力集中困难，上课时不能专心听讲，经常东张西望或凝神发呆；做作业时常遗漏、出错等。多动行为不仅影响学业表现，而且会引发一系列的行为问题。教学中可用到的策略有无条件积极关注、改变认知，以及训练有意注意。教育者应尽早通过有目的的训练和特别教育，帮助学习障碍儿童克服多动、注意力不集中的不良行为，可在一定程度上改善其学习障碍的状况。

---

① ［美］罗伯特·斯蒂文.教育心理学［M］.8 版.姚梅林，陈勇杰，译.北京：人民邮电出版社，2011：190-210.

② 周平，李君荣.学习障碍儿的教育指导［M］.北京：人民军医出版社，2003：127.

### （二）违纪、攻击性行为

经常性的学业失败使儿童缺乏成就感，感到紧张、焦虑，找不到正向的情绪出口，他们就会发展出消极的应对与自护反应，如敌对与攻击性行为。同时，学习障碍儿童容易受到教师、同学的拒绝与排斥，为了寻求关注，他们往往通过捣蛋、违纪行为来成为众人关注的焦点。久而久之，学习障碍儿童就形成习惯性的违纪与攻击行为。教育者应善用激励和提醒的方式，通过表扬学习障碍儿童的正确反应来减少不良行为，当学习障碍儿童试图通过不良行为吸引关注时，尽量忽视他们，等到有良好行为时再给予关注；及时、反复提醒学习障碍儿童的不良行为；帮助学习障碍儿童建立自尊感，让他们感受到积极的关注与关爱，体验学习的成功与快乐。

### （三）消极归因和抑郁情绪

学习障碍儿童通常看不到个人努力与行为后果的相关性，也不会通过努力来改变自己学业不良的状况。习惯性的学业挫折导致学习障碍儿童消极的归因偏好，他们会认为自己无能，长期下去便会产生焦虑、抑郁情绪。这种情绪与学业不良结合，不断地形成恶性循环。对此，教育者可通过归因训练来帮助学习障碍儿童树立信心。例如，教师可选用确保学习障碍儿童能高效学习的材料，在学习障碍儿童完成后，再指导学习障碍儿童从内部原因进行成败归因，让学习障碍儿童意识到成功的关键在于自身的努力，以此来消除他们的自卑、抑郁。

---

📖 | 拓展延伸 |

#### 归因理论

韦纳认为，个体对成功与失败的解释主要有三个特征：第一，原因是内部的还是外部的；第二，原因是稳定的还是不稳定的；第三，原因是可控的还是不可控的。归因理论主要分析学生关于学业成功和失败的四种解释：能力、努力、任务难度与运气。能力与努力属于内部原因，而任务难度和运气是外部原因。能力是相对稳定的、不易改变，而努力是容易改变的。同样的，任务难度本身是稳定的，而运气则是不稳定的、不可预测的。

归因理论的核心假设是：人们都试图维持一种积极的自我形象。当个体在学习活动中表现良好时，倾向把原因归于自身的努力或能力；而表现不佳时，为了保住面子，则倾向于把原因归于一些不可控的因素，如抱怨任务太难或运气不好。学生将学习的控制点归于内部原因还是外部原因，很大程度上决定了他的学业表现。内部控制点又被称为自我效能感，具有自我效能感的学生会认为是自己的行为对学习起着决定性作用。

在教育教学中，如果教师能够把握教育契机对学生进行归因训练，强调努力是成功的主要原因，并且对学生付出的努力进行及时的肯定与奖励，可以有效激发学生的学习信心。

**巩固与思考 ·····▶**

1. 融合教育视野下，学习障碍儿童的课程与教学如何进行调整？

2. 简述学习障碍儿童的主要问题行为及矫正策略。

3. 如何提高学习障碍儿童的学习动机？

4. 什么是归因训练，如何对学习障碍儿童进行归因训练？

# ▶任务三
# 学习障碍儿童的支持与服务

**问题情境 ·····▶**

　　学习障碍儿童的情绪与行为问题往往会持续到成人期，且表现不同。如果不根据年龄特征提供持续性的支持，学习障碍儿童极易出现学习失败螺旋现象（见图 10-1），产生习得性无助感。这对学习障碍儿童的心理健康、家庭关系将产生严重影响，更会直接威胁到他一生的发展[①]。从全人发展观出发，我们应该为学习障碍儿童提供哪些支持与服务，才能促进他们持续、健康地发展呢？

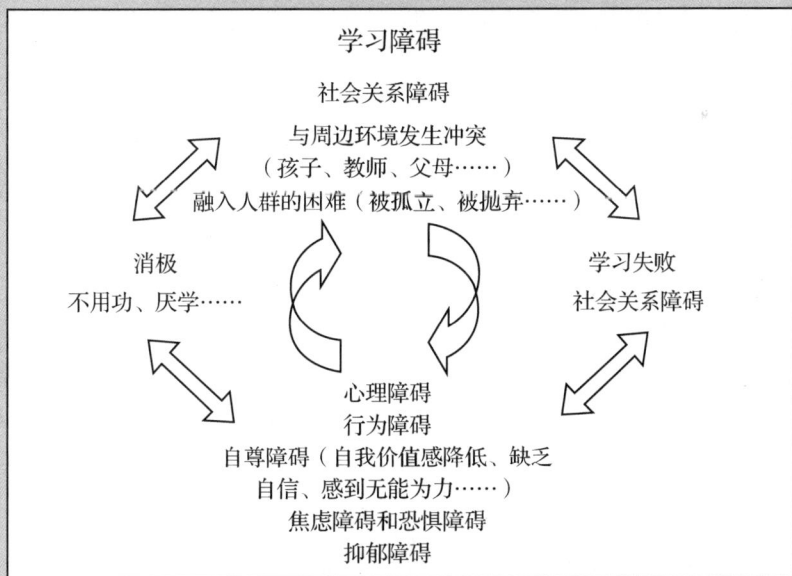

　　　　　　学习障碍

　　　　社会关系障碍

　　　　与周边环境发生冲突
　　　　（孩子、教师、父母……）
　　融入人群的困难（被孤立、被抛弃……）

消极　　　　　　　　　　　　　学习失败
不用功、厌学……　　　　　　　社会关系障碍

　　　　　　心理障碍
　　　　　　行为障碍
　　　自尊障碍（自我价值感降低、缺乏
　　　自信、感到无能为力……）
　　　焦虑障碍和恐惧障碍
　　　　　　抑郁障碍

**图 10-1　可怕的挫败螺旋**

---

　　① 　让娜·西奥-法金. 如何养育有学习障碍的孩子：了解原因　找出对策[M]. 北京：生活书店出版有限公司，2017：15.

## 一、早期干预

学习障碍在婴儿期的诊断十分困难，但并非无迹可寻，留意观察可以预测儿童是否有学习障碍的倾向，及早发现、及时干预对学习障碍儿童来说尤为重要。学习障碍儿童早期的主要特征为语言发育迟缓和行为问题。如果发现儿童有多动、语言发育迟缓、运动功能拙劣等问题，就需要持续观察，一旦发现儿童有学习障碍倾向就应尽快实施早期干预方案，为儿童提供丰富而适宜的刺激为父母提供辅导等。早期干预对儿童具有长远的影响，有助于有学业风险的儿童在未来的学校学习中取得成功。

### （一）给予适当的感觉刺激

诸多研究均表明，学习障碍儿童的中枢神经系统发育失衡，因此某些感知觉缺失或不能统合。为解决中枢神经系统的问题，家长应多给学习障碍儿童感知觉刺激，经常帮助学习障碍儿童变换姿势，多进行户外活动，扩大学习障碍儿童的接触范围，增加感官刺激等，帮助儿童增加经验、扩大兴趣。有条件的家庭可以带学习障碍儿童做感觉统合训练，常用的感觉统合训练方法有：触觉刺激训练、前庭刺激训练、本体感觉刺激训练，以及感觉统合游戏。

### （二）培养语言能力

语言障碍是学习障碍儿童的一个重要症状，他们会表现出各种言语和语言加工方面的障碍，如语言理解能力差、语言表达能力差等。创造丰富、有趣的语言环境，给予学习障碍儿童足够多的语言刺激，可以增强他们的接受与理解能力。例如，多给学习障碍儿童读绘本、讲故事，有计划地安排每天 1～2 次，每次 10～30 分钟的亲子游戏，让学习障碍儿童在玩中学。此外，鼓励学习障碍儿童多说话，增进他们的语言理解能力。家长应多跟学习障碍儿童进行一对一的交流，在交谈中多倾听学习障碍儿童的声音，同时引导学习障碍儿童多参与社交活动等。

### （三）培养自我控制能力

自我控制能力能够制止或引发特定的行为，主要包括五个方面：抑制冲动行为、抑制诱惑、延迟满足、制订和完成行为计划、采取适应社会情境的行为方式[1]。研究表明，幼儿期是自我控制能力发展的关键时期，幼儿期的自我控制能力可通过不同类型的游戏活动获得[2]。由于游戏是幼儿期的主导活动，幼儿园教师可在游戏中注重发展学习障碍儿童的社会认知、自我聚焦及行为调节技能。同时，家长在日常生活中也不能随意迁就学习障碍儿童任性、自控力差的问题。例如，从婴幼儿开始就培养学习障碍儿童规律、健康的饮食习惯。

---

① 邓赐平，刘金花．儿童自我控制能力教育对策研究[J]．心理科学，1998(3)：270-271.

② 但菲．游戏对幼儿自我控制能力影响的现场实验研究[J]．心理科学，2001(5)：616-617.

## 二、家庭辅导

10岁的俊俊很开心：语文老师在他的作文本上写了"好"这个评价。这对他来说可是意外的事！但是回家父母却惩罚了俊俊，父母认为他失败了，原因是他仍低于平均水平，这令他感到愤怒、伤心。

请家长花几分钟时间来思考：你认为什么时候算是失败？你的标准是否合理？你到底在害怕什么？

我们都停下来想一想，家长怎么做才能帮到俊俊呢？

家庭的教养方式在很大程度决定着学习障碍儿童人格发展的健康水平。家长是温暖鼓励、平等协商还是严厉惩罚、干涉否定，直接影响着学习障碍儿童人格的健康水平。学习障碍儿童在自我认知的形成过程中容易偏狭，常会错误地解读社会性暗示，习惯从某一方面形成片面的自我认知和评价。儿童的自我评价与父母对儿童学业、能力等的评价呈高度正相关。因此，在对学习障碍儿童学习动机与情绪的发展进行教育矫正时要从家庭入手，家庭辅导也成为教师的一项必备技能。教师定期与家庭保持沟通，帮助他们认识学习障碍并学会处理学习障碍儿童人格情绪方面的问题，具有积极的意义。

**（一）关注学习障碍儿童，接纳现状**

家长应对学习障碍儿童的情绪保持持续、积极的关注，对其学习中的点滴进步进行及时鼓励。此外，引导学习障碍儿童发展一项学习之外的个人优势，如体育运动、音乐、美术等，通过优势的展示帮助学习障碍儿童建立自尊与自信。同时，家长应理性地面对学习障碍儿童学习上的缺点与暂时的落后，做到不随意批评，并鼓励学习障碍儿童通过勤奋学习来改善学业表现。

**（二）帮助学习障碍儿童识别、管理情绪**

家长首先应当正确地识别学习障碍儿童的情绪，再引导学习障碍儿童解读自己的情绪类型，知道什么是快乐和悲伤，什么是友善与敌意等。学习障碍儿童需要知道情绪本身没有好坏之分，管理好自己的情绪就可以做情绪的主人。鼓励学习障碍儿童与父母分享情绪，教会学习障碍儿童适当地释放或表达自己的情绪，如大声宣泄或大量运动。同时，为学习障碍儿童学习营造愉快轻松的气氛，提供成功的经验促进儿童的学习积极性。

**（三）帮助学习障碍儿童提升自我管理的能力**

家长可以与学习障碍儿童一起确立规律的日程表，通过时间表协助学习障碍儿童独立完成家庭作业和一日活动的自我记录。面对学习障碍儿童的逆反情绪，家长可采用顺其自然的方式去处理，让学习障碍儿童明白学习、做作业是他们自己的事，需要自己承担责任。当学习障碍儿童的自我管理能力得到提高并影响到学业表现时，家长与学习障碍儿童的关系也将会日趋和谐，家长也会更愿意配合教师的工作。

学习障碍并不可怕，可怕的是家庭中充斥的不理解、斥责与埋怨，爱的丧失会加剧学习障碍儿童学习信心的丧失。家长应学会接受学习障碍儿童是独一无二的个体，允许他们拥有成长的个人节奏，有权利偏离标准甚至犯错。只要家长对学习障碍儿童有正确的认识，用爱心、耐心和信心帮助他们克服自身的能力缺陷，学习障碍儿童就能取长补短，获得学习的成功。

## 三、成年期转衔

学习障碍作为一种发展性障碍，极有可能会伴随个体的一生。许多学习障碍儿童成年后仍然在学习、社会化、工作和独立生活上存在着障碍，即使是那些较为成功的个体也需要付出极大的努力才能适应日常生活。因此，为学习障碍儿童提供发展性的教育转衔服务十分重要。

### （一）转衔计划的实施步骤

学习障碍儿童的转衔计划主要分四个步骤：实施适宜年龄的转衔评估；学习障碍儿童目前学业表现水平的评定；制定可评价的中学后目标和年度目标；最终制定相关的转衔服务。其中，最核心的部分是进行转衔评估，通过评估数据的综合分析来确定学习障碍儿童的优势、爱好及需求。随后，学校的个别化教育计划团队针对分析结果制定个别化的转衔目标，包括中学后的教育与培训目标和独立生活和就业目标两部分。最后，个别化教育计划团队根据目标提供相关转衔服务，主要包括学习指导、课堂环境外的社区体验、日常生活技能的训练，以及相关的服务等。[①]

> 📖 **| 拓展延伸|**
>
> #### 什么是学习障碍的转衔服务
>
> 转衔是指从一个阶段到另一个阶段的过渡，面临着角色、任务和生活形态的改变，发生在人生的各个阶段。与普通儿童相比，学习障碍儿童面对各个发展转衔阶段上的困难，尤其是从学校到社会生活和就业的转衔。
>
> 学习障碍者的转衔需要政府、学校、社区的多方合力支持，研究者发现以下因素可以有效提升转衔成功的可能性：出奇的坚定不移；自我设定目标的能力；利用优势并能真正接纳劣势；可以从朋友和家人那里获得较强的社会支持；可以接受密集的长期教育干预；高质量的在职或中学后职业培训；支持式工作环境；有能力控制他们的生活。

① 林潇潇，邓猛 . 美国学习障碍学生的转衔及对我国特殊教育的启示[J]. 中国特殊教育，2014(3)：42-47.

### （二）重视生涯教育，明确转衔目标

生涯教育从人发展的整体性出发，强调生涯发展是一个持续的过程，即要为所有年龄段的学习障碍儿童提供转衔教育。教育不仅要发展学习障碍儿童的职业技能，更要关注学习障碍儿童社会情感、自我意识和能力等发展。因此，现行的学习障碍儿童的就业转衔模式都强调：培养学习障碍儿童的自我决定能力；在真实的社区工作环境中进行实践活动；加入实用的功能性课程；家庭的充分参与和支持，以及个别化教育计划团队的服务支撑[①]。

### （三）分阶段进行就业转衔计划

学习障碍儿童的转衔计划聚焦发展性，应依据学习障碍儿童年龄阶段的特性来制定，分别为：小学阶段、初中阶段及高中阶段。小学阶段主要评估学习障碍儿童的需要、价值、兴趣等能力，设定转衔目标是帮助学习障碍儿童进行职业探索活动，以及发展自我意识。初中阶段主要评估学习障碍儿童的职业兴趣、职业能力、工作习惯及职业成熟度，提供就业指导活动促进学习障碍儿童建立初步的职业身份认同。高中阶段则强调职业的自我意识、工作领域知识掌握，以及适当的就业行为指导，需要明确的是，这些转衔活动并非抽离的，而是融在学校课程之中的。

我们无法确保学习障碍儿童的未来一定成功，但我们能保障给予学习障碍儿童充分的爱，给学习障碍儿童创造更好的学习环境。接受个体发展的丰富性和多元性，教育者能做的就是尊重、理解和接纳学习障碍儿童，了解折磨学习障碍儿童的学习障碍、了解操纵学习行为的机制、理解学习障碍儿童的行为机能，以及接纳学习障碍儿童的情绪等。教育者应针对学习障碍儿童的特殊教育需求创造有利的学习条件，通过改进教育教学策略让学习障碍儿童注意力更集中一些、学习效率更高一些。只要社区、学校与家庭等教育主体形成合力去创造更为包容的环境，学习障碍儿童就有可能突破自身的发展性障碍，取得属于自己的成功。我们需要谨记的是每个儿童的成功都是不一样的，每个儿童都是独立的个体，儿童的独特性就是教育的全部内容！

## 巩固与思考 ……▶

1. 简述学习障碍儿童早期干预的意义，以及主要有哪些形式。
2. 如何对学习障碍儿童的家庭进行辅导？
3. 简述学习障碍儿童转衔计划的步骤与要点。

---

① 冯帮，陈影．美国特殊教育就业转衔服务解读及启示[J]．中国特殊教育，2015(8)：9-16.